高等职业教育创新型系列教材

市场调查与分析

（第 2 版）

主　编　陶广华　吴倩君　万　青
副主编　戈　丹　程　渝　周丝婳
　　　　周　玮　黄毅能

北京理工大学出版社
BEIJING INSTITUTE OF TECHNOLOGY PRESS

版权专有　侵权必究

图书在版编目（CIP）数据

市场调查与分析／陶广华，吴倩君，万青主编 . —2 版 . —北京：北京理工大学出版社，2020.10（2024.1重印）

ISBN 978 – 7 – 5682 – 8873 – 6

Ⅰ.①市… Ⅱ.①陶… ②吴… ③万… Ⅲ.①市场调查 – 高等学校 – 教材 ②市场分析 – 高等学校 – 教材 Ⅳ.①F713.52

中国版本图书馆 CIP 数据核字（2020）第 146007 号

出版发行 ／ 北京理工大学出版社有限责任公司
社　　　址 ／ 北京市海淀区中关村南大街 5 号
邮　　　编 ／ 100081
电　　　话 ／ （010）68914775（总编室）
　　　　　　 （010）82562903（教材售后服务热线）
　　　　　　 （010）68944723（其他图书服务热线）
网　　　址 ／ http：//www.bitpress.com.cn
经　　　销 ／ 全国各地新华书店
印　　　刷 ／ 三河市天利华印刷装订有限公司
开　　　本 ／ 787 毫米 × 1092 毫米　1/16
印　　　张 ／ 17　　　　　　　　　　　　　　　　　责任编辑 ／ 赵　磊
字　　　数 ／ 428 千字　　　　　　　　　　　　　　文案编辑 ／ 梁铜华
版　　　次 ／ 2020 年 10 月第 2 版　2024 年 1 月第 4 次印刷　责任校对 ／ 周瑞红
定　　　价 ／ 48.00 元　　　　　　　　　　　　　　责任印制 ／ 施胜娟

图书出现印装质量问题，请拨打售后服务热线，本社负责调换

前 言

进入互联网时代，市场瞬息万变，企业竞争也日益激烈，市场信息对企业有着决定生死存亡的重要性。现代企业也十分重视对市场信息的搜集和分析，"得数据信息者，得天下"。因此，培养学生的市场调查与分析方面的学识及实践能力，成为财经类、管理类等专业必不可少的一门高等教育课程。

教材是教学过程的重要载体，加强教材建设是深化高等教育教学改革的有效途径。近几年，在我国高等教育教学改革与发展过程中，理念的更新和人才培养模式的转变推动了专业和课程的建设，人们积极探索基于工作过程导向、项目引导、任务驱动等的教材设计和创新。本教材以市场调查与分析理论和方法为研究对象，内容通俗易懂，具有很强的实用性和可操作性，是专门为市场营销专业及其他财经类、管理类专业编写的。本教材在编写过程中，力求的创新之处有以下四点：

第一，以工作过程为导向，框架清晰。本教材以工作的过程（项目）为导向，将市场调查工作的全过程贯穿教材始终，配以任务进行学习驱动，打破传统的教材编写模式和方法。

第二，以"教、学、做一体化"为编写原则。市场调查工作如何做，学生便如何学，老师便如何教。教材围绕一个一个的工作任务展开，让学生以任务的完成结果检验和总结学习过程；强调以学生的"做"为核心，让学生真正体验市场调查实践的情景。

第三，深入浅出、案例丰富。针对高等教育的学生，本教材尽可能将难以理解的专业术语用通俗易懂的语言进行表述，在体例及内容的选取上也力求重点突出；大量选取具有代表性的案例，配合小知识、拓展阅读、课堂讨论等模块，让学生丰富知识的同时，增加学习的乐趣。

第四，新增创业实训，培养双创人才。为适应"大众创业，万众创新"的号召，本教材在内容编排上，新增创业锦囊和创业实训模块，让学生能够真正学以致用。增加创业实训模块，选用具有创新性的创业项目，让学生实践市场调查过程以考察该创业项目的市场前景及可行性，帮助学生掌握知识的同时，开拓创新思维，提高创新创业能力。

本教材由陶广华、吴倩君和万青担任主编；戈丹、程渝、周丝姵、周玮和黄毅能担任副主编；陶广华对本次修订大纲进行了构建，吴倩君和万青负责汇总统稿。本教材在编写过程中，参考借鉴了许多国内外著作及文献材料，在此对相关作者致以诚挚的谢意！由于编者水平有限，书中难免有不足之处，敬请广大读者批评指正。

目　录

项目一　认识市场调查 ……………………………………………………………… 1
　任务一　认识市场 ………………………………………………………………… 3
　任务二　认识市场调查 …………………………………………………………… 8

项目二　选择市场调查方式 …………………………………………………………… 27
　任务一　认识市场普查 …………………………………………………………… 28
　任务二　认识抽样调查 …………………………………………………………… 33
　任务三　认识市场典型调查 ……………………………………………………… 48
　任务四　认识市场重点调查 ……………………………………………………… 53

项目三　选择市场调查方法 …………………………………………………………… 60
　任务一　认识文案调查法 ………………………………………………………… 61
　任务二　认识访问调查法 ………………………………………………………… 71
　任务三　问卷设计技术 …………………………………………………………… 83
　任务四　认识观察调查法 ………………………………………………………… 101
　任务五　认识实验调查法 ………………………………………………………… 113

项目四　制订市场调查方案 …………………………………………………………… 127
　任务一　认识市场调查方案 ……………………………………………………… 128
　任务二　市场调查方案的内容 …………………………………………………… 131
　任务三　市场调查方案的编写程序 ……………………………………………… 140

项目五　实施市场调查活动 …………………………………………………………… 149
　任务一　市场调查队伍的组建 …………………………………………………… 150
　任务二　市场调查员的培训 ……………………………………………………… 153
　任务三　市场调查的实施 ………………………………………………………… 156
　任务四　市场调查活动的监控 …………………………………………………… 159

项目六　整理市场调查资料 …………………………………………………………… 168
　任务一　市场调查资料的接收与审核 …………………………………………… 169

任务二　市场调查资料的整理 …………………………………………………… 174
　　任务三　线上调查资料的整理 …………………………………………………… 191

项目七　分析市场调查资料 ……………………………………………………… 199
　　任务一　认识市场调查资料分析 ………………………………………………… 200
　　任务二　市场调查资料的定性分析 ……………………………………………… 205
　　任务三　市场调查资料的定量分析 ……………………………………………… 210

项目八　撰写市场调查报告 ……………………………………………………… 234
　　任务一　认识市场调查报告 ……………………………………………………… 235
　　任务二　市场调查报告的撰写 …………………………………………………… 242
　　任务三　口头报告 ………………………………………………………………… 248

参考文献 …………………………………………………………………………… 260

项目一

认识市场调查

项目导入

在企业的市场营销活动中,营销人员经常遇到这样的问题:经过千辛万苦开发出来的新产品得不到消费者的认可,销售局面迟迟不能打开;原来畅销的产品现在变成了滞销产品等。要想避免此类问题的发生,就需要进行市场调查。因此,面对日益激烈的竞争,很多企业为了掌握市场信息,迎合消费者需求和消费心理,以取得竞争中的有利地位,纷纷投入人力、物力、财力开展专门的市场调查,对市场进行系统的分析研究。

市场调查是从事营销活动的第一步,是企业获取市场信息的重要途径,是科学的市场预测及理性经营决策的基础和前提。学生通过对本项目的学习,树立市场调查的基本思想,养成市场调查的基本素质,掌握市场调查的基本内容和程序。

学习目标

知识目标

☆ 了解市场的含义、功能和种类。
☆ 明确市场调查的含义和特点。
☆ 掌握市场调查的作用、原则、种类、内容和程序。
☆ 熟悉市场调查的机构及职业。

技能目标

☆ 了解市场调查在我国的发展情况。
☆ 能够拟定市场调查内容。
☆ 掌握市场调查的程序。

引导案例

一场突如其来的疫情打乱了人们的工作和生活节奏,如今中国疫情得以有效控制,但它在其他国家还在肆虐中。在全球命运共同体的前提下,中国也不能独善其身,那么在这样的疫情之下,大家该何去何从?很多人说,今年市场环境不好,做生意宜静不宜动。也有些人说,在市场环境没办法改变的情况下,只有改变自己,才能赢得转机;当绝大部分的人在看损失点的时候,大家要看机会点,分析市场行情的走向,提前布局好。

1. 消费方式以及观念的改变

两个多月的居家隔离工作和生活,让互联网更加深入人们的生活,以前可能连手机都玩不转的大爷,如今抖音已经刷得停不下来了;以前喜欢逛街的,疫情期间,很多人都把天猫和京东的店铺逛了个遍;以前卖货的大多是各种线下活动的推广,如今直播带货"网红"层出不穷。你想得到的、想不到的东西都在网上开始直播销售,火箭你都可以买得到,各个城市的领导也都在网上直播推广本地特色产品。

人的消费方式正在潜移默化中发生着改变,如果经营者的观念跟不上这个步伐,他就会被市场无情地抛弃。"个个是网红,人人自媒体"不止是个广告口号,更是一个经营推广方向,当然不是每个人都会成为大咖、网红,但是通过互联网平台只要能够充分地导入流量、传播品牌,就足矣!

2. 实体店面的竞争

当中国疫情得到控制以后,依然有不少门店生意火爆。拿海底捞为例,疫情之后,在菜品涨价的情况下,依然出现排队现象,想想绝大部分人对海底捞感受最深的是什么?是服务。不止于海底捞,也有不少大排档也在疫情之后火爆如常。这些大排档没有什么服务,环境也很一般,那为什么火呢?口味好?性价比高?还是老客户多?

总结一下:店铺是否有特色,是否能让客户一听到这个店名就立刻有一个脱口而出的美誉词,这是关键。店面形象是否足够好,让客户一进来就有高大上的感觉;店铺是否有一流的接待服务,让客户感到舒服愿意驻足;你是否具备专业的推介能力,足够让客户信服于你;你是否拥有足够好的产品,让客户非常喜欢……其实各类专卖店比的都是各项专业能力,而事实也证明了,倒下的门店和公司大多属于那种不温不火,没有任何特点特色的。虽然前面提到,消费者的消费方式在慢慢地发生改变,但是也绝对脱离不开实体店面的支撑。

3. 渠道下沉

随着消费者的消费方式在慢慢改变,现在实体店的店面流量正在慢慢减少,单个客户的获客成本在逐渐增加,在这种情况下,渠道的丰富以及下沉就很有必要了。例如作为建材销售商,共享客户资源、在商圈内做分销渠道增加产品的曝光率、入驻 AK 卖场、分销布局乡镇市场、打通装饰公司和设计师渠道、尝试工程项目等都是非常有必要的。

4. 受市场环境的影响,"折腾"节奏加快

经济有三驾马车:消费、投资、出口。国家在投资和消费层面出台了很多政策,2020年将增加30万亿元的新基建投资;与此同时,为了刺激国民的消费,有些城市还发放了购物券。

但是在疫情肆虐全球现状下,出口将会非常的困难。中国是全球出口大国,许多做外贸的公司在此次疫情中将会损失很大,外贸业务的停摆,也势必给中国带来不小的经济影响。国内外消费者消费能力的下降以及推迟肯定会存在,与此同时,市场上的竞争激烈程度不会减弱,所以在当下的市场环境下,高频率、快节奏的商业行为似乎成为大家杀出一条血路的必要选择了。

疫情总有一天会过去,而每一次黑天鹅事件之后,都会崛起一批新的行业。这是一场危机,也是一场机遇。

任务一 认识市场

任务导入

市场调查是以市场为对象的研究活动。人们对"市场"理解的充分性和深刻性,直接影响市场调研活动的广度和深度。因此,本任务的目的就是要使学生理解市场的含义、掌握市场的种类和功能,正确把握市场的概念,为今后市场调研活动的顺利开展做好铺垫。

知识准备

一、市场的含义

在市场经济条件下,企业的生产和经营必须重视市场的需求。企业家都是按照自己对市场的理解来组织经营活动的。随着商品经济的发展,市场这个概念的内涵也在不断充实和发展。目前对市场较为普遍的理解主要有以下几点。

(一) 市场是商品交换的场所

商品交换活动一般都要在一定的空间范围内进行,市场首先表现为买卖双方聚在一起进行商品交换的地点或场所。这是人们对市场最初的认识,虽不全面但仍有现实意义。处在不同地域、场所的人们,由于生活方式和习惯不同,对商品的要求会有所区别,对同种商品的需求量也会有较大的差异。因此,市场调研人员应该清楚自己所研究的商品交换活动主要发生在哪些场所。

(二) 市场是有购买力的商品的需求量

从市场营销者的立场来看,市场是指具有特定需要和欲望、愿意并能够通过交换来满足这种需要或欲望的全部顾客。只有有某种需要的人、能满足这种需要的购买能力、购买欲望,才能使市场形成。顾客是市场的中心,而供给者都是同行业竞争者,只能形成行业,而不能构成市场,如图1-1所示。

图1-1 市场形成示意

人口、购买能力和购买欲望这三个相互制约的因素结合起来才能构成现实的市场,并决定着市场的规模与容量。例如,一个国家或地区人口众多,但收入很低、购买力有限,则不能构成容量很大的市场;或者购买力虽然很强,但人口很少,也不能形成很大的市场。只有人口多、购买力强,才能形成有潜力的大市场。但是,如果产品不符合消费者需要,不能引起人们的欲望，对消费者来说，仍然不能形成现实的市场。人们常说的"某某市场很大"，并不都是指交易场所的面积大，而是指某某商品的现实需求和潜在需求的数量很大。这样理解市场，对开展市场调研有直接的指导意义。

（三）市场是商品供求双方相互作用的总和

在不同的市场条件下，商品供求双方的力量表现有所不同，如人们经常使用的"买方市场"或"卖方市场"说法，反映的是商品供求双方交易力量的不同状况。在买方市场条件下，市场调研的重点应放在买方；反之，则应放在卖方。因此，必须对市场的供求关系进行分析研究，对买卖双方交易能力的强弱做出判断。

（四）市场是商品交换关系的总和

这是从商品流通的全局出发，将市场看作一个社会整体来观察。在现代市场经济条件下，生产趋向专业化，人们通过交换来获取所需之物，使自己的劳动消耗得到补偿。国家经济乃至世界经济都是由各种交换过程连接成的复杂体系。在市场上，一切商品都要经历"商品—货币—商品"的循环过程。市场上每种商品的形态变化都不是孤立的，而是与其他商品的形态变化交织在一起的。这种互相联系、不可分割的商品买卖过程，就形成了社会的整体市场。市场调研人员只有从企业之间的联系出发，将本企业置身于整体市场之中，才能把握市场活动的规律。

二、市场的功能

市场的功能一般表现为市场在运动过程中存在的客观职能。主要表现在以下五个方面。

（一）交换功能

商品交换是市场功能的核心。通过市场进行商品的购销，能实现商品所有权与货币所有权的互相转移，使买卖双方都得到满足。

（二）价值实现功能

商品的价值是在劳动过程中创造的，但其价值的实现则是在市场上通过交换来完成的。任何商品都要经受市场的检验。商品的状况好，能顺利地在卖者和买者之间转移，最终送到消费者手里实现消费，价值才能得到实现。

（三）反馈功能

市场是洞察商品供求变化的窗口。它好像一个示波器，以它特有的信息反馈功能把供求正常或供求失调的信息反馈给生产经营者，以利于商品生产和流通的正常进行。

（四）调节功能

市场的调节功能是通过价值规律和竞争规律来体现的。企业的经营者得到有关市场供求、市场价格和市场竞争情况的信息后，可以通过一定的调节手段和措施来适应市场的需要。

（五）服务功能

市场的服务功能是指为保证交换能顺利实现而对商品流通提供种种便利的服务机构和服务手段，如银行的资金融通服务、咨询公司的市场情报服务、保险公司的风险承担服务等。

三、市场的类型

企业总是服务于一定类型的具体市场，在一定的市场形态下进行营销活动。因此，了解企业面向的市场类型以及所处的市场形态，对于深入认识企业与市场的关系，搞好营销工作具有重要意义。市场类型不同，人们所要了解的信息也不完全一致。

（一）商品市场

商品市场的含义有广义和狭义之分。广义的商品市场包括消费品市场、生产资料市场和服务市场、房地产市场、技术与信息市场等；狭义的商品市场只包括消费品市场、生产资料市场和服务市场。市场调查与市场预测中指的商品市场，通常是狭义的。

1. 消费品市场

消费品市场是为了满足个人和家庭生活需要的商品市场。

消费品市场的基本特征有：①消费者人数众多，而且对消费品需求的差异很大；②消费品购买一般数量少、次数多、品种杂、地点分散及成交额小；③消费品的购买者大多缺乏商品的专门知识，往往凭个人的情感和印象来决策；④消费品的渠道分散中间环节多，销售网点密布；⑤广告、展销、降价及示范表演等营销策略应用广泛对消费者的诱导作用较大。

任何社会生产最终都是为发展消费品服务的。影响消费品市场的因素主要是人口因素（包括人口总数、家庭户数、人口流动情况、性别及年龄结构等）和人口的平均收入状况。其他诸如文化教育、风俗习惯及心理等因素对消费品市场也有一定的影响。

2. 生产资料市场

生产资料包括直接取自大自然的原料、从上一个加工环节购得并用来进一步加工的半成品（即中间产品）以及机器设备等三个部分。生产资料的交易主要发生在企业之间，多为大宗批发交易业务，交易批量大，交易金额高。

3. 服务市场

市场调查和预测中讲的服务市场是狭义的，仅指为居民服务的市场，包括为顾客提供食品及服务的饮食服务市场，为游客提供的旅游观光的公园、旅店、宾馆等旅游业市场，还包括为居民提供日常便民服务的修理业、理发业、洗染业、钟点工或保姆市场等。

（二）房地产市场

房地产市场是进行房地产交易的场所。它由房产市场和土地市场两部分组成，是社会主义市场体系的重要组成部分。

我国现阶段的土地市场大体由三个层次组成：一级市场，是由国家垄断经营的市场，它涉及集体土地所有权的变更和国有土地所有权的实现。二级市场，是由具有法人资格的土地开发公司对土地进行综合开发、经营所形成的市场。三级市场，是用地单位土地使用权的横向有偿转让的市场。土地市场的经营方式主要有出售、出租、有偿转让、转卖、转租、抵押等。房地产业是市场经济的支柱产业。房地产市场的发展对加速我国房地产商品化，促进房地产资源的合理配置具有重要意义。

（三）金融市场、技术市场和劳动市场

金融市场、技术市场和劳动市场的交易对象均为非实物性商品。但它们对实物商品的生产和交换有直接的影响，也是市场体系的重要组成部分。

1. 金融市场

金融是指货币资金的融通。具体包括货币和货币资金的收付，货币资金的借贷，票据的买卖，债券、股票的发行和转让以及外汇的买卖等活动，包括金融机构与客户之间、金融机构与金融机构之间、客户与客户之间所有以资金商品为对象的交易，比如存贷款、信托、租赁、票据抵押和贴现、股票债券买卖等金融性业务。对金融市场的调查和预测，就是了解和掌握不同的参与者在各种情况下可能采取的对策，为正确决策提供依据。

2. 技术市场

技术市场既是指进行技术商品交换的场所，如技术成果转让、技术咨询、技术服务、技术承包等，又是指技术商品交换中供需之间各种经济关系的总和。技术市场与一般市场相比，有很大的特殊性。一般市场成交后，卖方失去了商品，买方得到了商品。由于科技成果是一种技能或一种知识，买卖成交后，买方虽然得到了知识或技能，但卖方并没有因此而失去这种知识和技能。

3. 劳动市场

劳动市场是指劳动交换的场所及其劳动供求双方交换关系的总和。劳动市场中的交换，是等价的自由交易行为，供求双方互相选择，互相叫价，达成共同认定的价格后，才进行劳动交换活动。劳动市场上的主体和客体具有一致性，劳动者既是卖主又是被卖的"商品"。但是，劳动"商品"不同于其他商品，它往往会自发地形成一定的利益团体，在社会上能得到多方面的关注。

任务实施

【任务名称】界定市场概念。

【任务目的】训练学生的感性认识能力、观察能力、思考能力和归纳能力，强化学生对市场概念和类型的认识。

【任务要求】

此任务要求学生以小组的形式进行，自由选择某一行业，对其市场状况开展考察，写出一份简要的市场考察报告，报告具体要求如下：

(1) 能够比较准确地描述所考察市场的发展现状。
(2) 分析说明该行业属于哪类市场类型。
(3) 对所考察市场的现状有所分析，对发展趋势能够提出自己的见解。
(4) 谈出对此次考察的体会。

【实施步骤】

(1) 认真复习有关市场的知识。
(2) 选择某一行业，搜集有关市场现状的资料。
(3) 组长在小组成员充分讨论的基础上，总结完成小组报告。
(4) 小组之间进行交流，每个小组推荐1人进行介绍。
(5) 由教师对学生根据所提交考察报告和现场介绍的情况进行评估打分。

【组织形式】

(1) 全班分小组进行，每组8～12人，自愿组合，合理分工。
(2) 以小组和个人结合的形式达到相关任务实施的要求。

【考核要点】
对市场的概念和分类的理解程度。

【报告范例】

任务负责人	
任务组成员	
报告名称	
行业现状描述	
市场类型分析	
发展趋势分析	
心得体会	

任务训练

【知识训练】

一、选择题

1. 人口、购买能力和（　　）这三个相互制约的因素结合起来才能构成现实的市场，并决定市场的规模与容量。
　　A. 购买欲望　　　　　　　　B. 生产能力
　　C. 劳动力　　　　　　　　　D. 购买环境

2. 在不同的市场条件下，商品供求双方的力量表现有所不同，在买方市场条件下，市场调研的重点应放在（　　）。
　　A. 买方　　　　　　　　　　B. 卖方
　　C. 买方及卖方　　　　　　　D. 整个市场

3. （　　）指消费者为满足个人或家庭生活消费需要而购买生活资料或劳务的市场，又称生活资料市场。
   A. 生产资料市场　　　　　　　B. 劳动力市场
   C. 商品市场　　　　　　　　　D. 消费者市场
4. （　　）是市场功能的核心。
   A. 反馈功能　　　　　　　　　B. 调节功能
   C. 价值实现功能　　　　　　　D. 交换功能
5. 下列选项中，不属于在买方市场条件下对社会经济的发展具有积极影响的有（　　）。
   A. 有利于促进社会分工，提高专业化协作水平
   B. 有利于发挥消费力的反作用，提高市场信息的传导效率
   C. 消费者的权益易于受到保护
   D. 消费者可以从属于生产者，生产什么就消费什么

二、简答题

1. 作为一个营销工作者，如何理解市场的含义？
2. 消费品市场和生产资料市场各有什么特点？
3. 市场有哪些功能？

【技能训练】

查找资料，房地产市场的影响因素有哪些？

任务二　认识市场调查

任务导入

这是市场调查人员入职的第一课。认识市场调查，特别是从经济意义的角度认识市场调查的作用、特征及原则，掌握市场调查的内容，理解市场调查的活动过程，才能对市场调查有一个完整系统的理解，进而真正走入市场调查活动的实施中。

知识准备

一、市场调查的含义和特点

（一）市场调查的含义

所谓市场调查，就是运用科学的方法，系统地搜集、记录、整理和分析有关市场的信息资料，从而了解市场发展变化的现状和趋势，为市场预测和经营决策提供科学依据的过程。

（二）市场调查的特点

以服务于有关部门预测与决策的需要为目的，系统地收集和分析市场信息的市场调查，主要有以下几个特点。

1. 目的性

市场调查是在一定目的的前提下来研究特定的市场问题的，具有明显的目的性或针对性。

2. 系统性

市场调查是全面系统收集有关市场信息的活动，要求做到对影响市场运行的各种经济、社会、文化、政治等因素进行理论与实践分析相结合、分类研究与综合分析相结合、定性分析与定量分析相结合、现状分析与趋势分析相结合的系统性综合研究。缺乏系统性的市场调查往往是导致决策失误的重要原因之一。

3. 客观性

市场调查必须采用科学的方法，不带任何偏见，不受感情因素的影响，对事实、证据的阐述必须排除主观性。

4. 伸缩性

市场调查开展的程度是有伸缩性的。所收集数据的数量和复杂程度是可以选择的，这取决于所需求的信息和所拥有的经费。

5. 不确定性

市场调查不能直接指示决定。就像任何其他工作一样，市场调查也不可避免地会有错误、误差和疏忽。即使没有发现错误或疏忽，调查完全按所设计的方案进行，结果也不是完全确定的，不能指示或决定最终答案。调查结果只能当作另外一种证据，必须参考一般经验、普通道理和其他信息来对它进行评价。

二、市场调查的作用

（一）市场调查为企业经营决策提供依据

"没有调查就没有发言权。"同样，对于一个真正意义上的企业来讲，要占领市场并获得预期效果，必须依赖于行之有效的经营决策，而行之有效的经营决策要以科学的市场预测为前提条件，以搞好市场调查、及时掌握市场信息为基础。企业要做出正确的经营决策，就必须通过市场调查及时、准确地掌握市场情况。例如，企业在确定产品的生产数量、定价及销售渠道时，必须进行如下调查：该产品被消费者认可的程度，该产品的市场容量，消费者可以接受的产品价格，经销商是否愿意经营等。只有在搜集到相关的资料后，企业才能根据自身的实际情况和市场情况做出最佳的经营决策。

经营决策决定了企业的经营方向和目标，它的正确与否，直接关系到企业的成功与失败。因此，瞄准市场，使生产或经营的产品符合消费者的需要是经营决策中需要首先解决的问题。

小案例　　　　　　　　　　**海尔的"大地瓜"洗衣机**

洗衣机用来洗衣服是众所周知的。然而，海尔集团勇于创新，生产出了一种用来洗地瓜的洗衣机。该洗衣机一经推出，就受到消费者的广泛欢迎。那么，海尔是怎么推出这样一款洗衣机的呢？

海尔洗衣机在四川的广大农村销售得不错，但与此同时，产品的返修率一直居高不下。于是，海尔总部组织了一个专家小组到该地区深入调查。

经调查了解到，返修率高不是洗衣机本身存在质量问题，而是由于该地区用户使用不当造成的，因为他们不仅用洗衣机洗衣服，还用洗衣机洗满是泥沙的地瓜。大量泥沙沉积造成洗衣机内部堵塞乃至损坏。

调查人员认为：消费者既然用洗衣机洗地瓜，就证明市场上存在这种消费需求，这是一个新的商机，于是，建议推出一款能专用于洗地瓜的洗衣机。但是，这款新产品是否会被广大消费者接受？产品的市场前景又如何呢？

针对这些问题，海尔集团再次组织人员进行市场调查，结果发现在盛产地瓜的农村，该产品的需求量很大，于是海尔集团组织科研人员研发，不久便生产出了"大地瓜"洗衣机，每台的销售价格定为800元。海尔集团首次将1万台"大地瓜"洗衣机投放农村市场，结果立刻被一抢而空。

企业的产品要想成功进入市场，离不开深入的市场调查。因为通过市场调查，企业可以了解产品的潜在市场需求，并根据需求调整企业的经营决策，从而赢得市场。

（二）市场调查有助于企业开拓市场、开发新产品

任何产品不会在现有的市场上永远保持销售旺势，要想扩大影响，继续营利，就不能把希望只寄托在一个有限的地区范围内。当一种产品在某个特定市场上未达到饱和状态时，企业就应开始着眼于更远的地区，辐射就成为非常迫切的问题了。通过市场调查活动，企业不仅可以了解其他地区对产品的需求，甚至可以了解国外市场的需求状况，使企业掌握该产品应向哪些地区发展、有无发展余地等有用信息，从而决定下一步的经营战略。

小案例　　　　　　　　　　**雀巢咖啡的成功之道**

雀巢在中国已经是家喻户晓的品牌。提起雀巢咖啡，很多人都会想到一句广告词："雀巢咖啡，味道好极了。"雀巢为什么在中国会取得如此骄人的成绩呢？其成功离不开广泛的市场调查。

雀巢咖啡刚进入中国市场时，市场占有率较低。为此，雀巢公司组织专门的市场调查组对市场进行了深入调查，调查内容包括消费者的购买意向、消费者对产品价位的接受程度、消费者认为产品存在的问题等。通过调查，雀巢公司发现以下问题：

（1）由于其走的是高端品牌路线，包装精美、价格昂贵，因而只有极少数高收入人群购买，大多数中低收入者都不知雀巢为何物。

（2）味道苦涩，品种单一，不能满足更多的消费者需求。

（3）速溶性差、沉淀物较多，花费较大力气仍然搅拌不均匀。

基于该调查结果，雀巢公司研发了一款新产品——雀巢速溶咖啡，其速溶性强、口感丝滑、价格便宜、品种较多、包装简便，因而深受广大消费者喜爱。该产品扩大了雀巢咖啡的市场占有率，成为雀巢咖啡的经典之作。

（三）市场调查有利于企业在竞争中占据有利地位

"人无我有，人有我转"的经营策略是每个企业对付市场竞争的有效方法。知己知彼，才能跟竞争对手进行较量，这同样要借助于市场调查，通过调查摸清竞争对手占有市场的情况以及竞争产品之所以受欢迎的原因。

要达到在竞争中取胜的目的，就必须掌握对手的经营策略、产品优势、经营力量、促销手段及未来的发展意图等。企业面对的可能是一个竞争对手，也可能是多个竞争对手，是采取以实力相拼的策略还是避开竞争，另觅新径的策略，要根据调查结果并结合企业实际做出决策。在竞争中占据有利地位，并不一定非要进行直接的面对面竞争，因为直接竞争的损耗

会很大。因此，通过市场调查了解对手的情况，就可以在竞争中绕开对手的优势，发挥自己的长处或针对竞争者的弱点，突出自身的特色，以吸引消费者选择本企业的产品。

小案例 "三明瓜子"是如何进入休闲食品市场的

1999年夏，上海三明公司在"阿明瓜子"取得市场成功，一时成为炒货龙头，欲进入其他休闲食品市场时，想到了CIS形象整体包装，想先进行市场调查。专家团队为此对上海休闲食品的总体市场进行了分析评估，对未来竞争对手的经营策略、产品竞争优势、发展战略等进行了调查分析，对企业自身的市场份额和竞争力进行了评估和研究，又对三明公司欲进入的牛肉干、蜜饯、萨其马等分类市场进行了食品零售市场及消费者的问卷调查，为其准确定位及制定合适的营销策略提出了建议，保证了三明公司新产品的成功开发及顺利进入这几个休闲食品的分类市场。

（四）市场调查有利于改善企业的经营管理水平

一个优秀的企业管理者只有摸清市场需求，洞悉市场的变化趋势，了解各地的风土人情、地域特点，才能准确地把握市场的脉搏，进而做出正确的经营管理决策。而以上各种信息的获得，均有赖于详尽的市场调查。

市场调查的重要性

小案例 肯德基的本土化

肯德基在中国30年的成功背后值得探讨的东西有很多。但有一点是普通百姓都知道的秘诀，那就是它不断地"变脸"。无论是店面的装饰风格还是食品的种类，都体现了本土企业难以做到的"万变不离其宗"——质量不变、服务不变、理念不变。难怪有人开玩笑说："如果哪一天肯德基开始卖炸鸡馅的饺子，我都不会感到奇怪，因为它越来越接近中国消费者的饮食习惯。"

而肯德基的不断"变脸"，每次新产品的成功都离不开市场调查，离不开对中国人的饮食，甚至各地域人群饮食的调查与研究。

三、市场调查的原则

市场调查既然是通过收集、分类、筛选资料为企业生产经营提供正确依据的活动，那么它就需要遵循以下原则。

1. 准确性原则

市场调查工作要把收集的资料、情报和信息进行筛选、整理，再经过调查人员的分析后得出调查结论，供企业决策之用。因此，市场调查收集的资料，必须体现准确性原则，对调查资料的分析必须实事求是，尊重客观实际，切忌以主观臆造来代替科学的分析。同样，以偏概全也是不可取的。要使企业的经营活动在正确的轨道上运行，就必须有准确的信息为依据，这样企业才能瞄准市场，看清问题。

2. 时效性原则

在现代市场经营中，时间就是机遇，它影响着整个经营策略和活动的成败。市场调查的时效性主要表现为应及时捕捉市场上任何有用的情报、信息，并及时分析、及时反馈，为企业在经营过程中适时地制定和调整策略创造条件。在市场调查工作开始进行之后，要充分利用有限的时间,尽可能多地收集所需要的资料和情报。调查工作的拖延,不但会增加费用支出,也会形成生产和经营决策滞后的现象,对生产和经营的顺利进行极为不利。

3. 系统性原则

市场调查的系统性表现为应全面收集有关企业生产和经营方面的信息资料。因为在社会化大生产的条件下,企业的生产和经营活动受多种因素的制约和影响,这些因素既可以推动企业的繁荣,也可以阻碍企业的正常发展。

由于很多因素之间的变动是互为因果的,如果只是单纯了解某一因素,而不去考察这一因素如何对企业发挥作用以及为什么会产生如此的作用,就不能把握这一因素的本质,也就难以根据影响经营的关键因素得出正确的结论。因此,市场调查既要了解本企业的生产和经营实际,又要了解竞争对手的相关情况;既要认识内部机构设置、人员配备、管理素质和方式等对企业经营的影响,也要调查社会环境的各个方面对企业和消费者的影响程度。

4. 经济性原则

市场调查是一件费时、费力、费财的活动。它不仅需要人的体力和脑力的支出,同时还要利用一定的物质手段,以确保调查工作顺利进行和调查结果准确无误。在调查内容不变的情况下,采用的调查方式不同,费用支出情况也会有所差别;同样,在费用支出相同的情况下,不同的调查方案也会产生不同的效果。因此,企业需要根据自己的财力情况确定调查费用的支出,并制订相应的调查方案。

对中小企业来说,没有大企业的财力去搞规模较大的市场调查,但可以采用参观访问、直接听取顾客意见、大量阅读各种宣传媒体上的有关信息、收集竞争者的产品等方式进行市场调查,只要工作做得认真细致且有连续性,同样会收到很好的调查效果。因此,市场调查也要讲求经济效益,力争以较少的投入取得最好的效果。

5. 科学性原则

市场调查不是简单搜集情报、信息的活动,为了在时间和经费有限的情况下获得更多、更准确的资料和信息,就必须对调查的过程进行科学的安排。采用什么样的调查方式、选择谁作为调查对象、问卷如何拟定才能明确表达意图并使调查者易于答复……这些都需要进行认真的研究;同时运用一些社会学和心理学等方面的知识与被调查者更好地交流;在整理调查资料的过程中,要使用计算机来代替手工操作,对大量信息进行准确严格的分类和统计;对资料所作的分析应由具有一定专业知识的人员进行,以便对汇总的资料和信息进行更深入的分析;分析人员还要掌握和运用相关数学模型和公式,从而将汇总的资料以理性化的数据表示出来,精确地反映调查结果等。

6. 保密性原则

市场调查的保密性原则体现在以下两个方面。

(1) 为客户保密。

许多市场调查是由客户委托市场调查公司进行的。因此,市场调查公司以及从事市场调查的人员必须对调查获得的信息保密,不能将信息泄露给第三者。在激烈的市场竞争中,信息是非常重要的,不管是有意还是无意,也不管信息泄露给谁,只要将信息泄露出去就有可能损害客户的利益,同时也会损害市场调查公司的信誉。

(2) 为被调查者提供的信息保密。

不管被调查者提供的是什么样的信息，也不管被调查者提供信息的重要程度如何，如果被调查者提供的信息被暴露出来，就可能给他们带来某种程度的伤害，同时也会使他们对市场调查失去信任。被调查者愿意接受调查是调查业存在的前提，如果市场调查不能得到被调查者的信任和配合，那么整个市场调查业的前景也是不堪设想的。

市场调查的原则与程序

四、市场调查的种类

按照不同的分类方法，市场调查分为不同的类型。

（一）按市场调查目的划分

根据市场调查的要求和要达到的不同目的，市场调查有探索性调查、描述性调查、因果性调查和预测性调查。

1. 探索性调查

探索性调查，又称初步调查，是调查者对所出现的问题不知道症结所在、心中无数、无法确定要调查哪些内容而进行的简单调查。如市场产品销路不畅，问题可能出在产品质量和功能上，也可能是价格、渠道、促销措施、竞争、需求变化等原因。但究竟是什么问题，无法确定。这时，宜采用走访、座谈收集资料的分析方法，初步了解情况，发现问题所在，为正式深入调查扫清障碍，做好准备。这种初步调查，方法要尽量简单，时间要短，关键是着重发现问题。

2. 描述性调查

描述性调查，是市场调查的主要形式。在对问题已有初步了解的情况下，采用询问、观察、实验等方法。了解问题的详细情况，通过对市场客观资料的收集、整理、分析，认识市场问题的特征，为解决问题提供依据。描述性调查是寻求对"谁""什么事情""什么时候""什么地点"这样一些问题的回答。它可以描述不同消费者群体在需要、态度、行为等方面的差异。比如，某商店了解到该店67%的顾客是年龄在18～44岁的女性，并经常带着家人、朋友一起来购物。这种描述性调查提供了重要的决策信息，使商店特别重视直接向女性开展促销活动。

小案例   **市场调查要了解消费者的具体细节**

没有人比妈妈知道得更多，是吗？但是她知道你穿什么样的内裤吗？Jockey 公司就知道。妈妈知道你在杯子里放几颗冰块吗？可口可乐公司就知道。妈妈知道你在吃椒盐卷饼时，是喜欢先吃碎的还是先吃完整的呢？你可以去问一下 Frito-Lay 公司。大公司都知道顾客的需求是什么，需要的时间、地点以及需要的方式。它们能够指出许多甚至我们自己都不知道的各种各样的事情。据权威杂志统计："在美国，有73%的企业都有非常正规的市场调研部门，专门负责产品的调查、预测和咨询工作，并且在每种产品进入新市场时都进行专门的市场调查，及时了解消费者的受用情况。"

可口可乐公司知道我们在一个杯子里平均放3.2颗冰块；一年看到该公司69个广告；当气温在39℃时喜欢喝自动售货机里的听装可乐；100万个美国人每天在早餐时都要喝可口可乐；每天早晨公司都能收到详细的有关我们购买习惯和偏好的最新调查报告。你知道有

38%的人宁愿拔牙也不愿意把车开到经销商那里去修理吗？我们每个人每年花20美元购买鲜花；阿肯色州花生酱的消费量在全美国是最低的；51%的男性在穿裤子时先穿左腿，65%的女性在穿裤子时先穿右腿；如果你让一对夫妇分别到同一家商店买啤酒，有90%的可能性是他们买的是不同的品牌。

我们没有哪个习惯是神圣的、不可研究的。宝洁公司（P&G）曾经做过一项调查，去了解大多数人是把卫生纸叠起来还是揉成一团；另一项研究表明68%的消费者更喜欢把卫生纸的纸头放在卫生纸架的轴的上面而不是下面；雅培制药（Abbott Laboratories）发现我们每四个人中就有一个人有头皮屑问题；生产面巾纸的金佰利公司（Kimberly-Clark）统计发现每人每年平均要擤256次鼻子。

在所有公司里，研究最彻底的大概是牙膏制造商。他们知道我们喜欢牙刷的颜色是蓝色；只有37%的美国人用一把牙刷超过6个月；47%的人在刷牙前还要把牙刷浸湿；15%的人在刷完牙后把牙刷浸湿；而24%的人在刷牙前后都要把牙刷浸湿；还有14%的人根本不浸湿牙刷。

对于一些大公司来说，知道顾客买什么、在哪里买、为什么买和什么时候买的情况是有效营销的奠基石。

3. 因果性调查

因果性调查，是调查一个因素的改变是否引起另一个因素改变的研究活动，目的是识别变量之间的因果关系。如预期价格、包装、广告费用等对销售额的影响。市场不断变化，直接影响着企业经营成果。有结果就有原因，因果性调查就是侧重了解市场变化莫测原因的调查。市场各种现象是互相联系的，但这种联系并不一定都是确定性的因果关系。因果性调查旨在发现、寻找经济现象之间的因果联系，从而了解从何处着手解决问题，做出科学的经营决策。

4. 预测性调查

预测性调查是对市场未来情况所做的调查研究，属于市场预测的范畴。它是在描述性调查和因果性调查的基础上对市场的潜在需求进行的预测和推断。在市场竞争日益激烈的今天，要想在未来避免企业决策失误，就必须进行市场调查并对市场的潜在需求进行预测，只有这样才能把握市场机会。

同步思考：

是否所有的调查都必须从探索性调查开始？为什么？

回答提示：

探索性调查是描述性调查和因果性调查的前提，描述性调查与因果性调查是探索性调查的继续。但并不是说每次调查都从探索性调查开始，当调查者对调查的问题有比较全面的了解时，可以直接进行描述性调查和因果性调查。

（二）按调查时间划分

按调查的时间划分，有经常性市场调查、定期市场调查和临时性市场调查。

1. 经常性市场调查

经常性市场调查，又称不定期市场调查。企业在市场营销活动中，需要随时根据市场变化，不断做出经营管理决策。为了科学决策的要求，需要掌握必要的市场信息，由此也就要经常开展市场调查活动。按照企业管理、经营决策的要求，每次调查的时间、内容一般都是不固定的。

2. 定期市场调查

定期市场调查，是指企业针对市场情况和经营决策的要求，按时间定期所做的市场调查。它的形式有月末调查、季末调查、年终调查等。通过定期调查来分析研究一定时间内企业经营活动的内外部情况，可以科学地认识市场环境，定期按计划指导经营活动。

3. 临时性市场调查

临时性市场调查，又称一次性调查。它是企业投资开发新产品、开拓新的市场、建立新的经营机构或者根据市场某些特殊情况而开展的临时性的市场调查活动。这种调查是为了解市场的基本情况，如市场范围、规模、交通条件和竞争对手等。一般来说，这类信息变化不十分频繁，在一定时间内有某种相对稳定性。而这些情况又是开展经营活动的前提，所以，针对这些问题做一次性调查，将市场基本情况信息存入"管理档案"是十分必要的。

（三）按市场调查的范围划分

按市场调查的范围划分，有全面调查和非全面调查。

1. 全面调查

全面调查，又称普查，是对构成市场总体的全部个体单位——进行的调查。它是一种专门组织的不连续的一次性调查，所取得的资料主要是市场总体在一个定时点上的总量资料，如人口普查、物资库存普查等。通过全面调查可以了解总体的详尽资料，准确把握市场的变化方向和程度，但此类调查由于调查单位众多而相当费时费力，一般企业难以采用，只有政府部门才可以组织实施。此种调查方法的优点在于可以获得有关总体全面情况的准确信息，缺点是工作量大、时间长、费用高。

2. 非全面调查

非全面调查指对构成市场总体的部分单位进行调查，以了解市场现象的基本情况或据此对市场总体进行推断，如重点调查、典型调查、抽样调查等。目前所进行的市场调查多为非全面调查，此类调查运用灵活、花费少、适用面广。

（四）按市场调查的方法划分

按市场调查的方法划分，有观察调查、访问调查、实验调查和文案调查。

1. 观察调查

观察调查就是调查人员通过直接观察和记录调查对象的行为来收集信息资料，这种方法的特点是调查人员与调查对象不发生对话，甚至不让调查对象知道正在被观察，使得调查对象的言行完全自然地表现出来，从而观察了解调查对象的真实反应。例如为考察某一道路或路段的商业价值，可派调查人员观察人口流速流量；为了解某橱窗设计是否具有吸引力，可派人在橱窗前观察驻足观望的顾客人数等。

2. 访问调查

访问调查就是利用调查人员和调查对象之间的语言交流来获取信息的调查方法，例如某企业走访并听取用户对本企业产品质量、性能、售后服务等方面的意见和建议，以问卷形式向消费者了解其对某种产品的消费心理、购买习惯、购买频率等。

3. 实验调查

实验调查就是将调查对象置于一定的条件下，通过小规模的实验来收集有关资料，了解其发展变化情况，以测定各种经营手段取得效果的市场调查方法。

4. 文案调查

文案调查就是指利用企业内部和外部现有的各种信息、情报资料，对调查内容进行分析研究的一种调查方法，也称间接调查法、室内调查法、桌面调查法。

（五）按空间层次划分

按空间层次，分为全国性市场调查、区域性市场调查和地区性市场调查，推而广之，还可以有国际商品市场调查。从地区性上划分，市场调查可以分为农村市场调查、城市市场调查。按空间地域层次划分时，除了考虑现有行政区划以外，更多地要认识经济区划的关系。经济区是一处商品的流通范围，地区之间有密切的经济贸易联系，形成各种传统市场关系。因此，在以空间层次划分的市场调查中应重视经济区划市场调查。

各种类型的市场调查，有些单独在市场营销管理、科学决策中发挥作用。但是，许多不同类型的市场调查往往与同类型的市场预测结合起来，共同完成市场研究工作，探索市场未来发展方向，为科学的经营决策提供依据。

五、市场调查的内容

由于影响市场变化的因素很多，因此市场调查的内容也十分广泛。一般来说，凡是影响市场变化的主要因素都应调查，其中最主要的调查内容包括市场环境调查、消费者调查、市场需求调查、产品调查、市场竞争调查、分销渠道调查和促销调查。

（一）市场环境调查

企业的营销活动始终处于复杂多变的市场营销环境之中，市场营销环境包括宏观环境和微观环境。市场营销环境，尤其是宏观环境是企业不能控制的营销因素。企业经营的优劣成败，就在于是否能不断地调整自己的经营战略和策略，去主动适应环境的变化，抓住环境提供的市场机会，避免环境变化带来的威胁。因此，建立企业预警系统，调查和监测环境的细微变化，提高企业对环境的应变能力，就显得特别重要。

> **小案例**　　　　　　　　　**"百事可乐"成功进入印度市场**
>
> 在20世纪80年代，可口可乐和百事可乐都希望能够进入印度的饮料市场，但均被政府拒之门外。原因是印度保守议员们要保护当地的饮料销售，企业极力反对"可口可乐"和"百事可乐"的"入侵"。这导致可口可乐公司被迫放弃了进入印度饮料市场的计划。与此同时，百事可乐开始琢磨如何打入印度市场。百事可乐明白，要想占领印度市场，就必须消除当地政治力量的对抗情绪，于是向印度政府提出帮助印度出口一定数量的农产品以弥补印度进口浓缩软饮料的开销，并且提出了帮助印度发展农村经济，转让食品加工、包装和水处理技术等措施，从而赢得了印度政府的支持，最终成功地进入了印度软饮料市场。
>
> 分析：百事可乐成功的关键不在于产品口味比可口可乐好，也不在于广告技术比可口可乐高超，而是在于它进行了政治环境调查，在"政治战"与"公众舆论战"上比可口可乐更胜一筹。

（二）消费者调查

消费者是购买、使用和处置企业产品的人。消费者是企业无法控制的，但他们左右着企业的营销活动，没有一个现代企业敢忽视消费者。对消费者的调查，是企业的一项基础性工作，也是一项常规性工作。

> 小案例　　　　　　　　　　通用汽车公司的成功

斯隆掌管美国通用汽车公司大权时，美国经济已经发展到一个新的水平，消费者已不满足于"低层次需要"。斯隆根据当时消费者多层次的购买需求，果断地调整了经营策略，开发了不同档次的轿车，其中包括适合富翁需求的最豪华、最气派的凯迪拉克牌轿车；适合中产阶层需求的别克牌、奥兹莫比尔牌轿车，以及适合普通大众需求的简易、廉价的雪佛兰牌轿车，从此抢走了福特"T型汽车"的大部分市场，一举奠定了通用汽车"新帅"的地位。

分析：准确把握消费者的购买动机对于企业的生存与发展起着至关重要的作用。

（三）市场需求调查

市场需求就是市场机会。掌握当前市场需求和潜在需求及其变化趋势信息，是企业营销决策的前提。市场需求调查主要包括市场需求总量调查、市场需求结构调查、市场需求的影响因素调查、市场未满足因素调查等。

（四）产品调查

为市场提供消费者所需要的产品和服务，是企业赖以生存的基础。产品调查就是收集消费者对本企业产品的评价和偏好信息，以评估产品满意需求的状况，其核心是产品的适用性。主要包括产品概念调查、产品质量调查、产品功能调查、产品款式调查、产品形象调查、产品生命周期和产品价格调查等。

> 小案例　　　　　瑞士钟表忽视产品生命周期，惨遭沉重打击

20世纪初，瑞士的钟表业技术在全世界处于领先水平，全世界70%的钟表为瑞士所垄断。然而，20世纪70年代，日本领先于瑞士研发出了石英表，并引领了世界钟表的新潮流，是什么原因导致日本在石英表技术上领先一步呢？

1954年，瑞士有一位叫马科斯·赫泰尔的工程师，看到电子石英技术逐渐成熟，认为机械表将逐渐步入衰退期，于是呼吁重点发展石英表。但在当时，瑞士的钟表制造者和营销商都为自己在机械表上的精湛技术所陶醉，对发展石英表的呼吁并没有给予足够的重视。而后，日本得到这一信息，看到了石英技术的光明前景，于是集中力量研发出高质量的石英表，并推向国际市场。到1978年，瑞士178家钟表商已全部被打败，日本的石英技术"誉满全球"。

分析：日本人的成功在于正确认识到产品的生命周期，并采取了相应的市场策略；而瑞士人没有及时发现石英技术的广阔前景，结果错失良机，反而败于自己的技术。

> 创业锦囊1

创业过程中要做相关调查

（五）市场竞争调查

面对异常激烈的市场竞争，企业仅仅了解消费者的需求是不够的，还必须了解自己的竞争对手。在"发现并满足消费者需求"的市场营销观念已经被企业广泛接受的今天，不研究竞争者的战略和策略而要取得竞争优势是不可能的。从某种意义上说，了解竞争者是现代企业头等重要的事情，是企业选择营销战略和策略的先决条件。

创业锦囊2

创业过程中做竞争者调查

（六）分销渠道调查

在商品经济中，由于生产和消费相分离而产生的空间矛盾、时间矛盾、产品品种数量矛盾、价格矛盾、所有权矛盾等是由分销渠道及其成员来解决的。因此，企业设计好能适应自己的产品特点、生产情况和市场情况的分销渠道，选择好合适的渠道成员，组建好分销渠道和有效管理好自己的分销渠道是实现企业营销目标的必要途径。

（七）促销调查

促销就是企业采用商业广告、人员推销、营业推广和公共关系等方式将产品或服务的有关信息传递给消费者，从而引起他们的注意，激发他们的兴趣，刺激他们的需求，促进他们的购买。在现代竞争激烈的市场环境中，促销活动是企业营销活动中又一个重要组成部分。

六、市场调查机构

市场调查机构按服务性质不同可分为企业内部市场调查机构和企业外部市场调查机构。

（一）企业内部市场调查机构

企业内部市场调查机构按发展的逻辑过程、发达程度和表现形态，大体可归为以下三种形态。

1. 正式的市场调查机构

在企业内部设有正式的市场调查机构，这种形式的调查机构渗透在企业的营销职能部门中，具有稳定性和系统性的特点。应该说明的是，在企业内部设置正式的调查机构，并不排斥其他有关部门也承担一定的调查工作。事实上，企业内部正式的调查机构主要负责企业中市场调查的组织、总体规划和协调以及承担某些主要的职能工作和调查任务。

2. 非正式的市场调查机构

在企业中没有明确由某个职能机构承担市场调查的任务，但至少有专人负责调查工作，由其承担市场营销活动过程中常规的调查任务，通过聘请外部调查专家或机构承担特定的市场调查任务，一旦市场调查任务完成，就由其负责市场调查的后续工作，对市场调查方案实施监督与控制管理，从而实现市场调查组织的系统性、稳定性、灵活性和高效性。

3. 松散的市场调查机构

在企业中没有明确的组织机构承担市场调查任务，而是根据需要由企业抽调部分营销人员，并聘请专家或管理顾问成立专门的调查班子，进行企业的市场调查研究，对企业的市场营销战略和战术做出规划和调查，然后通过企业的营销职能部门来组织实施调查方案。这种调查机构的特点在于它的灵活性和高效性。它通常是在企业经营的特定时期，如新产品上市时、企业经营陷入困境或面临重大事件时，竞争者采取了新的竞争策略时，特意设立并进行运作，在完成特定任务后随即解散。

企业对内部市场调查机构的设置，受某种因素的影响和制约，除了观念上的问题可能对设置产生影响外，还应对企业的规模、经营业务的性质和范围、企业的经营条件、市场状况等进行综合考虑。

（二）企业外部市场调查机构

1. 完全服务公司

完全服务公司具有能够独立完成其委托人所要求的全部调查工作的能力。这种完全服务公司能够自己找出问题，进行营销环境调查分析和调查方案设计，直至完成最后的报告。显然，这是一些大的公司，有专业的部门和设备来完成整个市场调查任务。这类公司主要有：

（1）市场调查公司。市场调查公司是专营市场调查业务、提供综合服务的机构，这些公司也被称为标准服务公司，他们能提供全套综合服务。一般从研究方案、创意设计、现场实施、数据分析到市场调查报告，所有市场调查环节都能由调查公司独立进行设计操作。同时，这类公司的报告只提供给唯一的委托人，且提供的服务模式是标准化的。

（2）广告研究公司。不少稍具规模的广告公司，由于拥有丰富市场调查经验的主管以及训练有素的调查人员，所以都设有市场调查机构。他们的服务以广告为主，通过与客户签订正式合同或达成其他协议，代理客户的某项营销活动的调查或实施工作。

（3）管理咨询公司。管理咨询公司以办理企业经营管理指导业务为主，一般也兼办市场调查业务。这类公司主要是充分利用自己专业化程度高、职业水准高、社会联系广泛、信息占有量大、判断客观准确等优势，为客户提供调查咨询服务，充当和发挥客户的"外脑"作用。与企业签订营销顾问合作协议，为企业提供市场调查诊断服务，起到智囊参谋作用，帮助企业准确把握营销问题，提升竞争实力和营利能力。

（4）定制服务公司。定制服务公司是根据不同顾客的特殊要求进行定制服务的机构。每个客户的要求都作为一个特定的项目进行。这些调查公司往往需要大量的时间与客户一起决定问题。然后，根据客户特定的问题进行调查方案设计。例如，调查公司可以利用专业人员智力资源的优势，通过举办各种类型的营销调研知识与技能培训班，以提高客户调研人员的专业素质与能力。

2. 有限服务公司

有限服务公司专门从事某个方面或某几个方面的调研工作。这些公司拥有专门的人员开展某种营销调研工作，如数据输入、调查样本设计、建模、电访等。

3. 其他调查机构

随着中国市场经济的运行，从中央到地方的调查机构都应运而生，如政府信息统计部门、高校调研研究中心、科研单位的研究中心等。这些组织主要收集和交流国内外市场信息、开展理论研究、市场调查培训和市场调查策划活动等。

七、市场调查的程序

市场调查必须根据人们的认识规律,科学地安排市场调查的程序。市场调查的程序是指调查工作过程的阶段和步骤。市场调查的全过程可大体划分为调查准备、调查实施、整理分析和调查总结四个阶段,每个阶段又可分为若干具体步骤(图1-2)。

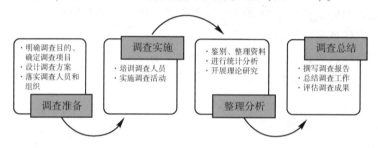

图1-2 市场调查的具体步骤

(一) 调查准备

准备阶段的主要任务是:明确调查目的,确定调查项目;设计调查方案;落实调查人员和组织。为了保证市场调查的质量,必须充分、周到地做好一切准备工作。具体工作步骤大致如下。

1. 明确调查目的、确定调查项目

明确调查目的、确定调查项目这一步骤是做好市场调查的首要前提,它要回答为什么要进行调查,调查要了解什么问题,了解这些问题后有什么用处,应该收集哪些方面的信息资料等问题。爱因斯坦指出:"提出一个问题比解决一个问题更重要,因为解决一个问题也许只是一个数学上的或试验上的技能而已,而提出新的问题、新的可能性,从新的角度去看旧的问题,都需要有创造性的思维,而且标志着科学的真正进步。"确定调查项目,实质上是确定调查总方向、提高调查总水平的根本性问题,还决定着调查方案的设计,制约着调查全过程。

2. 设计调查方案

设计调查方案包括调查总体方案的设计和调查指标的设计,同时包括对调查方案进行可行性研究。凡事预则立,不预则废。进行市场调查必须事前编制详细、周密的调查方案。另外,为了提高调查方案的科学性、实用性,还必须对方案进行可行性论证。

3. 落实调查人员和组织

认真选拔人员、组建调查队伍是顺利完成调查任务的基本保证。应选择综合素质高、专业能力强、善于协调沟通的人参与市场调查,组建调查队伍,发挥组织效能;还应对人员进行有针对性的培训,以适应市场调查工作的要求。

(二) 调查实施

这个阶段也是整个市场调查过程中的关键阶段,对调查工作能否满足准确、及时、完整、节约等基本要求有直接影响。

调查实施阶段的主要任务是组织调查人员按照调查计划的要求,系统地收集资料和数据,听取被调查者的意见。对于市场调查的领导者和组织者来说,在这个阶段要特别注意做好外部协调工作和内部领导工作。

这个阶段大体分两个步骤:

1. 培训调查人员

对调查人员进行培训,让他们了解调查计划、掌握调查技术和与调查目标有关的经济知识,这是保证调查质量的一项重要培训。

2. 实施调查活动

实施调查活动,即调查人员按照计划规定的时间、地点、方法具体地收集有关资料,不仅要收集二手资料(现成资料),而且要收集第一手资料(原始资料)。实地调查的质量取决于调查人员的素质、责任心和组织管理的科学性。

在整个市场调查工作中,该阶段是唯一的现场实施阶段,是获取第一手资料的关键阶段。在这个阶段,调查人员的接触面最广、工作量最大、情况最复杂、变化最迅速、实际问题最多、指挥调度也最困难。因此,市场调查的领导者和组织者应亲临第一线,集中精力做好外部协调工作和内部指导工作,力求以最少的人力、最短的时间、最好的质量完成收集资料的任务。这个阶段的工作做好了,下一阶段的研究工作也就有了良好的基础。

(三)整理分析

整理分析阶段的主要任务是:鉴别、整理资料,进行统计分析和开展理论研究。

1. 鉴别、整理资料

鉴别资料就是对调查的文字资料和数字资料等进行全面审核,消除资料中的假、错、缺、冗现象,即对所收集的资料进行"去粗取精、去伪存真",以保证资料的真实、准确与完整。整理资料则是对鉴别后的资料进行初步加工,使之条理化、系统化,并以集中、简明的方式反映对象的总体情况,即"由此及彼、由表及里"。

2. 进行统计分析

进行统计分析,就是应用统计学的原理和方法来研究市场现象的数量关系,揭示市场的发展规模、水平、结构和比例,说明市场的发展方向和速度等问题,为进一步开展理论研究提供准确系统的数据资料。应用电子计算机处理各种数据,可以提高统计分析的精确度和效率。

3. 开展理论研究

开展理论研究,就是运用逻辑方法和与调查项目有关的各专门学科的科学理论,对鉴别、整理后的事实材料和统计分析后的数据进行思维加工,解释事物的内在本质,说明事物的前因后果,预测事物的发展趋势,做出自己的理论说明,并在此基础上提出对实际工作的具体建议。研究阶段是市场调查的深化、提高阶段,是从感性认识向理性认识飞跃的阶段。在这个阶段,跑腿的工作已大大减少,但动脑、动手的工作大大增加。特别是对于市场调查的领导者和组织者、统计人员和研究人员来说,工作任务更为繁重和紧张。市场调查能否出成果,以及成果作用的大小,在很大程度上取决于这个阶段的工作。

(四)调查总结

总结阶段的主要任务是:撰写调查报告、总结调查工作和评估调查成果。

1. 撰写调查报告

调查报告是调查研究成果的集中体现,是市场调查工作最重要的总结。一般来说,市场调查都要撰写调查报告,并尽可能使调查报告在理论研究或实际工作中发挥应有的决策作用。

2. 总结调查工作

总结调查工作包括整个市场调查工作的总结和每个参与者的个人总结。通过总结，既要积累成功的经验，又要吸取失败的教训，特别是要注意寻找改进市场调查工作的途径和方法，为今后更好地进行市场调查打下基础。

3. 评估调查成果

评估调查成果，一般包括两个方面：一是从学术成果看，要对市场调查所提供的事实和数据材料、理论观点和说明、所使用的调查研究方法做出客观的评价；二是从经营成果看，要对市场调查结论采用率、转引率和对实际工作的指导作用做出实事求是的估计。应了解其结论是否被重视和采纳、采纳的程度、采纳后的实际效果、调查结论与市场发展是否一致等。对调查成果的评估必须以实践为基础，它实质上是在实践中应用调查结论和检验调查结论的过程。

总结阶段是市场调查的最后阶段，认真做好总结工作，对于提高调查研究的能力和水平都具有十分重要的意义。总结工作如果草率从事，会使市场调查没有明确的结论，起不到市场调查的作用，导致整个调查工作前功尽弃。

在实际的市场调查工作中，上述四个阶段是互相连接、互相交错的，它们共同构成市场调查的完整过程。

任务实施

【任务名称】拟定市场调查内容和程序。

【任务目的】
1. 能根据调查主题，拟定市场调查内容。
2. 能明确市场调查的步骤。

【任务要求】
1. 要求学生根据教师给定的调查主题，确定本小组将要实施的市场调查选题。
2. 根据已选定的调查题目，要求学生思考本小组的市场调查可包括哪些内容。
3. 可供选择的选题：
(1) 大学生网络游戏消费调查。
(2) 大学生接触校内上网情况调查。
(3) 在校大学生网络购物调查。
(4) 在校大学生每月生活费用支出情况调查。
(5) 在校大学生业余时间安排调查。
(6) 大学生手机使用情况调查。
4. 根据所学知识，为本小组的调查构思一个合理的调查程序，并形成报告。

【实施步骤】
1. 根据任务要求，事先搜集各选题的相关资料。
2. 小组成员讨论确定小组市场调查的选题。
3. 小组成员讨论本小组调研的身份预设，在假设身份的前提下确定调查目的。
4. 小组成员对选题的市场调查内容及市场调查步骤进行讨论，并记录下来。
5. 组长在小组成员充分讨论的基础上，总结完成小组报告。

6. 小组之间进行交流，每个小组推荐 1 人进行介绍。
7. 由教师对学生所提交调查报告和现场介绍的情况进行评估打分。
【组织形式】
1. 全班分小组进行，每组 8~12 人，自愿组合，合理分工。
2. 以小组和个人结合的形式完成相关实训要求。
【考核要点】
1. 市场调查的内容。
2. 市场调查的步骤。
【报告范例】

项目负责人	
项目组成员	
项目选题	
身份预设	
调查目的	
调查内容	
调查程序	
心得体会	

任务训练

【知识训练】
一、单项选择题
1. （   ）是指调查者对所出现的问题不知道症结所在，心中无数，无法确定要调查哪些内容而进行的简单调查。
  A. 探测性调查   B. 描述性调查
  C. 因果性调查   D. 经常性调查
2. 某公司总经理从媒体报道中发现，该公司在市场销售中所占有的份额在减少，他需要采取的措施首先应该是（   ）。

A. 增加投入，扩大生产 B. 改进技术，增加产品的技术含量
C. 进行市场调查，了解份额减少的原因 D. 做好员工思想工作，搞好企业管理

3. 市场调查是对市场状况进行研究的整体活动，每个阶段都有要制订系统的计划。这体现了市场调查的（　　）特点。

A. 整体性 B. 系统性
C. 客观性 D. 时效性

4. 下列关于市场调查作用说法错误的是（　　）。

A. 市场调查为企业经营决策提供依据
B. 市场调查有助于企业开拓市场，开发新产品
C. 市场调查有利于企业在竞争中占据有利地位
D. 市场调查能保证企业增加销售，增加盈利

5. （　　）是为了研究市场现象与影响因素之间客观存在的联系而进行的市场调查。

A. 探测性市场调查 B. 因果性市场调查
C. 经常性市场调查 D. 一次性市场调查

二、多项选择题

1. 根据市场调查的要求及要达到的目的，市场调查可分为（　　）。

A. 探测性市场调查 B. 描述性市场调查
C. 因果性市场调查 D. 预测性市场调查
E. 服务性市场调查

2. 按调查的时间划分，市场调查可分为（　　）。

A. 经常性市场调查 B. 定期市场调查
C. 临时市场调查 D. 月初市场调查
E. 月末市场调查

3. 广告效果调查具体包括（　　）。

A. 社会效果 B. 经济效果
C. 销售效果 D. 形象效果
E. 心理效果

4. 市场调查的内容主要有（　　）。

A. 市场需求调查 B. 市场分工调查
C. 市场环境调查 D. 市场结构调查
E. 市场销售调查

5. 在我国，市场商品资源调查主要是对（　　）进行调查。

A. 自然资源 B. 矿产资源
C. 工业商品资源 D. 人力资源
E. 农副产品资源

三、简答题

1. 市场调查的程序分哪几个步骤？
2. 市场调查的内容有哪些？

【技能训练】

日本自行车是如何打进欧美市场的?

我国是世界上自行车拥有量最多的国家,但出口数量不多,进入欧美市场的则更少。欧美是世界自行车的主要消费地区,在激烈的自行车经销竞争中,日本取得了成功,他们取得成功的关键是通过市场调查,正确掌握了市场的信息资料,并加以应用。例如,调查欧美人的体格特征。欧美人手与腿比日本人长,于是他们特意设计了不同高度与距离的车架坐垫和车把来适应欧美人的需要。又如,调查欧美流行色彩。他们调查到欧美人对颜色的爱好是:蓝色占27.4%,红色占25.9%,银灰色占14%,黑色占15.3%,奶白色占11%,其他占6.4%等,根据这些数据来调整自行车的色彩。再如,调查自行车在欧美的用途。欧美市场上,自行车代步、载重等功能早已被汽车或其他交通工具所代替。那里自行车的用途主要是旅游、娱乐、运动、健身、妇女短途购货及学生上学所用。根据这些特点,日本在款式、原料工艺、包装、价格等方面做了相应的变化。通过以上几方面细致的市场调查,日本的自行车成功打进了欧美市场。

要求:结合案例,谈谈市场调查的作用。

项目知识结构图

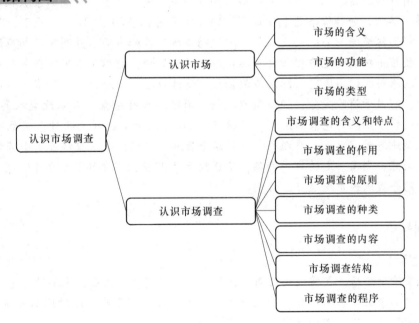

项目训练

【知识训练】

一、选择题

1. 一般来说,下面几种调查方式中,属于初步的调查是( )。
   A. 探索性调查　　　　　　　　B. 因果性调查
   C. 描述性调查　　　　　　　　D. 实地调查

2. 在产品调查中,应了解消费者对该产品和同类产品的（　　）意见。
A. 价格、渠道、包装　　　　　　　　B. 样式、口味、包装
C. 经营、管理、销售　　　　　　　　D. 形象、渠道、包装
3. （　　）是指生产或营销企业的产品数量在市场同类产品总数中所占的比例。
A. 企业产品市场占有率　　　　　　　B. 产品占有率
C. 市场容量　　　　　　　　　　　　D. 市场占有率

二、简答题
1. 简述产品调查的主要内容。
2. 简述市场调查的种类。

【技能训练】

江崎公司是如何取得成功的

日本泡泡糖市场年销售额为740亿日元,其中大部分被劳特所垄断,可谓江山唯劳特独坐,其他企业再想挤进泡泡糖市场谈何容易,但江崎糖业公司对此并不畏惧。江崎公司成立了市场开发班子,专门研究"霸主"劳特的不足:第一,以成年人为对象的泡泡糖市场正在扩大,而劳特仍旧把重点放在儿童泡泡糖市场上;第二,劳特的产品主要是果味型泡泡糖,而现在消费者的需求正在多样化;第三,劳特多年来一直生产单调的条板状泡泡糖,缺乏新型式样;第四,劳特价格是110日元,顾客购买时需多掏10日元的硬币,往往感到不便。通过分析,江崎糖业公司决定以成人泡泡糖市场为目标市场,并制定了相应的市场营销策略,不久便推出功能型泡泡糖四大产品:司机用泡泡糖,使用了浓度薄荷和天然牛黄,以强烈的刺激消除司机的困倦;交际用泡泡糖,可清洁口腔,祛除口臭;体育用泡泡糖,内含多种维生素,有益于消除疲劳;轻松型泡泡糖,通过添加叶绿素,可以改变人的不良情绪。同时,精心设计了产品的包装和造型,价格定为50日元和100日元两种,避免了找零钱的麻烦。功能型泡泡糖问世后,像飓风一样席卷全日本。江崎公司不仅挤进了由劳特独霸的泡泡糖市场,而且占领了一定的市场份额,从0猛升至25%,当年销售额达175亿日元。

要求:结合案例谈市场调查的作用。

创业实训

【情景假设】

大学生王某毕业后,在学校内的商业街租了一个店铺自主创业,主要销售手机及提供手机相关服务,如手机装饰品销售、手机缴费、手机维修等。开业一段时间后销量并不乐观,王某为此非常苦恼,他并不知道问题出在哪儿。

如果你是王某,你会怎么做?用什么方法找出问题所在,并提出解决方案。

【实训要求】

1. 请结合本项目所学知识,为王某的店铺设计一个初步的调查方案,构思所要调查的内容及步骤。
2. 分析问题应全面,囊括所有可能会导致销量不好的影响因素。
3. 联系实际,谈谈校内的手机销售店该如何定位及营销。

选择市场调查方式

项目导入

市场调查目的在于准确、及时、全面、系统地认识市场现象,提示其运动的内在规律性,并通过对市场及其规律性的认识来指导工作。由于市场调查目的的不同,所涉及的市场调查范围和市场调查对象也不同,所以有了多种不同的市场调查组织方式与之相适应。市场调查按调查对象所包括的范围可分为全面市场调查和非全面市场调查两种。全面市场调查是指市场普查,非全面市场调查是指市场抽样调查、市场典型调查、市场重点调查等。

学习目标

知识目标

☆掌握市场普查的含义、特点、作用、方式及其基本原则。
☆掌握市场抽样调查的含义、特点、作用和程序。
☆熟悉市场抽样调查的基本概念及其相应指标的计算。
☆掌握随机抽样各种方式的优缺点及其适用范围。
☆理解非随机抽样的主要方式。
☆熟悉市场典型调查的含义、特点和应用。
☆熟悉市场重点调查的概念、特点和应用。

技能目标

☆能够根据具体情况,确定样本容量和计算抽样标准误差。
☆能够根据市场调查的要求和市场对象的特点选择合适的市场调查组织方式。

引导案例

案例导读:

准确的定义调查总体是保证抽样调查成功的前提,调查总体定义错误将会对数据收集的准确性产生影响，从而不利于企业做出正确的产品决策。

案例详情：

上海某狗粮制造企业希望通过改良狗粮产品的设计来提高销售量。为了获取更为准确的市场信息，该企业想进行一次市场调查活动，出于对调查效率和成本的考虑，最终选择了抽样调查。抽样设计的过程如下：

（1）定义总体：进入超市购买狗粮产品的顾客。

（2）选择抽样方法：方便抽样法。

（3）确定样本量：1 000人。

按照上述设计方案，他们调查了产品的价格、包装、规格、口味、配料等方面，并根据顾客的建议改进了产品的设计。产品投入市场初期，经历了一个高销售阶段。但数月后，销售额停滞不前。这家企业在讨论研究后，把自己生产的狗粮带到当地的流浪狗收容所，然后把狗粮放在狗的面前，但它们连碰也不碰。

案例启示：

该企业调查失败的原因在于调查总体定义错误。因为狗才是狗粮产品的使用者，因而调查主体应该是狗，而不是狗的主人。

任务一　认识市场普查

任务导入

理论上，市场调查若能采用普查法，即对调查对象的所有单位都调查一遍，那么结果就是最准确的。在市场调查工作中，为了取得某一市场的总体情况，运用全面调查方案可取得全面、完整的统计资料，进而了解市场的总体特征。下面就普查的含义、特点、方式及作用等方面进行介绍。

知识准备

一、市场普查的含义和特点

（一）市场普查的含义

市场普查，又称全面市场调查，是指为了搜集一定时空范围的调查对象的全面系统的资料，对调查对象的全部个体单位所进行的一次性全面调查。实际应用中有宏观、中观、微观三大层次之分。

（1）宏观市场普查。它是全国范围内的全面市场调查，如农业普查、经济普查、人口普查等。

（2）中观市场普查。它是一定地区或一定行业（部门）范围内的全面市场调查，如IT行业普查、烟草行业普查、电力行业普查、某市商业网点普查或产业单位普查等。

（3）微观市场普查。它是在企业内部组织的全面市场调查，如员工基本情况普查、员工忠诚度全面测评、设备物资普查、销售渠道全面调查等。

拓展阅读 1　　　　　第六次全国人口普查主要数据公报

全国人口普查
主要数据公报

（二）市场普查的特点

市场普查作为一种特殊的数据搜集方式，具有以下几个特点：

1. 通常是一次性的或周期性的

由于普查涉及面广，调查单位多，需要耗费大量的人力、物力和财力，通常需要间隔较长的时间，一般每隔 5 年或 10 年进行一次。例如，随着我国的普查日益规范化、制度化，每逢末位数字为 "3" 和 "8" 的年份进行经济普查，每逢末位数字为 "0" 的年份进行人口普查，每逢末位数字为 "7" 的年份进行农业普查等。

2. 规定统一的标准时点

标准时点是指对被调查对象登记时所依据的统一时点。调查资料必须反映调查对象在这一时点上的状况，以避免调查时因情况变动而产生重复登记或遗漏的现象。例如，我国第六次人口普查的标准时点为 2010 年 11 月 1 日 0 时，就是要反映这一时点上我国人口的实际状况。

3. 规定统一的普查期限

在普查范围内，各调查单位或调查点尽可能同时进行登记，并在最短的期限内完成，以便在方法和步调上保持一致，保证资料的准确性和时效性。

4. 规定普查的项目和指标

普查时必须按照统一规定的项目和指标进行登记，不准任意改变或增减，以免影响汇总和综合，降低资料质量。同一种普查，每次调查的项目和指标应力求一致，以便进行历次调查资料的对比分析和观察社会经济发展变化情况。

5. 数据准确

普查的数据一般比较准确，规范化程度也较高，因此它可以为抽样调查或其他调查提供基本依据。

6. 使用范围比较窄

普查的使用范围比较窄，只能调查一些最基本及特定的现象。

7. 费用比较高

普查涉及面广、工作量大，因而需要花费较多的调查费用。

综上所述，普查既是一项技术性很强的专业工作，又是一项广泛性的群众工作。

（三）市场普查的作用

市场普查的目的是了解市场的一些至关重要的基本情况，对市场状况做出全面、准确的描述，从而为制定市场有关政策、计划提供可靠的依据。市场普查的作用主要有以下两个方面：

（1）通过市场普查可以获得比较全面的原始资料和可靠的数据资料，有利于宏观决策和市场决策。

（2）通过市场普查可以全面反映相关市场对象的基本信息，进行不同时期的比较分析，找出市场变化的规律及发展趋势。

二、市场普查的方式

（一）搜集资料的方式

市场普查搜集资料的基本方式一般有以下3种：

1. 上门登记

上门登记是由聘请和培训过的普查员依据调查表或问卷，深入调查单位进行观察、询问和登记的一种搜集市场普查资料的方式。由于这种方式是普查人员亲自提问、记录，所以结果真实、正确，且比较容易控制，但要注意降低设计误差和普查员登记误差。

2. 填报表格

填报表格是由普查人员将事先拟订好的调查表或问卷呈送给被调查的企业、事业等基层单位，各基层单位根据原始记录和现成资料进行填写，并在规定的时间内将所填的调查表或问卷交回的一种搜集市场普查资料的方式。行业市场普查经常采用这种方式。使用此种市场普查方式，在市场调查费用的控制上有一定的优势，但数据资料的结果可能会因为填写者多而难以完全控制，从而出现填写偏差，所以要注意降低设计误差和被调查者的填报误差。

3. 查阅资料

查阅资料是一种最简洁的市场普查方式，严格意义上说是对文献资料进行二次开发的市场普查方式。查阅资料的市场普查方式简单方便、投入少，但资料的可靠性较差。资料的可靠性是分析市场调查有效性和结论价值的基础，加之完整的市场普查结论很难完全从现成的资料中获得，所以，它只能起到一种辅助性、概括性的作用。

（二）组织方式

市场普查的组织方式大体上有两种，即一般市场普查和快速市场普查。

1. 一般市场普查

一般市场普查是结合日常登记和核算资料，通过定期报表而进行的一种市场普查方式。一般市场普查不必专门组织市场调查机构和力量，只需通过层层上报和汇总市场资料来取得市场资料。一般市场普查采用逐级布置和逐级汇总上报的办法来取得市场资料，所以花费的时间较长。

2. 快速市场普查

快速市场普查是由组织领导市场普查工作的最高机关直接把市场普查任务布置到基层单位，各基层单位则把调查结果直接报送给组织领导市场普查工作的最高领导的一种市场普查方式。快速普查除了快速外，还具有以下主要特点：

（1）调查采用直达方式。整个普查过程越过一切中间机关，布置任务和报送资料一律采用先进手段，如电话、传真、计算机网络，以缩短资料的传递时间。

（2）资料汇总工作集中在组织领导市场普查的最高机关进行。

（3）普查项目少。快速普查要突出快速的特点，所以普查的内容一般比较简单，以便用电话、传真等报送资料。如果内容复杂、项目较多，则不宜采用快速普查方式。

快速普查的缺点：普查项目有限、花费较大，所以快速普查只有在特殊的情况下才采用。

任务实施

【任务名称】了解普查。

【任务目的】
1. 理解普查的基本概念。
2. 掌握普查在实践中的应用。
3. 提高学生的文字表达能力,培养学生的专业素养。

【任务要求】
1. 搜集生活中的普查案例,如国家统计局的普查统计公报等。
2. 根据本小组搜集的资料,分析该普查项目的特点、方式以及过程等。
3. 小组展开讨论并形成报告。

【实施步骤】
1. 以小组为单位,根据实训内容和要求搜集普查资料。
2. 小组成员讨论,组长组织撰写报告。
3. 小组之间进行交流,每个小组推荐1人进行介绍。
4. 教师和学生共同评估,给出成绩。

【组织形式】
1. 全班分小组进行,每组8~12人,自愿组合,合理分工。
2. 以小组为单位完成相关实训要求。

【考核要点】
1. 市场普查的特点。
2. 市场普查的组织方式。

【报告范例】

项目负责人	
项目组成员	
报告名称	
简要说明	
普查主体	
普查时间	
普查对象	

续表

普查内容	
普查方式	
心得体会	

任务训练

【知识训练】

一、单项选择题

1. 为了搜集一定时空范围内调查对象全面系统的资料,对调查对象的全部个体单位所进行的一次性全面调查,被称为(   )。

　　A. 普查　　　　　　　　　　　　B. 重点调查
　　C. 典型调查　　　　　　　　　　D. 抽样调查

2. 电力行业普查属于(   )。

　　A. 地区普查　　　　　　　　　　B. 宏观普查
　　C. 中观普查　　　　　　　　　　D. 微观普查

3. 调查资料必须反映调查对象在这一时点上的状况,以避免调查时因情况变动而产生重复登记或遗漏的现象,这是普查(   )的特点。

　　A. 一次性的或周期性的　　　　　B. 规定统一的标准时点
　　C. 规定统一的普查期限　　　　　D. 规定普查的项目和指标

4. 同一种普查,为了便于进行历次调查资料的对比分析和观察社会经济现象发展变化情况,普查应该(   )。

　　A. 规定数据单位　　　　　　　　B. 规定统一的标准时点
　　C. 规定统一的普查期限　　　　　D. 规定普查的项目和指标

5. 一般我国的人口普查周期是(   )。

　　A. 5 年　　　　　　　　　　　　B. 10 年
　　C. 20 年　　　　　　　　　　　 D. 5 年和 10 年

二、多项选择题

1. 普查的特点有(   )。

　　A. 一次性的或周期性的　　　　　B. 规定统一的标准时点
　　C. 规定统一的普查期限　　　　　D. 规定普查的项目和指标

2. 普查的缺点有（　　）。
A. 调查时间长　　　　　　　　B. 调查成本大
C. 调查使用范围比较窄　　　　D. 数据不准确
3. 市场普查搜集资料的方式有（　　）。
A. 上门登记　　　　　　　　　B. 填报表格
C. 查阅资料　　　　　　　　　D. 网上搜集
4. 下列选项中，属于普查的有（　　）。
A. 人口普查　　　　　　　　　B. 农业普查
C. 烟草行业普查　　　　　　　D. 员工忠诚度全面测评

三、简答题
1. 简述普查的特点。
2. 简述普查的作用。

【技能训练】

假设你是一家公司的总经理，公司最近离职率直线上升、员工士气很低。为此，你决定对公司的员工进行一次全面的关于员工满意度的普查。你会如何组织？调查哪些内容？采用什么方式搜集资料？

任务二　认识抽样调查

任务导入

虽然普查是对调查总体最全面的了解，但是在许多情况下，对总体单位进行全面调查是非常困难的，也是根本不可能的，这时只能对部分单位进行调查，再粗略推断总体的总和特征。下面从抽样调查的含义、抽样调查的程序和方式等方面进行介绍。

知识准备

一、市场抽样调查的含义与特点

（一）市场抽样调查的含义

市场抽样调查，是指调查者为了特定的调研目的，按照一定的程序从调查总体中抽取一部分单位作为样本，对样本进行分析或观察，并根据样本统计量估计总体情况的一种非全面调查方法。市场抽样调查是一种广泛使用的有效的市场调查方法，属于非全面调查的范畴。它按照科学的原理和计算方法，将从抽取的部分样本单位所得到的调查数据，用来推断总体、代表总体，同样具有科学性，并且较市场普查节省大量的成本费用，是目前公认的最重要的调查方法。

如何做好调查问卷抽样选择？

小案例　　　　　　　　盖洛普的崛起

20 世纪 30 年代早期，美国有位学者名叫盖洛普，他制订了一套抽样方案。他举例说，有 7 000 颗白豆子和 3 000 颗黑豆子十分均匀地混在一起,装在一只桶里。当你舀出 100 颗时,你大约可以拿到 70 个白的和 30 个黑的,而且你失误的概率可以用数学方法计算出来。他将这套方法运用于民意测验。1932 年,一家广告代理商邀请他去纽约创立一个评估广告效果的调查部门。同年,他利用他的民意测验法帮助他的岳母竞选上了艾奥瓦州议员。这使他确信他的抽样方法不仅在数豆子和报刊读者调查方面有效,而且有助于选举人。只要你了解到抽样范围具有广泛性,即白人、黑人、男性、女性、富有、贫穷、城市、郊区、共和党、民主党,只要有一部分人代表他们所属的总体,他就可以通过采访相对少的一部分人,来预测选举结果或反映公众对其关心问题的态度。盖洛普证实,通过科学抽样,可以准确估测出总体的指标。同时,在抽样过程中,可节省大量资金。

启示:通过数豆子发明了抽样调查,这就是现代抽样方法的先驱——盖洛普的经历。今天,抽样调查已经成为比较科学的一种调查方式,发挥着越来越重要的作用。

(二) 市场抽样调查的特点

市场抽样调查最主要的特点在于其应用科学的方法,在总体中抽取有代表性的调查单位进行调查,克服了市场普查的组织困难、费用高、时间长的缺点,也克服了市场重点调查、市场典型调查等传统调查方法的主观随意性、样本代表性不强的弱点,具有较强的代表性和科学性,是比较科学和客观的一种市场调查方法。其特点有以下几个:

1. 费用低、易推广

市场抽样调查的调查单位比市场普查少得多,因而既能节省人力、费用和时间,又能比较快地得到调查的结果,这对许多工作都是很有利的。例如,农产量全面调查的统计数字要等收割完毕以后一段时间才能得到,而抽样调查的统计数字在收获的同时就可以得到,一般能提早两个月左右,这对于安排农产品的收购、储存、运输等都是很有利的。

由于调查单位少,有时可以增加调查内容。因此,有的国家在人口普查的同时也进行人口抽样调查,一般项目通过普查取得资料,另一些项目则通过抽样调查取得资料。这样既可以节省调查费用和时间,又丰富了调查内容。

2. 质量高、可信赖

统计数字与客观实际数量之间是有差别的,这种差别通常称为误差。统计误差有两种:一种是登记误差,也叫调查误差或工作误差,是指在调查登记、汇总计算过程中产生的误差,这种误差应该设法避免;另一种是代表性误差,也叫抽样误差,是指用部分单位的统计数字为代表,去推算总体的全面数字时所产生的误差,这种误差一定会发生,是不可避免的。全面调查只有登记误差而没有代表性误差,而抽样调查则两种误差都有。因此,人们往往认为抽样调查不如全面调查准确,但这种看法忽略了两种误差的大小。

全面调查的调查单位多,涉及面广,参加调查汇总的人员也多,水平参差不齐,因而发生登记误差的可能性大。由于抽样调查是建立在科学的数理统计分析的基础之上的,因此,只要能够按照科学合理的程序进行抽样,就可以排除个人主观因素的影响,保证样本的代表性,将误差控制在一定的范围内,确保获取的信息资料有较好的可靠性和准确性。同时,由于抽样调查只调查部分总体单位、数目较少、参加调查的人员较精干,可以最大限度地减少登记误差,从而提高调查的质量,所以,抽样调查的质量较高、可信度好。

3. 时间短、收效快

对于市场调查,时间的要求是非常严格的。由于抽样调查的样本单位少、操作方便,因此能够十分迅速地得到调查结果，这对于现代企业营销迅速适应市场的变化是非常有益的。

二、市场抽样调查的作用和程序

（一）市场抽样调查的作用

市场抽样调查的主要作用表现在以下几个方面：

1. 在无法或很难进行全面市场调查时，可以用市场抽样调查方法来推断市场总体情况

这样的场合大致有两类：一类是由市场总体特征所决定的，因为有些市场现象总体范围大、单位数目多且分散，没办法进行全面市场调查来取得资料，所以要采用市场抽样调查，如森林中的木材储量、水库中的鱼苗数量等；另一类是由市场调查手段的特殊性所决定的，如工业生产中带有破坏性的产品质量检查不可能一一检查所有产品，在生产连续进行时不可能停产来检查产品质量，而只能采用抽样调查；又如为了掌握粮食的总产量，在粮食作物大面积成熟之前不可能全面收割来计算总产量，这时应采用抽样调查。

2. 某些场合虽然可以采用全面市场调查，但抽样调查仍有其独到之处

有些市场现象虽然可以进行全面市场调查，也需要进行全面市场调查，但由于人力、物力、财力的限制不可能进行全面市场调查，只能采用市场抽样调查方法。如服装行业需要掌握全国成年人的身高与体态状况，以掌握成年人服装生产的规格型号，这就没有必要对全国所有的成年人进行调查，只需要从全国成年人中抽取很少一部分样本单位进行调查，就可以推算全国成年人的总体情况。

3. 市场抽样调查适用于市场资料及时性很强的现象

所谓市场资料及时性是指通过市场调查取得的资料所反映的市场信息具有很强的时间性，能够指导现实工作。如对市场上产品品种结构的调查，能及时判断出各种产品是否对路、畅销，从而采取正确的对策。市场抽样调查具有省时的特点，能够很快地得到市场信息。

4. 市场抽样调查可以对全面市场调查资料进行核实

全面市场调查是对每个单位都进行调查，从理论上讲，搜集的市场资料是准确无误的，但实际工作中，由于全面市场调查涉及范围广、参与人员多、工作量大，所搜集的市场资料难免有各种登记上的误差。为了核实全面市场调查资料的准确性，提出可靠的修正系数，在全面市场调查后应立即组织市场抽样调查，用来核实全面调查得来的资料。如我国在人口普查后，立即组织了抽样调查，提出人口普查资料的修正数字和把握程度。

（二）市场抽样调查的程序

市场抽样调查有比较严密的程序，只有按一定程度进行市场抽样调查，才能保证市场抽样调查顺利完成，取得理想的调查效果。市场抽样调查一般可分为以下几个步骤（图 2-1）：

图 2-1 市场抽样调查的程序

1. 确定调查总体

确定调查总体是根据市场抽样调查目的的要求，明确调查对象的内涵、外延及具体的总体单位数量，并对调查总体进行必要的分析。市场抽样调查虽然仅对一部分单位进行调查，但它最终目的并不是描述所调查的这一部分单位的特征，而是从这一部分单位所显示的特征推断其所属市场总体的特征，其目的是研究市场总体的特征与规律。只有明确市场调查总体，才能从中进行正确的抽样，并保证抽取的样本符合要求。如对某地区居民购买力进行抽样调查时，首先要明确购买力是居民具有货币支付能力的需求量；其次还要明确是城市居民、农村居民，还是城乡居民，进而明确总体的数量是多少。若以户为单位进行调查，就尽可能掌握该地区居民总户数；在此基础上，还要对总体情况进行必要的分析，如该地区的居民购买力是否存在明显的水平差别，形成不同的层次，如果存在，就要考虑用分类抽样抽取样本，这样用样本特征推断总体时才更正确。

2. 个体单位编号

个体单位编号是对市场调查总体的各个个体单位进行编号。在采用市场抽样调查的情况下，需要对总体中的每个个体进行编号，以使抽样选出的个体更具有代表性。如果调查的范围过大，总体中的个体过多，则编号的工作量就会太大，因此，要尽量压缩调查范围，简化编号工作。如果调查总体很大且无法压缩，则可以将随机抽样中的分层和分群抽样方法结合使用，以减少编号工作量。当然，也可以采用非随机抽样方法，以减少编号这个环节。

3. 选择调查样本

选择调查样本是在调查总体中选定具体的需要对其实施调查的样本。选择调查样本，首先需要确定市场抽样调查的方法，即确定采用随机抽样，还是非随机抽样；其次要确定具体的抽样方法，即确定采用纯随机抽样，还是分层抽样，或是分群抽样等；再次要确定样本容量，即样本所包含个体单位的个数。在确定上述内容后，就可以按预定的要求抽取样本单位，组成所要实际调查的样本。

4. 实施市场调查

实施市场调查就是对选定的样本进行市场调查，即运用适当的市场调查技术方法对所抽取的样本进行逐个调查，取得第一手资料。如果被调查的样本不在或拒绝调查，应设法改变调查技巧，再次调查。一般不允许随意改变样本或减少样本数，以保证样本资料的准确性与客观性。但确实无法调查时，可改变调查对象。

5. 推断总体结果

推断总体结果就是用样本指标推断总体指标的结果，是市场抽样调查的最后一步工作，是对总体认识的过程，也是市场抽样调查的目的所在。在用样本指标推断总体指标时，要计算抽样误差，同时要依据概率论的有关理论，对推断的可靠程度加以控制。

| 小案例 | 抽样工作的路线设计 |

以下指南是关于你在某个街区访问时应走的路线。在城市中，这可能是一个城市新区，而在农村，街区可能是一块被道路包围的土地。

（1）如果你在你的路线中遇到死胡同，继续沿这条路、街道的反方向前进。在可能的地方右转，每隔两户住家访问一户。

（2）如果你在沿街区走了一圈后，又回到出发点，却没有完成电话簿上的4个家庭的访问，那么可以试着访问起点的那一家。

（3）如果你调查了整个街区，还是没有完成所要求的访问，则继续从街对面最近的第1个住户开始。只要这个地址在你的纸上有一个"×"出现，就把它当作你所在区域的街道中的另一个地址，并访问这一家。如果不是，就访问这家右边的一家。永远遵守右手法则。

（4）如果这一地区街对面从第一号开始都没有住户，在第一号对面的街区转一圈，并遵循右手法则（即按顺时针方向在街区转一圈），试着沿路线每隔两户访问一户。

（5）在起始门牌号对面邻近的街区绕过一圈后，如果你没有完成所需的访问，就按顺时针方向到下一个街区访问。

（6）如果第三个街区的住户数不够完成你的任务，就再做几个街区直到完成要求的户数为止；这些街区要按顺时针方向绕原有的街区来找。

课堂讨论：

为什么说抽样调查是一种科学的调查方式？

三、市场抽样调查的常用术语

在市场抽样调查中，有许多基本概念或称常用术语，主要包括以下几个。

（一）总体与样本

1. 总体

总体，又称全及总体或母体，是所要调查研究的市场现象的全体，它是具有同质性和差异性的许多个别事物的集合体。总体单位数通常用 N 表示。

2. 样本

样本，又称样本总体或子样，是按随机原则从总体中抽出来的一部分单位的综合体，样本中包含的单位个数称为样本容量，用 n 表示，n/N 称为抽样比。

（二）参数与统计量

1. 参数

参数，又称总体指标或全及指标，是根据总体各单位标志值计算的指标。参数在抽样时往往是未知的，是需要进行推断的。参数通常有总体均值（$\bar{X}$）、总体标准差（σ），总体比率或称总体成数（P）等。

2. 统计量

统计量，又称样本指标，是根据样本总体各单位标志值所计算的指标。统计量随样本的不同而不同，因而是一个随机变量。统计量通常有样本均值（$\bar{x}$）、样本标准差（S），样本比率或称样本成数（p）等。

（三）抽样框与抽样单位

1. 抽样框

抽样框，是一个包括全部总体单位的框架，用来代表总体，以便从中抽取样本的一个框架。抽样框可以是一个一览表（名单或名录）、一本名册、一幅地图、一段时间等。

2. 抽样单位

抽样单位，是指样本抽取过程中的单位形式，即从抽样框中直接抽取的单位。抽样单位可能是总体中的基本单位，也可能是总体中的基本单位的集合。

例如，欲调查某市大学的教学用品需求，则全市大学的集合为总体，抽样框是全市的大学名单。总体单位是每所大学，抽样单位可以是总体中的每所大学，也可以是大学分类中的每一类大学。

（四）样本量与样本单位

1. 样本量

样本量，是指样本的大小，即一个样本中包含的样本单位的多少。样本量的大小受抽样调查的精度要求，总体各单位的标志变异程度，抽样估计的可信程度，抽样方式、方法等因素的制约。

2. 样本单位

样本单位，是构成样本的基本单位，与总体单位的形式是一致的。样本单位可以直接从总体单位中抽取，也可以从抽样单位中产生。

（五）总体分布、样本分布与抽样分布

1. 总体分布

总体分布，是总体各单位标志值的分布状况，又称总体结构。

2. 样本分布

样本分布，是样本中各样本单位标志值的分布状况，又称样本结构。当样本量足够大时，样本分布趋于总体分布。

3. 抽样分布

抽样分布是指从总体中抽取的所有可能的样本的统计量构成的分布。根据中心极限定量，当样本量足够大时，样本均值等统计量的分布趋近于正态分布，因而可用正态分布来作区间估计。

（六）重复抽样与不重复抽样

从 N 个总体单位中抽取 n 个样本容量，有以下两种抽取方法：

1. 重复抽样

重复抽样，是指从 N 个总体单位中每次抽出一个单位进行登记后，放回去，混合均匀后，再抽下一个，直到抽满 n 个为止。重复抽样有可能出现极大值或极小值组成的极端样本。

2. 不重复抽样

不重复抽样，是指从 N 个总体单位中每次抽出一个单位进行登记后，不再放回参加下一次抽取，依次下去，直到抽满 n 个为止。不重复抽样可以避免极端样本的出现，抽样误差比重复抽样小。

（七）抽样误差与抽样标准误差

1. 抽样误差

抽样误差，是指在遵守随机原则的条件下，样本指标与总体指标之间的差异，它是一种偶然性的代表性误差，不包括系统性误差和非抽样误差。抽样误差的大小通常受样本容量大小、总体标准差、抽样方法、抽样方式4个因素的影响。

2. 抽样标准误差

抽样误差的大小常用抽样标准误差来反映，而抽样标准误差是指所有可能的样本均值（或样本比率）与总体均值（或总体比率）的标准差。

> **小案例** **样本设计带来的误差**
>
> 1936年美国正从经济大恐慌中复苏,全国仍有900万人失业。当年的美国总统大选,由民主党员罗斯福与共和党员兰登进行角逐,《文学文摘》杂志对结果进行了调查预测。他们根据当时的电话号码簿及该杂志订户俱乐部会员名单,邮寄了1000万份问卷调查表,回收了约240万份。工作人员获得了大量的样本,对此进行了精确的计算。根据数据的整理分析结果,他们断言:在总统选举中,兰登将以370∶161的优势,即以57%∶43%,领先14个百分点击败罗斯福。与之相反,一个名叫盖洛普的人,对《文学文摘》调查结果的可信度提出质疑,他也组织了抽样调查,进行民意测验。他的预测与《文学文摘》截然相反,认为罗斯福必胜无疑,结果罗斯福赢得了2770万张民众选票,兰登得到1600万张选票。罗斯福赢得了除缅因州、佛蒙特州以外48个州的民众选票,获得选举团523张选票的98%,而兰登的选票低于2%(8张)。最终,罗斯福以62%∶38%压倒性地大胜兰登。这一结果使《文学文摘》销声匿迹,而盖洛普则名声大噪。
>
> 在1936年,能装电话或订阅《文学文摘》杂志的人,在经济上都相对富裕,而《文学文摘》杂志忽略了许多没有电话及不属于任何俱乐部的低收入人群。因当时政治与经济分歧严重,收入不太高的多数选民选罗斯福,占投票总数比例较小的富人则倾向选兰登,所以选举结果使《文学文摘》大跌面子。
>
> 启示:《文学文摘》的教训告诉我们,抽样调查时既要关注样本的多少,又要关注样本的代表性。

(八)点估计与区间估计

1. 点估计

点估计,也叫定值估计,当样本容量足够大时,可直接用样本均值代替总体均值,用样本比率代替总体比率,并据此计算有关总量指标,这就是点估计。

2. 区间估计

区间估计,是用一个取值区间及其出现的概率来估计总体参数。具体说,区间估计是用样本统计量和抽样标准误差来构造总体参数的取值范围,并用一定的概率来保证总体参数落在估计的区间内。其概率称为置信概率,概率的保证程度称为可靠性或置信度(t),估计区间称为置信区间。

(九)抽样方式与抽样方法

1. 抽样方式

抽样方式,是指抽样调查的组织方式,通常有随机抽样和非随机抽样两种,随机抽样又可分为简单随机抽样、分层抽样、等距抽样、整群抽样、目录抽样、多阶段抽样等,这些抽样调查的组织方式、抽样误差的计算和区间估计将在下面分别介绍;非随机抽样又分为任意非随机抽样、判断非随机抽样、配额非随机抽样和滚雪球非随机抽样等。

2. 抽样方法

抽样方法,是指在抽样调查的组织方式既定的前提下,从总体的全部单位(个体)中抽取n个单位组成样本的方法。通常有重复抽样与不重复抽样两种抽取方法,而重复抽样与不重复抽样的具体实施又有不同的具体做法。

四、市场抽样调查的方式

（一）随机抽样

随机抽样，又称概率抽样，是对总体中每个个体都给予平等的抽样机会的抽样技术。在随机抽样的条件下，每个个体抽中或不抽中完全凭机遇，这样就排除了人的主观因素的选择。

1. 随机抽样的优点

（1）因排除了人为的干扰，抽取的样本可以大致上代表总体。

（2）能够计算调查结果的可靠程度。可通过概率推算抽样误差（又称代表性误差），并可以将误差控制在一定范围内。

2. 随机抽样的缺点

（1）对所有个体单位都给予平等看待，难以体现重点。

（2）抽样范围比较广，所需时间长，参与调查的人员和费用多。

（3）需要具有一定专业技术的人员进行抽样和资料分析，一般调查人员难以胜任。

随机抽样主要包括简单随机抽样、分层抽样、等距抽样、整群抽样、目录抽样和多阶段抽样等。

1. 简单随机抽样

简单随机抽样，又称纯随机抽样，是指从总体的全部单位中按随机原则直接抽取 n 个单位组成样本进行调查。它是最基本的市场抽样调查方式，也是理论上最符合随机原则的抽样方式。简单随机抽样只适用于总体单位数不多、总体单位标志变异度较小的情形（图 2-2）。

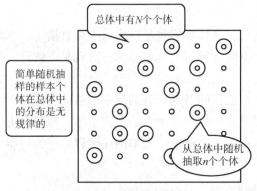

图 2-2 简单随机抽样

小知识 1

简单随机抽样的具体取样方法

2. 分层抽样

分层抽样，又称分类抽样或类型抽样，是先将总体按有关的研究标志分组，然后再从每组中按随机原则抽取样本。在每个组中抽取的调查单位的数目，可按相同的比例（n/N）抽取，也可按不同的比例抽取。为了简便起见，通常都是按相同的比例抽取，称作等比例分层抽样。

在分层抽样时，抽样误差只和层内方差有关，而与层间方差无关。因此，只要能够扩大层间方差而缩小层内方差，就可以提高抽样效率（图2–3）。

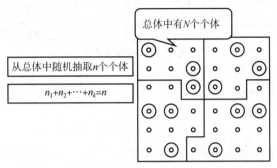

图2–3　分层抽样

3. 等距抽样

等距抽样，又称机械抽样或系统抽样，是将总体各单位按一定顺序排列，然后每隔N/n个总体单位抽取一个样本单位组成样本进行调查。等距抽样能使样本十分均匀地分布在总体中，从而能增加样本的代表性，减少抽样误差，提高抽样效率（图2–4）。

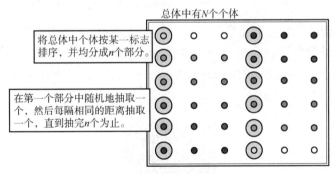

图2–4　等距抽样

4. 整群抽样

整群抽样，又称分群抽样，是将总体按某一标志分组后形成的每个群视为单位进行随机抽样，然后对抽中的每个群体进行全面调查。整群抽样的特点是先分群、再抽群作为样本单位，在抽中的群内实行全面调查，不再从中抽样（图2–5）。

5. 目录抽样

目录抽样，通常用于企业调查，首先编制一份企业目录（称为抽样框），目录中一般包括企业名称、从业人数、产值、产量、利润等以往的资料。然后，考虑总体分布是否呈偏斜状态分布。如果呈极偏斜状态分布，则将其中的大型企业单列出来进行全面调查，对剩余为数众多的小型企业则实行抽样调查。

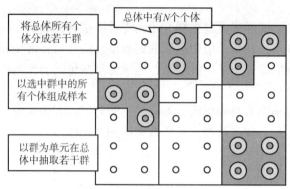

图 2-5 整群抽样

目录抽样是全面调查与抽样调查的有机结合。这种方法可以减少抽样误差,提高抽样估计的精确度。

6. 多阶段抽样

多阶段抽样,又称多级随机抽样,它是把从市场调查总体中抽取样本的工作过程分成两个或两个以上的阶段进行随机抽样的方法。通常在市场总体层次比较多或层次内单位数目比较多时,采用多阶段抽样,以求更加经济实用。

多阶段抽样的具体步骤如下:

首先,将市场调查对象总体的各个单位按一定的标志分成若干部分,作为抽样的第一级单位,又称为初级单位;然后将第一级单位按一定的标志分成若干个较小的部分作为抽样的第二级单位;以此类推,可按研究问题的需要和现象本身的特点,分出第三级单位、第四级单位等。

其次,依照随机的原则,先在第一级单位中抽出相应的单位作为第一级单位样本;然后在第一级被抽中的单位中再抽出第二级单位样本;以此类推,还可以再抽出第三级单位样本、第四级单位样本等。由此形成了二阶段抽样、三阶段抽样、四阶段抽样等。

小知识2

多阶段抽样

(二)非随机抽样

非随机抽样,又称非概率抽样或主观抽样,是指不按随机原则,而由调查者根据调查目的和要求,主观地从总体中抽选样本的抽样方式。在非随机抽样条件下,总体中的每个个体单位不具有被平等抽取的机会。

非随机抽样与随机抽样的根本区别在于样本的抽取过程是否遵循随机性原则,这个区别导致了两种抽样技术在认识上的差别。

1. 非随机抽样的优点

（1）可以充分利用已知资料，选择较为典型的样本，使样本更好地代表总体。

（2）可以缩小抽样范围，节省调查时间、调查人员和调查费用。

（3）操作方便，易于实施，统计上也比随机抽样简单。

2. 非随机抽样的缺点

（1）无法判断其误差和调查结果的准确性。因为在用非随机抽样进行调查的总体中，每个样本被抽取的概率不一样，概率值的大小不确定，无法借助概率计算推算值与实际值的差异。其可靠程度只能由调查人员主观评定，由于主观标准不当或主观判断失误，均会增大抽样误差，所以难以核实出现的差错。

（2）有目的的非随机抽样可能会导致系统的排除或过分强调调查对象的个性特征，评估非随机抽样的总体质量有很大的难度。在进行实际调查时，调查人员要根据不同的调查要求和目的，选择最合适的抽样技术，才能得到良好的效果。

非随机抽样主要包括任意非随机抽样、判断非随机抽样、配额非随机抽样和滚雪球非随机抽样等。

1. 任意非随机抽样

任意非随机抽样，是指调查人员以一定环境所遇到的人作为调查对象，以抽选样本的方式，其调查样本的选择完全取决于调研者的方便。如在街头向遇到的过路行人访问调查，在柜台销售商品过程中向购买者做的面谈调查等。

任意非随机抽样的理论假定认为总体中的每个单位都是相同的，随意选取任一个样本都可以取得代表总体特征的结果。而事实上并非所有总体中每个单位都是一样的。有的总体中单位之间差异很少，基本上是同质的；而有的总体中单位之间差异较大，属于异质的。只有前者才适宜采用任意非随机抽样，而后者则不宜采用任意非随机抽样。一般来说，任意非随机抽样多用于市场初步调查或对市场情况不甚明确时，在正式市场调查中较少采用。

任意非随机抽样的优点是简便易行、能及时获取信息、费用低。

任意非随机抽样的缺点是对调查对象缺乏了解、样本的偏差大、代表性差、调查结果不一定可靠。

小案例

某市民调中心的调查员分别深入街道、学校、机关、企事业单位采用随意抽样法用问卷询问市民"最关心的社会问题是什么"（备选答案分为：就业、公共卫生治理、治安、整治腐败、公共设施建设），共询问了300名市民，备选答案选择的人数分布为：就业60人、公共卫生治理45人、治安75人、整治腐败90人、公共设施建设30人；频率分布为：20%、15%、25%、30%、10%。因此，市民最关心的社会问题的前三位是：整治腐败、治安和就业。

2. 判断非随机抽样

判断非随机抽样，又称立意抽样，是调查人员根据调查的目的和自己的主观判断选择调查样本的一种非随机抽样方式。判断非随机抽样通常适用于总体中单位构成不同、样本数目不多的市场调查，如企业管理水平调查、市场商品消费结构调查、居民家庭收支调查等。

判断非随机抽样的"判断"，主要包括两方面的内容：一是判断总体的规模与结构等；

二是判断样本的代表性,即面对认识的总体你认为哪些个体对总体具有代表性,将其选出来作为样本进行调查。

判断非随机抽样的一般做法有两种:

(1) 由专家判断决定样本单位。

(2) 根据所掌握的统计资料,按照一定的标准来选定样本。一般选取"多数型"或"平均型"的单位组成样本。

实际应用中,判断非随机抽样有两种基本情形:

(1) 强调样本对总体的代表性。当调查的目的在于了解总体的一般特征时,判断非随机抽样方式必须严格选择对总体有代表性的单位作为样本。

(2) 注重对总体中某类问题的研究,而并不过多考虑对总体的代表性。在这种情况下,判断非随机抽样必须有目的地选择样本,即选择与研究问题目的一致的单位作为样本。

依据判断非随机抽样选取的调查样本,便于市场调查人员工作,样本调查结果回收率较高,简便易行。但是判断非随机抽样抽取样本的代表性完全依赖于调查人员本身对市场总体情况的熟悉程度,以及工作经验和判断能力,有时也易发生由于主观判断偏差而导致的抽样结果偏差。因此,要想发挥判断非随机抽样的积极作用,限制其消极影响,必须对总体的基本特征、分布等了解清楚,尽可能利用已掌握的市场总体情况,不断积累工作经验,提高判断力。这样可使判断非随机抽样选取的样本具有一定的典型性、代表性。在市场调查实践中,后面将介绍的典型调查、重点调查,其实质是判断非随机抽样的具体应用。

3. 配额非随机抽样

配额非随机抽样,又称定额抽样,是指按市场调查对象总体单位的某种特征,将总体分为若干类,按一定比例在各类中分配样本单位数额,并按各类数额任意或主观抽取样本单位的非随机抽样方式。配额非随机抽样能保证样本单位在总体中均匀分布,调查结果比较可靠。

配额非随机抽样的理论假定:特征相同的调查对象,如同一年龄段、同一收入水平的居民,市场需求和反应大致相似,差别不明显,因而不必再按随机原则抽取样本。

配额非随机抽样的主要优点:简便易行,节约费用,选择过程短,能够较快地取得调查结果,而且样本不致偏重于某一类。在实践中,配额非随机抽样被广泛采用,成为非随机抽样中最流行的一种方式。只要调查项目设计合理,分析方法正确,采用配额非随机抽样进行市场调查取得的调查结果是比较可靠的。

配额非随机抽样的主要不足:同随机抽样相比,容易因判断上的主观性或依据的资料不足而出现选择偏差的问题,而且也不能像随机抽样那样估计、控制抽样误差。

配额非随机抽样按分配样本数额时的做法不同,分为独立控制配额非随机抽样和相互控制配额非随机抽样两种:

(1) 独立控制配额非随机抽样,是分别独立地按分层特征分配样本单位数,在按多个特征对总体进行分层的情况下,这些交叉特征对样本单位的分配没有限制。具有较大的机动性。

(2) 相互控制配额非随机抽样,明确规定了几种分类标准的样本配额的交叉关系,调查人员在选取调查单位时,必须考虑各类型之间的交叉关系,采用交叉控制表安排样本的分配数额。

小知识3

牛奶消费需求调查样本

4. 滚雪球非随机抽样

滚雪球非随机抽样，是以"滚雪球"的方式抽取样本，即调查人员通过少量可以由自己确定的样本单位进行调查，再通过这些样本单位各自去发展其他同类单位，如此进行下去，就会像滚雪球一样越滚越大，直到发展到所需要的样本单位数为止。

滚雪球非随机抽样的基本步骤：

（1）找出少数样本单位。

（2）通过这些样本单位了解更多的样本单位。

（3）通过更多的样本单位去了解更多的样本单位。

（4）以此类推，如同滚雪球，使调查结果越来越接近总体。

滚雪球非随机抽样的优点：便于有针对性地找到被调查者，而不至于"大海捞针"。

滚雪球非随机抽样的局限性：要求样本之间必须有一定的联系，并且愿意保持和提供这种联系，否则将会影响滚雪球非随机抽样的进行和效果。

拓展阅读2   某年国内游客抽样调查设计方案

任务实施

【任务名称】抽样方案设计。

【任务目的】

1. 让学生掌握抽样调查方案设计的能力。

2. 让学生体验抽样方法在实践中的应用。

3. 提高学生的文字表达能力，以及培养学生的专业素养。

【任务要求】

1. 根据本小组的调查任务，确定问卷抽样调查的抽样框、样本量。

2. 根据本小组的调查任务，选择抽样调查的方法。

3. 小组展开讨论并撰写抽样调查方案。

【实施步骤】
1. 以小组为单位,根据实训内容和要求设计抽样调查方案。
2. 小组之间进行交流,每个小组推荐1人进行介绍。
3. 教师和学生共同评估给出成绩。

【组织形式】
1. 全班分小组进行,每小组8~12人,自愿组合,合理分工。
2. 以小组为单位完成相关实训要求。

【考核要点】
1. 调查样本选择是否得当。
2. 总体确定是否正确。
3. 抽样框是否准确。
4. 抽样程序是否合理。
5. 抽样方案内容是否完整。

【报告范例】

××抽样方案设计	
调查项目负责人	
调查项目组成员	
调查项目	
调查目的	
调查总体界定	
调查方式	
抽样框	
样本量	
抽样方法说明	

任务训练

【知识训练】

一、单项选择题

1. （　　）是以若干个具有所需特征的人作为最初的调查对象，然后依靠他们提供认识的合格的调查对象，再由这些人提供第三批调查对象……以此类推，获得样本。

   A. 滚雪球抽样　　　　　　　　B. 配额抽样
   C. 判断抽样　　　　　　　　　D. 方便抽样

2. 分层抽样，又称（　　）。

   A. 简单随机抽样　　　　　　　B. 分类抽样
   C. 等距抽样　　　　　　　　　D. 多阶段抽样

3. （　　）也称立意抽样，它是指在抽样中不将随机性作为抽样原则，而是根据市场调查人员的主观分析判断抽取样本。

   A. 简单随机抽样　　　　　　　B. 分层抽样
   C. 任意非随机抽样　　　　　　D. 判断非随机抽样

4. （　　）是指在随机抽样调查中，样本指标与总体指标之间的差异。

   A. 抽样错误　　　　　　　　　B. 登记误差
   C. 抽样误差　　　　　　　　　D. 计算误差

5. （　　）是将总体各单位编上序号并将号码写在外形相同的纸片上掺和均匀后，再从中随机抽取，被抽中的号码所代表的单位就是随机样本，直到抽够预先规定的样本数目为止。

   A. 直接取样法　　　　　　　　B. 抽签法
   C. 随机数表法　　　　　　　　D. 任意取样法

二、多项选择题

1. 影响样本量确定的因素有（　　）。

   A. 抽样方法　　　　　　　　　B. 抽样误差
   C. 总体的构成　　　　　　　　D. 问卷的回答率

2. 抽样误差大小的影响因素有（　　）。

   A. 总体各单位之间的差异程度　B. 样本数目
   C. 抽样方式　　　　　　　　　D. 抽样框

3. 非随机抽样调查包含（　　）。

   A. 滚雪球抽样　　　　　　　　B. 配额抽样
   C. 判断抽样　　　　　　　　　D. 方便抽样

4. 分层抽样的方式一般有（　　）。

   A. 等比例抽样　　　　　　　　B. 非等比例抽样
   C. 等距抽样　　　　　　　　　D. 配额抽样

5. 抽样调查的程序包括（　　）。

   A. 界定目标总体　　　　　　　B. 确定抽样框
   C. 选择调查样本　　　　　　　D. 实施抽样调查

三、简答题

1. 简述市场抽样调查的特点和程序。
2. 简述随机抽样的组织方式。
3. 简述非随机抽样的组织方式。

【技能训练】

购物中心问卷调查抽样行为守则

本调查要研究的问题是：

(1) 购物中心的顾客都是什么样的人？

(2) 不同顾客群体间的惠顾行为都有什么差别？

(3) 最重要的是，哪些因素对顾客的购买行为有显著性影响？

参与本调查的同学要严格遵守以下行为守则：

(1) 访问时间：2017年3月20日至4月20日。

(2) 访问地点：南昌八一大道华润万家购物中心出口。

(3) 我们只访问离开南昌八一大道华润万家购物中心的人。

(4) 我们只访问18岁以上（看样貌决定）的人。

(5) 每第10个走出出口的顾客，若符合要求（第2~3点），便上前访问。

(6) 最好能出示学生证。

(7) 如对方拒绝受访，数10人再邀请。

(8) 如访问中途对方有意中断，先告诉对方调查只要几分钟就完成。如受访者坚持离开，则说声"对不起"或"多谢"让对方离开。

(9) 如有些问题受访者不想答，说声"没关系"，然后继续问其他题目。

(10) 因购物中心是公共场所，所以不要有干涉他人的行为。

(11) 要有礼貌。有些拒绝受访的人态度很恶劣，也要以平常心对待。

(12) 第一天工作后，请用电话告知当天工作所遇到的特别难题。

(13) 所有问卷请于4月20日完成并交回，不能过时。

讨论：

(1) 要获得一个有代表性的样本，上面的抽样守则有什么问题吗？

(2) 若让你为本调查设计一个随机抽样的方案，你会怎样设计？

(3) 请从样本代表性的角度评价你自己的设计。

任务三　认识市场典型调查

> **任务导入**

在做市场调查的过程中，我们往往需要对一部分具有代表性的调查对象做更深入的调查，以此推断对总体的认知，这时，我们便可采用市场典型调查。下面从市场典型调查的含义、特点和方式等方面进行介绍。

知识准备

一、市场典型调查的含义和特点

(一) 市场典型调查的含义

市场典型调查,是指在对市场总体进行分析的基础上,从市场总体中有意识地选择一部分有代表性的典型单位,进行深入、系统的调查,并通过典型调查的调查结果来认识同类市场现象的本质及其规律性的一种专门市场调查方法。所谓典型单位,即对市场总体具有代表性的单位,也就是说典型单位必须具有市场现象的一般性,而绝不是指某些特殊的现象。

(二) 市场典型调查的特点

市场典型调查具有以下几个特点:

(1) 专门性。市场典型调查是为了特定的调研目的而专门组织的调查。

(2) 非全面性。市场典型调查只要求对调查对象中的少数典型单位进行调查。

(3) 选择性。市场典型调查的典型单位是有意识、有目的地挑选出来的。

(4) 代表性。市场典型调查强调调查单位必须具有代表性,典型单位必须能够代表总体。

(三) 市场典型调查的优缺点

1. 市场典型调查的优点

(1) 能够获得比较真实和丰富的第一手资料。

(2) 调查单位少,可进行深入细致的调查研究。

(3) 调查范围小,调查单位少,可节省人力、物力和财力。

(4) 机动灵活、节省时间、可快速反映市场情况。

2. 市场典型调查的缺点

(1) 典型单位的选择难以完全避免主观随意性。

(2) 缺乏一定的连续性和持续性,不利于数据的动态分析。

(3) 用典型单位的数据推断总体数量特征时,推断的精度不够高。

(4) 调查结论的应用只能根据经验做出判断,难以做出准确测定。

二、典型单位的选择

在市场典型调查的整个过程中,准确地选择典型调查单位是做好市场典型调查、保证市场调查质量的关键。

(一) 典型单位的选择依据

典型单位的选择应以已往的调查资料或建立的单位目录库为依据,在充分分析、比较、评估的基础上选择有代表性的单位作为典型单位。具体来说要注意以下几个问题。

1. 要在对市场总体有所了解的基础上选择典型单位

选择典型单位前,要对所调查的市场对象有一个概略的、全面的了解和分析,以此作为选择典型单位的基础,使调查人员在确定典型单位时尽可能避免盲目性和主观随意性,保证所选择的典型单位具有代表性。在实际工作中,有的调查人员在选择典型单位时往往盲目性很大,缺乏对市场对象的通盘了解、考虑和研究,只依据基层的一份报告、一次座谈、一次汇报主观确定典型单位，这样选择的典型单位就带有很大的片面性，不具有代表性。因此，在选择典型单位之前，对市场现象进行初步的市场调查是非常必要的，初步市场调查可以通过搜集各种背景资料、数据资料、汇报、实地了解、开座谈会等方法进行。

2. 要根据市场调查的目的选择典型单位

市场调查的目的不同，选择的典型单位也有所不同。如果市场调查的目的是了解新生事物或总结先进经验，就应该选择那些有先进经验的单位做典型单位；如果是想了解市场的一般表现，就可以选择那些中等水平的单位做典型单位；如果市场调查的目的是揭露矛盾、解决问题，那就应该选择那些矛盾暴露较为充分的单位做典型单位。

3. 要根据市场现象本身特点选择典型单位

市场现象具有多样性，不同的市场现象有着不同的特点，不同特点的市场现象选择典型单位时也有所不同。如有时市场现象的各种特征表现得参差不齐，不容易找到具有代表性的典型单位，这时就可以先把市场现象按不同特征划分为若干个类型，再从各个类型中选择各种典型单位，这样选出的典型单位才具有客观性、代表性。

4. 要根据现象所包括的单位多少、差异大小选择典型单位

假若市场对象所包括的单位很少、差异也小，那就只选择一两个单位做典型单位；反之，则需要多选择几个单位做典型单位。

（二）典型单位的选择方法

1. 划类选典法

在市场调查工作中，如果要较为准确地估计总体的一般水平，而市场总体又十分复杂，那么就应采用划类选典法选择典型单位。首先，应将市场总体中所有个体划分为不同的类型，然后再从各类中按其比例大小选择若干典型单位。

小案例

某县根据去年的统计共有 24.86 万户，15 个乡镇，按照各乡镇农民的年纯收入可分为高、中、低三类，各有农户 7.10 万、10.96 万和 6.80 万户。现采用典型调查了解农民家庭彩色电视机的拥有量和需求量，拟调查 300 户，按照划类选典的办法，高、中、低三类农户各调查 86、132 和 82 户。通过问卷测试所得资料见表 2-1。

表 2-1 某县农民家庭彩电需求测算

项目		农户数/户		样本户彩电拥有量		本年需求量		
		全县	样本	拥有量/台	普及率/%	样本需求量/台	需求率/%	全县需求量/台
农户类型	高收入	71 000	86	73	84.9	6	7.0	4 970
	中收入	109 600	132	100	75.8	10	7.6	8 330
	低收入	68 000	82	56	68.3	5	6.1	4 148
合计		248 600	300	229	76.3	21	7.0	17 448

2. 解剖麻雀法

市场典型调查的目的通常是了解市场总体的一般情况，掌握市场总体的一般水平。选择一般水平的单位作为典型单位，进行深入细致的调查研究，可以了解市场总体发展变化的普遍规律和一般动态。"麻雀虽小，五脏俱全"，通过解剖麻雀，可以认识市场总体的内部构成、一般水平和发展变化规律。

3. 抓苗头法

当市场典型调查以了解某种特殊情况或某一突出问题的出现为主要目的时，选择那些最初出现特殊情况或发生突出问题的单位作为典型单位。如某地区在经济调整中，有若干个企业产品不对路，质次价高，处于停产、半停产状态，这时就可以从中找出最先出现这种情况的几个企业作为典型单位，进一步调查原因，以利于做出决策。

4. 抓两头法

当市场典型调查以了解先进经验为主要目的时，选择一些先进单位进行深入调查，以总结经验，探索市场发展的方向和规律性；当市场典型调查以总结教训为主要目的时，就要选择一些后进单位进行深入调查，分析后进的原因，以利于改进工作。

三、市场典型调查的应用

在市场调查中，市场典型调查既可以作为搜集市场资料的一种调查方式，又可以作为分析研究市场问题的一种工作方法。其应用主要表现在以下几个方面。

（一）利用市场典型调查可以弥补使用其他调查方法的不足

市场典型调查生动丰富的资料是对其他市场调查方法取得资料的补充，它可以从以下三个方面补充其他市场调查方法的不足。

（1）可以利用市场典型调查方法搜集到其他市场调查方法无法取得的市场资料。

（2）利用市场典型调查可以搜集各种具体、生动的市场情况。

（3）利用市场典型调查资料，可以检验其他市场调查方法资料的真实性，以便有针对性地采取措施，提高市场调查质量。

（二）利用市场典型调查可以摸出情况、摸出经验、摸出办法，为领导部门决策提供依据，也可以检验政策和策略实施的经济效益和社会效益

（三）利用市场典型调查资料可以对市场总体进行估算

（1）利用市场典型调查资料作为推算全面数字的依据。例如，可以用中间典型班组的产量推算全厂的预计产量。

（2）利用市场典型调查资料推算未来。例如，可以利用市场典型调查资料研究新产品的发展趋势，做出科学预见，指导生产。

（四）利用市场典型调查可以研究新生事物

在社会主义现代化建设中，新生事物层出不穷，它们开始出现的时候总是少数，但它们具有代表性。当新生事物还处在萌芽状态时，采用市场典型调查能抓住苗头，通过认真地调查研究，探索它们的发展方向，进而总结经验，加以推广。

任务实施

【任务名称】市场典型调查实训。

【任务目的】

1. 让学生掌握市场典型调查。
2. 让学生体验典型调查在实践中的应用。
3. 提高学生的分析问题能力,以及培养学生的专业素养。

【任务要求】

1. 根据本小组的调查任务,确定本小组的典型调查的典型单位。
2. 对典型单位进行深入的调查研究。
3. 小组展开讨论并撰写调查报告。

【实施步骤】

1. 以小组为单位,根据实训内容和要求完成市场典型调查。
2. 小组之间进行交流,每个小组推荐1人进行介绍。
3. 教师和学生共同评估,给出成绩。

【组织形式】

1. 全班分小组进行,每组 8~12 人,自愿组合,合理分工。
2. 以小组为单位完成相关实训要求。

【考核要点】

1. 典型单位的选择依据。
2. 典型单位的选择方法。

【报告范例】

××市场典型调查	
调查项目负责人	
调查项目组成员	
调查项目	
调查目的	
典型调查内容	

续表

典型单位 选择方法	
调查单位 选择结果	
心得体会	

任务训练

【知识训练】

一、选择题

1. （　　）是在对市场现象整体进行分析的基础上，从市场调查对象中选择具有代表性的部分单位作为典型，进行深入、系统的调查，并通过对典型单位的调查结果来认识同类市场现象的本质及其规律性。

　　A. 市场普查　　　　　　　　　　B. 市场抽样调查
　　C. 市场典型调查　　　　　　　　D. 市场重点调查

2. 下列不属于市场典型调查选择依据的是（　　）。

　　A. 调查目的　　　　　　　　　　B. 市场现象本身特点
　　C. 调查对象多少　　　　　　　　D. 调查对象的差异性

3. 典型单位的选择方法有（　　）。

　　A. 解剖麻雀法　　　　　　　　　B. 抓两头法
　　C. 划类选典法　　　　　　　　　D. 抓苗头法

二、简答题

1. 请简述如何选择市场典型调查的典型单位。
2. 请简述市场典型调查可以运用在哪些情况下。

【技能训练】

假设你正在进行一个关于大学生恋爱观的调查，是否可以采用典型调查？该如何调查？

任务四　认识市场重点调查

任务导入

我们不仅可以通过抽样调查、典型调查认识总体情况，还可以对总体中调查标志占比较大的重点单位进行调查。下面从市场重点调查的含义、特点、选择、方式和应用等方面进行介绍。

知识准备

一、市场重点调查的含义和特点

（一）市场重点调查的含义

市场重点调查，是指调查人员为了特定的调研目的从调查总体中选择一部分重点单位进行调查，并用对重点单位的调查结果来反映市场总体的基本情况的一种非全面调查。这里所说的重点单位，是指其标志总量占总体标志总量绝大比重的那些单位。重点单位的数目虽然不多，但它们的标志总量在总体标志总量中占有绝大部分的比重。因此，对重点单位进行调查研究，就可以了解和掌握市场总体的基本情况。

（二）市场重点调查的特点

市场重点调查是通过对重点单位的调查，达到认识总体基本情况的目的。其特点主要表现在以下几个方面：

（1）专门性。市场重点调查是为特定目的而专门组织的调查。

（2）非全面性。市场重点调查只要求对调查总体中的部分重点单位进行调查。

（3）选择性。市场重点调查的重点单位是根据已往的全面调查资料，通过分析、比较而选择的。

（4）重点性。市场重点调查的重点单位的标志总量在总体标志总量中占有绝大部分的比重。

（5）数量性。市场重点调查主要应用于市场定量问题的研究，即利用重点单位的数据认识总体的基本情况。

（三）市场重点调查的优缺点

1. 市场重点调查的优点

（1）调查单位数目不多，可节省人力、物力、财力和时间。

（2）可及时获取信息，了解和掌握总体的基本情况。

（3）调查工作量小，易于组织。

2. 市场重点调查的缺点

（1）若总体各单位发展比较平衡，呈现均匀分布，则不能采用市场重点调查。

（2）当总体中的少数重点单位与众多的非重点单位的标志值结构不具有稳定性时，市场重点调查的结果只能说明总体的基本情况，而不能用来推断总体的数量特征。

二、重点单位的选择

重点单位的选择是市场重点调查成功与否的关键。根据市场调查任务和要求的不同，重点单位可以是重点行业、重点企业，也可以是重点地区、重点城市等。重点单位的选择应遵循以下原则：

（1）目的性原则。市场重点调查研究的目的不同，其重点单位也不相同。

（2）依据性原则。市场重点调查的重点单位的选择必须以代表总体的基本情况为依据。

（3）可控性原则。市场重点调查选择的重点单位的数目应注意控制在合理的数量界限上。一般来说，选择的重点单位尽可能少一些，而其标志值在总体标志总量中所占的比重要尽可能大些，这个比重要达到70%~80%。

（4）时空性原则。市场重点调查从调查总体中选择重点单位时，要因时因地做出选择。

（5）客观性原则。由于重点单位的选择着眼于这些单位的标志值在总体标志总量中的比重，而不是这些单位的技术、管理或其他方面是否有特定意义，所以，重点单位的选择应不带有主观因素。

三、市场重点调查的方式和应用

（一）市场重点调查的方式

市场重点调查的方式主要有以下3种。

（1）派员调查。

（2）邮寄调查。

（3）定期报告。

（二）市场重点调查的应用

市场重点调查取得的数据只能反映总体的基本发展趋势，不能用以推断总体，因而它只是一种补充性的调查方法。目前主要是在一些企业集团的调查中应用。其主要应用体现在以下3个方面：

（1）当市场调查的任务不要求掌握全面的准确资料，而且在总体中确实存在重点单位时，进行市场重点调查能以较少的人力和费用，较快地掌握市场调查对象的基本情况。例如，要了解我国钢铁市场的基本情况，只要对鞍钢、宝钢、武钢、包钢和首钢等几家大型钢铁企业的产销情况进行调查即可。

（2）市场重点调查适用于内容比较集中、流量比较大宗的市场调查。市场重点调查涉及的对象较少，每个调查对象的调查项目就可以多一些，因而，也可以进行深入细致的调查研究。但是，所获得的资料毕竟是少数单位的情况，其精确度难免受影响，对总体的推断不可能十分准确。

（3）市场重点调查虽然没有普查所具有的全面性和普遍的代表性，但可以通过对重点单位基本情况的调查估计，对全部调查单位的情况做出判断。例如，某公司根据历年某种产品的销售资料，了解到有10家客户的需要量占本公司总销售量的80%，为了合理确定公司下年度的生产量，便对这10家客户进行了市场重点调查，获悉这10家客户下年度的需要量为320吨。据此，可以大致确定本公司下年度的计划总产量为：320÷80%=400（吨）。

任务实施

【任务名称】市场重点调查实训。

【任务目的】

1. 让学生掌握市场重点调查的概念。

2. 让学生体验市场重点调查在实践中的应用。

3. 提高学生的分析问题能力，以及培养学生的专业素养。

【任务要求】

1. 根据本小组的调查任务，确定本小组重点调查的重点单位。
2. 对重点单位进行深入的调查研究。
3. 小组展开讨论并撰写调查报告。

【实施步骤】

1. 以小组为单位，根据实训内容和要求完成市场重点调查。
2. 小组之间进行交流，每个小组推荐1人进行介绍。
3. 教师和学生共同评估，给出成绩。

【组织形式】

1. 全班分小组进行，每组8~12人，自愿组合，合理分工。
2. 以小组为单位完成相关实训要求。

【考核要点】

1. 典型单位的选择依据。
2. 典型单位的选择方法。

【报告范例】

××市场重点调查	
调查项目负责人	
调查项目组成员	
调查项目	
调查目的	
重点调查内容	
重点单位选择	
心得体会	

任务训练

【知识训练】

简答题

1. 请简述如何选择市场重点调查的重点单位。
2. 请简述市场重点调查的特点。

【技能训练】

某市某年共有 38 家食品制造企业，其中 5 家为大型企业，根据以往统计资料分析，其食品制造总产值和增加值均占全市的 75%。统计部门采用市场重点调查对这 5 家大型企业今年各月的总产值和增加值等进行调查，规定重点单位每月填报统计报表。其中某月 5 家大型企业的总产值为 4 880 万元、增加值为 1 885 万元，则估计全市食品制造业的总产值和增加值如下：

$$总产值 = 4\ 880 \div 75\% = 6\ 506.67\ （万元）$$
$$增加值 = 1\ 885 \div 75\% = 2\ 513.33\ （万元）$$

你认为市场重点调查的特点有哪些？应用时应注意哪些问题？

项目知识结构图

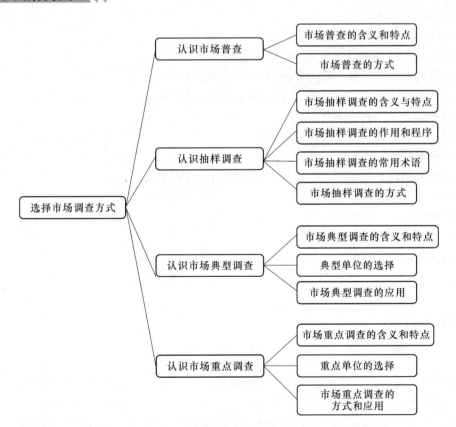

项目训练

【知识训练】

一、单项选择题

1. 所谓（　　）是对市场调查对象整体的全部单位都进行调查。
   A. 市场普查　　　　　　　　　　　B. 市场抽样调查
   C. 市场典型调查　　　　　　　　　D. 市场重点调查

2. （　　）是指在随机抽样调查中，样本指标与总体指标之间的差异。
   A. 抽样错误　　　　　　　　　　　B. 登记误差
   C. 抽样误差　　　　　　　　　　　D. 计算误差

3. （　　）是将总体各单位编上序号并将号码写在外形相同的纸片上掺和均匀后，再从中随机抽取，被抽中的号码所代表的单位，就是随机样本，直到抽够预先规定的样本数目为止。
   A. 直接取样法　　　　　　　　　　B. 抽签法
   C. 随机数表法　　　　　　　　　　D. 任意取样法

二、多项选择题

1. 市场非全面调查的常用方式有：（　　）
   A. 市场普查　　　　　　　　　　　B. 市场抽样调查
   C. 市场重点调查　　　　　　　　　D. 市场典型调查
   E. 市场全面调查

2. 下列关于市场重点调查的表述正确的有（　　）。
   A. 重点调查结果可以看作总体的基本情况
   B. 重点调查在人、财、物力和时间上都比较节省
   C. 重点调查适用于总体中确有重点单位存在的市场现象
   D. 重点调查是一种全面性调查
   E. 重点调查是一种非全面性调查

3. 下列属于非随机抽样的是（　　）。
   A. 滚雪球抽样　　　　　　　　　　B. 任意抽样
   C. 判断抽样　　　　　　　　　　　D. 分层抽样
   E. 配额抽样

4. 影响样本容量的因素有（　　）。
   A. 抽样方法　　　　　　　　　　　B. 极限误差
   C. 概率度　　　　　　　　　　　　D. 计算方法
   E. 总体中各单位之间的差异程度

【技能训练】

错误的抽样

市场营销老师给他的学生们布置了一项任务：想出一种新产品的创意，然后对此进行市场调研。学生们可以使用任何一种看起来可行的调研方法。但是在设计他们的一手资料调研计划之前，希望学生们进行二手资料调研。大多数学生发现，想出产品创意很有趣，但市场调研却很困难。即使如此，他们很珍惜把自己的一些想法付诸行动的机会。

共计有42项关于新产品的创意，但是有些在技术上不可行，或不能获利。然而，有些

想法确实是可行的。无论如何，作业是有关调研的，而不是产品的技术设计，因此产品创意的可行性或其他因素与调研无关。

学生们进行了必要的二手资料调研，然后设计了自己的一手资料调研计划。大多数使用了问卷调查方法，极少数使用了深入面谈、观察、实验或其他技术。

在某种程度上让学生自行想办法，目的是让学生从自己的错误中发现市场调研的陷阱。在大多数情况下，学生竭力想获得相当好的调研结果，但是很明显，他们中的一些人犯有严重的错误。

结果表明，问卷调查是导致更多困难的调研方法之一。除了设计问卷的问题外，大多数学生犯了最基本的抽样错误。以下是一些摘自学生书面报告的实例：

■我们星期六上午在街头拦截行人，做了一个购物者的随机抽样。

■为了探明年轻人的观点，我们访问了大学的23名志愿者。

■我们调查了10名女士和10名男士。喜欢该产品的女士比男士多20%左右。有60岁以上的人喜欢该产品。总计，40%的调查对象喜欢该产品。

■对100个调查对象的电话调研表明，32%的调查对象将会购买屋顶密封帆布。遗憾的是，进一步的调查显示，8个人是家中未成年的孩子而不是房屋的主人。

■我们在调查中碰到的主要问题是大多数人太忙，没有时间停下来接受我们的访问，无论如何，最终我们努力完成了70份有效的问卷。

■在托儿所进行了调研。在母亲接孩子的时候，我们给她们分发了问卷，我们将在第二天进行回收，不幸的是，我们只收回了一半问卷，但这足以使我们得出某些结论。

■我们的小组有6个男孩和2个女孩组成，年龄在18~20岁。我们向他们展示了产品的模型，并要求他们对模型进行讨论。一开始，他们好像说的并不是很多，但经过一些鼓励之后，他们便开始自由地讨论了。

■当我们向他们展示产品时，他们中的大多数人感到很迷惑。一组有6个家庭主妇，所有的人都来自在早上聚在一起喝咖啡的朋友群体。

■我们组经常偏离主题。我们有一个具有代表性的样本，其中有3个青年（1个男生，2个女生）、2个中年人和3个退休的老年人。

虽然学生们（大多数情况下）能弄清楚在哪儿出现了问题，但他们并不能总是知道如何把事情做好。这意味着，老师需要花费大量的时间与他们在一起更正错误的概念，并帮助他们理解在调研中出现的问题。但是尽管如此，所有的参与者，包括老师和学生，仍感觉到这种实习对市场调研提供了有益的指导。

阅读材料，回答以下问题：
1. 你认为这里面的抽样方法存在哪些错误？
2. 你认为学生们应该怎样做？
3. 在以后的调查中如何避免这些抽样误差？

创业实训

假设你是A市一家大型超市的总经理，你将进驻B市，而现在正处于店铺选址阶段，你已选定一个商圈，为了解该商圈的基本情况，现需对其进行一次市场调查。调查内容包括商圈覆盖范围、商圈构成要素、商圈竞争态势、顾客满意度等方面，为此，你将选择哪种或哪几种市场调查组织方式？请说明理由。

选择市场调查方法

项目导入

做任何一件事情,往往"选择比努力更重要"。选择正确是向"成功"迈出的第一步,进行市场调查也不例外。任何调查都离不开资料收集,在有些情况下,调查人员通过一些报纸、期刊、经济或统计年鉴等就能得到他所需要的调查资料。但在更多情况下,这些方法除了能得到一些模糊的统计数字之外,收集不到其他资料,这时调查人员就必须通过访问法、观察法、实验法等实地调查法去收集原始资料。

在市场调查活动中,可供调查人员选择的方法有多种,每种方法都有其相应的适用范围和不同的优缺点,如果调查人员能够根据调查任务、调查目的、调查对象的特点、调查活动的经费预算以及调查活动所需的时间等限制因素来选择恰当的市场调查方法,就会达到事半功倍的目的。

学习目标

知识目标

☆熟悉文案调查法的概念、优缺点及其运用。
☆掌握观察调查法的概念、特点、优缺点及其运用。
☆掌握访问调查法的概念、特点、分类及其运用。
☆掌握市场调查问卷设计技术。
☆理解实验调查法的概念、特点、分类、程序及其运用。

技能目标

☆根据不同的市场调查对象及其影响因素选择恰当的调查方法。
☆根据访问调查法的任务和要求设计完整的市场调查问卷。
☆正确运用各种市场调查方法完成相应的市场调查任务。

引导案例

2020年1月31日,浑水公司在社交平台上发布了一份89页的沽空报告,并称其来自匿名作者,该沽空报告作者有11 260小时的门店流量视频等证据为证,认为瑞幸咖啡在2019年第三季度和第四季度每店每日的商品销量至少夸大了69%和88%。

该沽空报告的作者称瑞幸咖啡于2019年5月上市时,其通过打折扣和免费咖啡向中国消费者灌输咖啡文化的商业模式存在缺陷。在完成了6.45亿美元的首次公开发行(IPO)后,瑞幸咖啡就通过捏造财务数据和经营数据,取得了一系列的成功,表现出了业绩的拐点,在两个多月的时间里股价上涨了160%多。

该沽空报告作者称,瑞幸咖啡确切地知道投资者在寻找什么,如何将自己定位成一个有精彩故事的成长型股票,以及操纵哪些关键指标来最大化投资者信心。在对瑞幸咖啡进行调查时,该作者雇用了92个全职和1 418个兼职调查员,获得了25 843张小票,在981天的营业时间内录集了11 260多小时的门店录像,并收集了大量员工内部微信聊天记录。

根据汇集的资料,该沽空报告作者提出了瑞幸咖啡在五方面存在"欺诈"行为:

(1)瑞幸咖啡夸大了门店商品的销售数量,将2019年第三季度和第四季度每店每日的商品销量至少夸大了69%和88%;

(2)根据小票汇总的数据可知,顾客下单的商品数量出现减少,从2019年第二季度的每单1.38件商品,下降至每单1.14件;

(3)瑞幸咖啡还调高了商品的售价,将每件商品的净售价至少提高了1.23元;

(4)在营销费用方面,瑞幸咖啡将2019年第三季度的广告支出夸大了150%以上;

(5)根据小票汇总的数据可知,瑞幸咖啡从"其他产品"(瓶装饮料、坚果、餐食、马克杯等)获得的收入仅占2019年第三季度营收的6%,并非媒体报道的23%。

同时,该沽空报告作者还称,瑞幸咖啡的商业模式存在缺陷,瑞幸咖啡在中国咖啡市场仍然是小众并且仅是缓慢增长;瑞幸咖啡的客户对价格敏感度高,在降低折扣的同时,增加同店销售额是不可能完成的任务。

问题:沽空报告的作者采用的是哪几种调查方法?沽空报告作者的做法符合职业道德要求吗?

任务一 认识文案调查法

任务导入

在市场调查活动中,调查人员一般会先考虑收集二手资料,因实地调查法虽有利于企业获得客观性、准确性较高的资料,但其周期往往较长,花费往往较大。而二手资料调查则可以以较快的速度和较低的费用得到资料。这种取得二手资料的调查方法习惯上称为文案调查法。

知识准备

一、文案调查法的含义

文案调查法,又称文献调查法或间接调查法,是调查人员在充分了解市场调查目的之后,通过搜集各种有关的文献资料,摘取现成的数据资料,加以整理、衔接、调整及融合,以归纳或演绎等方法予以分析,进而给出市场调查报告及有关营销建议的市场调查方法。

小案例　　　　　　　**日本三菱是如何得到大庆油田情报的?**

20 世纪 60 年代,日本三菱重工财团为了能和中国做成炼油设备的交易,迫切需要得到大庆油田的情报,但是,大庆油田的具体情况是保密的。三菱商业情报机构从某些报道中分析出了大庆油田的位置、规模和加工能力。

一、根据报道分析大庆油田的位置

1966 年 10 月,三菱情报机构从杂志上看到了石油工人王进喜的事迹。其中有这样一句话,王进喜一到马家窑看到大片荒野说:"好大的油海,把石油工业落后的帽子丢到太平洋去。"三菱情报机构由此得知大庆油田在马家窑,位于黑龙江海伦县(今为海伦市)东南的一个小村。通过对大量信息进行严格的分析,三菱情报机构终于得到了大庆油田地理位置的准确情报。

二、确定大庆油田的规模

为了弄清楚大庆油田的规模,三菱情报机构判断出了大庆油田的大致储量和产量。其依据是:从照片中王进喜所站的钻台上手柄的架势,推算出油井的直径是多少;从王进喜所站的钻台油井和他背后隐藏的油井之间的距离和密度,又可基本推算出油田的大致储量和产量。

三、分析大庆油田的加工能力

为了弄清楚大庆油田的加工能力,三菱情报机构把注意焦点转移到炼油设备上,终于在 1966 年的杂志上发现一张炼油厂反应塔的照片,并推算出了大庆炼油厂的规模和加工能力。推算方法是首先找到反应塔上的扶手栏杆,扶手栏杆一般是 1 米多,把扶手栏杆和反应塔的直径相比,得知反应塔内径是 5 米,因此三菱情报机构推断,大庆炼油厂的加工能力为每日 90 万升。如以残留油为原油的 30% 计算,原油加工能力为每日 300 万升,一年以 330 天计算,年产量为 10 亿升。而中国当时在大庆已有 820 口井出油,年产是 360 万吨,估计到 1971 年大庆油田的年产量将达到 1 200 万吨。

四、准确的情报分析使日方获得了商机

根据大庆油田出油能力与炼油厂有限的炼油能力,考虑到中国当时的技术水准和能力及中国对石油的需求,三菱情报机构推论:中国必然将在最近几年因为炼油设备不足而考虑大量引进采油设备。中国要引进的设备规模和数量多大?根据情报分析,设备应满足日炼油 1 亿升的需要。

随后,日本三菱重工财团迅速集中有关专家和人员,全面设计出适合中国大庆油田的采油设备。果然,中国政府不久向世界市场寻求石油开采设备,三菱重工财团由于准备充分,一举中标,赚了一笔巨额利润。

案例启示:三菱情报机构通过文案调查,获取了大量信息,并从中发现了商机,最终赚取了巨额利润。由此可见,文案调查法是市场信息搜集的一个重要方法。

(资料来源:邵光,张晓华,张世兵. 市场调查与预测 [M]. 上海:上海交通大学出版社,2015.)

二、文案调查法的作用

文案调查法打破了市场研究对时间和空间的限制,调查者不需要亲临其境,只需通过大量的二手资料就能了解和掌握市场变动规律,为各种营销决策提供有效的支持。具体来说,文案调查具有如下作用。

(一) 文案调查是重要的信息来源,为制定营销决策奠定基础

几乎所有的市场调查工作都开始于二手资料的搜集。企业在制定营销决策时,可以通过文案调查搜集各地区的人口、文化、收入、政府的法律、经济政策等方面的资料。只有当已有资料不能为解决问题提供足够的依据时,才进行实地调查。因此,文案调查可以作为一种独立的调查方法加以采用。

(二) 文案调查法可为实地调查创造条件

如有必要进行实地调查,文案调查法可为实地调查提供经验和大量的背景资料。具体表现在:通过文案调查,可以初步了解调查对象的性质、范围、内容和重点等,并能提供实地调查无法或难以取得的市场环境等宏观资料;文案调查所收集的资料还可以用来考证各种调查假设,鉴别和估算实地调查结果的准确性和可靠性;利用文案调查资料并经实地调查,可以用来推算所需掌握的数据资料;文案调查资料可以用来帮助探讨现象发生的各种原因并进行说明。

(三) 文案调查法可用于有关部门和企业进行经常性的市场调查

实地调查与文案调查相比,更费时、费力,组织起来也比较困难,故不能或不宜经常进行;而文案调查,如果经调查人员精心策划,尤其是在建立企业及外部文案市场调查体系的情况下,具有较强的机动性和灵活性,随时能根据企业经营管理的需要,收集、整理和分析各种市场信息,定期为决策者提供有关的市场调查报告。

(四) 文案调查法可以帮助研究某种现象发生的原因

在导致某种现象发生的各种原因尚不明确的情况下,可以通过文案调查法初步找到原因。例如,某企业的销量下降,企业不知原因,调查人员可以通过调查企业内部的销售报表、行业资料等资料,试图寻找原因,若发现本企业的销售价格比同行业的销售价格高,则可以初步推断公司产品的定价偏高是导致企业销售额下降的原因。

三、文案调查法的优缺点

(一) 优点

1. 迅速便捷和低成本

文案调查法比实地调查法更省时、省力,组织起来也比较容易,在企业日常经营中被大量应用。很多文案资料可以通过互联网、图书馆、企业、研究机构、政府等各种渠道获得,而无须开展实地调查,因此,它获取信息的成本比较低廉。此外,文案调查法也为实地调查打下基础,节省大量实地调查费用开支,节约调查时间,并为实地调查提供所需调查的问题鉴别资料来源。

> **小案例**　　　　　　　　**媒体调查助康师傅成功**
>
> 20世纪90年代初，我国大陆有400多条方便面生产线，企业之间的竞争十分激烈。当时，康师傅方便面在我国台湾只是一家很不起眼的小企业。该企业通过对公开媒体广告调查发现，大陆的方便面市场存在一个"需求空当"——大陆厂家生产的大多是低档方便面。随着大陆经济的发展、人们生活水平的提高，对中、高档方便面的需求必将越来越大。在调查中还发现大陆厂家不太注重品位与营养，也未能达到真正的"方便"。基于这次调查，他们决定以中、高档产品为拳头产品打入大陆市场。目前，康师傅方便面已经形成红烧牛肉面、香菇炖鸡面、上汤排骨面、炸酱面等十几个品种，市场份额高居榜首。
>
> 案例启示：通过公开媒体广告调查，从广告信息中获得了大陆地区方便面消费市场的商机，并最终定位自己的产品，打入大陆市场，成为行业龙头企业。从这方面来说，文案调查功不可没。

2. 可以克服时空条件的限制

从时间上来看，文案调查法不仅可以掌握现实资料，还可获得实地调查所无法取得的历史资料。从空间上来看，文案调查法既能对企业内部资料进行收集，还可以掌握大量有关市场环境方面的资料。尤其是在做国际市场调查时，由于地域遥远、市场条件各异，采用实地调查，需要更多的时间和经费，加上语言障碍等原因，将给市场调查带来许多困难，相比之下，文案调查法显得方便多了。

（二）缺点

1. 滞后性和残缺性

文案调查所获得的资料总会或多或少地落后于现实，而且进行文案调查往往很难把所需的文案资料找齐、找全。

2. 难与当前的调查目的吻合，影响调查结果的准确性

采用文案调查法搜集到的数据有时很难与当前调查的问题相一致。例如，某企业想要找到国内电冰箱的销售数据，结果却只能找到国内电冰箱厂的生产数据。

3. 对所获得资料的加工、审核工作较难

文案调查搜集到的资料要去伪存真，严格审核，从中发现错误的数据。数据来源、调查目的、调查机构等因素不同，都会导致同样的调查内容出现完全不同的调查数据，这就考验调查人员对资料审核、加工的能力。

文案调查法的优缺点可见表3-1。

表3-1　文案调查法的优缺点

	优点	缺点
文案调查法	迅速便捷	滞后性和残缺性
	成本低	收集的数据难与调查目的相一致
	可以克服时空条件的限制	对所获得资料的加工、审核工作较难

四、文案调查法的实施步骤

为使文案调查能顺利地取得成效，文案调查法一般应按以下步骤进行。

（一）确定文案调查的基本目的和具体要求

文案调查首先必须明确地制订市场调查的基本目的和具体要求，以避免造成调查方向及资料的失误。其主要工作包括：调查报告的使用者与调查的执行者应就调查的目的、用途、内容涵盖的范围等达成共识，以使调查结果有的放矢；调查人员应主动要求业务联络人提供必要的资料；调查人员必须了解该行业的基本常识及相关业务知识；调查人员必须明确提供调查报告的最后期限。

（二）拟订详细的调查计划和培训调查研究人员

这一步的主要工作包括：列出各种调查目标并排列优先顺序；列出各种可能使用的资料及其来源；列出各协助调查人员的常识水平和工作能力；预计调查所需时间及最后完成的日期，并妥善安排调查日程；估算、控制调查成本，避免无谓的浪费；培训调查人员并分配具体调查任务。

（三）掌握资料的来源，积极收集资料

调查人员要从各种可能供应的资料中，按照调查的目的积极收集各种相关资料。其主要方法是：寻找可供利用的各种资料及档案，从一般性的相关资料开始，逐步延伸至专门性资料；也可以先取得充足的相关资料，再进行筛选。如果需要主动函索资料，应清楚地说明需要资料的缘由、类别和数量。

小知识4

文案资料的搜集来源

（四）筛选资料和评估资料的适用性

筛选资料的目的是去伪存真、去粗取精，并将资料整理成统一的形式。筛选资料的原则是：首先要寻找资料中可能隐藏的错误或特定意图；其次要对引用的各种外来资料寻找原始资料文件或参考书籍。评估资料的适用性就是要评价资料的切题性、准确性、专题性、时效性和经济性，即所有的资料应与调查的目的相吻合；避免内容夸张、失实和信息被歪曲；资料比较深入且有实质性的内容；资料获取后能快速处理；耗时太长、费用太高的资料应予以割舍。经过筛选再加以重点摘要之后，资料便进入可使用状态。

小知识5

二手数据的相关性和准确性

(五) 资料的调整、衔接与融合

文案调查通常会使用两种以上的文书档案，资料之间可能有中断和矛盾，也可能有互补作用。此时调查人员应以自己的学识自我判断加以调整、衔接和充实。主要工作有：综合使用各种资料，发挥资料之间的互补作用；将调整及补充后的资料制成统计图和统计表，并全部转换成标准单位；对资料进行逻辑性研究后重新编排组合；详细检查资料是否全面严谨，衔接是否得当。

小案例　　　　　当二手资料发生冲突时

帕特森是一位营销调查者，正在准备对某一新产品的市场销售情况进行预测。她已经就研究的项目建立了一个模型，所要预测地区的商业机构的数目是其中一个输入条件。其中之一是亚利桑那州马里科帕县。关于商业机构的数量和类型的官方资料来自国家商业模式统计局（CBP），数据取自1995年的最新版。另外一份资料来自调查样本公司。她发现这两个数据的来源都相当可信，两个组织都因为它们对工作的公正和执着而值得信赖，但当帕特森从这两个机构拿到数据时，却发现它们相差悬殊，如表3-2所示。

表3-2　两个机构的数据

二手资料来源	商业机构的数目/家
国家商业模式统计局	61 372
调查样本公司	93 265

问题：帕特森是否应使用这些数据？

分析说明：通过了解得知，两个机构都没有实际去计算这一区域机构的数目。国家商业模式统计局根据给员工发放工资的资料计算公司的数目，而有的公司可能不会报送这些资料，有的小公司没有"发放工资的员工"（老板就是雇员），所以，这些公司就没有计算在国家商业模式统计局的数据内。可见，因为没有统计所有的公司，国家商业模式统计局得出的数目会比实际情况少一些。而调查样本公司是通过电话簿黄页上所列机构的数目相加得到的数据。这样就引出了一个问题：什么样的机构可以是一个商业机构呢？麦当劳在一个城市有一个授权机构，但在黄页上可能有九个地址，这算一个商业机构还是九个呢？调查样本公司将它们看作九个独立的机构，因此调查样本公司所得的数据会偏大。那么应该用哪组数据呢？这取决于你的研究目的和数据如何运用。帕特森可以从中任选一个，同时要考虑这个数据作为一个输入条件会对最后结果产生的影响。因此关键的一点是：调查者必须充分地评价不同的数据资源，以便能够从中选出最有效和最可信的数据。

(六) 制作文案调查报告

此步骤的工作重点：一是客观、准确地提出调查结论和对未来事态发展的估计和建议；二是必须按重要程度排列调查结论；三是报告的内容应力求简明且与题目高度有关；四是保证全面市场信息资料的准确性。文案调查报告可以是书面报告，也可以是口头报告。书面报告的内容有题目、调查目的、调查结论和附录四个部分。题目部分包括市场调查报告的日期、为谁制作、撰写人等。调查目的部分要求简要说明调查动机、调查要点及所要解答的问题。调查结论部分要指明对调查目的的贡献、对调查问题的解答、可行性措施的提供、调查重大发现及应对建议等。附录部分包括资料来源和所应用的统计方法等。口头报告是指调查人员口头报告调查工作的过程和结论。在口头报告时，应注意内容简明扼要，运用生动的动态资料和浅显的语言来传递信息；有时还要鼓励质疑并耐心讲解，使调查结果能得到充分的理解。

五、文案调查法的运用技巧

文献资料的来源渠道不同，收集的方法技巧也不同。下面介绍几种常用的收集文献资料的方法技巧。

（一）查找法

查找法是获取文案资料的基本方法。从操作的次序看，首先要注意在企业内部查找。一般来说，从自身的信息资料库中查找最为快速方便。此外，还应从企业内部各有关部门查找。只要信息基础工作做得比较好，从企业内部查找可以获得大量反映企业本身状况的时间序列信息，还可以获得有关客户、市场方面的资料。在内部查找的基础上，还需到企业外部查找，主要是到一些公共机构，如图书馆、资料室、信息中心和互联网等中进行查找。为提高查找效率，调查人员应注意熟悉检索系统和资料目录，在可能的情况下，要尽量争取这些机构工作人员的支持和帮助。

小知识6
查找法

（二）索讨法

索讨法是向占有市场信息资料的单位或个人无价的索要。由于索讨法属于不计代价的，这种方法的效果在很大程度上取决于对方的态度。因此，向那些已有某种联系的单位和个人索讨，或由熟人索讨，常能收到较好的效果。有些企业，出于宣传自己的需要，乐意向社会提供有关的信息资料，向他们索讨也有好的效果。而采用复印的手段，常是索讨成功的有效办法。

（三）购买法

购买法是通过一定的代价，从有关单位获取资料的方法。随着信息的商品化，许多专业信息公司对储存的信息实行有价转让，大多数信息出版物也是有价的，购买将成为收集资料的重要办法。当然，企业订阅的有关市场信息杂志、报纸等，从本质上说也属于购买一类，只不过这种方式是一种经常性收集文献资料的工作。但要注意：企业订阅的杂志、报纸要尽量避免雷同。

（四）交换法

交换法是指与一些信息机构或单位之间进行对等的市场信息交流的方法。当然，这种交换不属于实物商品买卖的以物易物，而是一种信息共享的协作关系，交换的双方都有向对方无代价提供资料的义务和获得对方无代价提供资料的权利。

（五）接收法

接收法是指接纳外界主动免费提供的信息资料的方法。随着商品经济的发展和现代营销观念的确立，越来越多的企业或单位，为宣传自身及其产品和服务，扩大知名度，树立社会形象，主动向社会广为传递各种信息，包括广告、产品说明书、宣传材料等。作为市场信息资料的接收者，要注意接收和积累这些市场信息，即使其中有的一时显不出其价值，且又有经常性的特点，只要坚持长期收集，往往会成为有价值的市场信息资料。

创业锦囊3

创业初期的文案调查法

任务实施

【任务名称】 文案调查法实训。

【任务目的】

1. 了解文案调查法的程序，掌握文案调查法的技巧。
2. 提高文案检索能力，学会查找资料、搜集资料、运用资料。

【任务要求】

1. 为了了解南昌市高考人数及结构的变化，让学生查阅资料搜集南昌市高考人数及结构的数据。
2. 研究中国儿童服装产业的总产值、增加值、经济效益等方面的变动趋势。
3. 通过学习收集资料方法与渠道获得其历史数据和相关资料，写出资料收集报告。

【实施步骤】

1. 根据任务要求做好文案调查前的准备工作。
2. 小组成员按照文案调查的资料来源查阅资料。
3. 组员根据查阅的资料写出报告，并提交组长。
4. 组长在小组成员充分讨论的基础上，总结完成小组报告。
5. 小组之间进行交流，每个小组推荐1人进行介绍。
6. 由教师根据学生所提交的调查报告和现场介绍的情况进行评估打分。

【组织形式】

1. 全班分小组进行，每组8~12人，自愿组合，合理分工。

2. 以小组和个人结合的形式完成相关实训要求。

【考核要点】

1. 文案调查法的实施步骤。
2. 文案调查法的运用技巧。
3. 文案调查法的应用。

【报告范例】

关于×××的文案调查报告	
项目负责人	
项目组成员	
调查内容说明	
调查方法说明	
调查步骤说明	
搜集的资料介绍	
资料来源	
调查结论	
心得体会	

任务训练

【知识训练】

一、单项选择题

1. 文案调查所获得的资料总会或多或少地落后于现实，这指的是文案调查法（　　）的特点。

A. 不真实性 B. 滞后性
C. 不全面性 D. 残缺性

2. 文案调查法实施的第一步是（　　）。
   A. 搜集资料 B. 确定调查目标
   C. 拟订调查计划 D. 培训调查人员

3. 下面不属于文案调查法搜集资料的方法是（　　）。
   A. 索讨法 B. 购买法
   C. 交换法 D. 网络法

4. 在文案资料搜集的方法中，（　　）是指与一些信息机构或单位之间进行对等的市场信息交流的方法。
   A. 索讨法 B. 购买法
   C. 交换法 D. 接收法

5. 下列选项中，不属于文案调查法的作用的是（　　）。
   A. 为实地调查创造条件
   B. 可以作为企业经常性的调查
   C. 可以不受时空限制地进行调查
   D. 可以最便捷地直接使用数据资料

二、多项选择题

1. 可以获取二手资料的渠道有（　　）。
   A. 国家统计资料 B. 行业协会信息资料
   C. 计算机信息网络 D. 企业市场调查报告

2. 作为内部信息的市场情报一般通过（　　）等数据和资料反映出来。
   A. 统计报表 B. 财务分析
   C. 政府机构 D. 计划

3. 属于文案调查法内部资料来源的有（　　）。
   A. 企业订货单 B. 企业财务报表
   C. 相关行业报告 D. 企业调研报告

4. 在市场调查中，文案调查经常研究的具体情况有（　　）。
   A. 市场占有量分析 B. 市场覆盖率分析
   C. 产品市场生命周期分析 D. 市场供求趋势分析

三、简答题

1. 简述文案调查法的步骤。
2. 简述文案调查法的特点。

【技能训练】

丹尼斯是一个周末"自己动手做"的爱好者。他非常喜欢的一件事就是为自己的家庭打造家具。他对自己的星形手工锯进行了很多次试验，但是结果都很令人失望。后来他发现需要发明一个调节设备。

过了一段时间，丹尼斯就找到了解决方案。一个定制的典型产品诞生在一个当地的发动机商店。当丹尼斯测试这个设备的时候，它看起来非常符合他的需要。这个骄傲的发明者找到一个律师为这个设备申请专利，而且看起来申请一个专利是很有必要的。这个时候丹尼斯开始萌生出成立精密工具公司的想法，他认为他可以以此留给后代巨大的产业。可事实上，他对营销一知半解，而且在他对这个设备的生产开始重视之前，根本就不知道到底他需要哪种市场信息。

问题：
1. 如果你是一位帮助丹尼斯解决他的业务问题的顾问，你认为什么信息对他来说是最重要的？
2. 丹尼斯要得到这些关于精密工具市场的信息，应该用什么调查方法？
3. 丹尼斯应该从哪些渠道得到这些信息？
4. 你对丹尼斯开发精密工具市场有什么决策建议？

任务二　认识访问调查法

任务导入

一般而言，在调查实践中，现成的信息资料总是非常有限的，难以分析出问题发生的真正原因。例如，为什么消费者明明很喜欢这件商品，重复进店，却迟迟没有购买？这显然涉及消费者的心理和消费行为。但对于这样的信息资料，通常没有现成的资料，需要采用现场第一手资料的收集方法来收集相关信息。在第一手资料的收集方法中，相对比较容易采用的方法是访问调查法。下面从访问调查法的概念、类型、技巧等方面进行介绍。

知识准备

一、访问调查法的含义

访问调查法，又称采访调查法，是调查者通过口头、书面、网络等方式向被调查者提出问题，由被调查者回答，以此了解市场实际情况、收集市场有关资料、获得市场信息的一种实地调查方法。访问调查法是市场调查搜集市场资料最基本的、应用最普遍的方法之一。

二、访问调查法的特性

（一）形式的灵活性

访问调查法包含多种方式的调查方法，可采取面访、电话或邮寄的方式。在访问过程中可掌握主动性，直接与调查对象交流，可对调查问题进行灵活处理。调查结果受双方素质影响较大。

（二）设计的简洁性

访问调查法必须简单明了，使受访者容易理解，便于回答，以降低拒访率，增加信息收集的可靠性及准确性。

（三）相互的交往性

访问调查法不能单方面进行，它不仅是访问者提出问题作用于被访问者，而且必须由被访问者通过回答问题作用于访问者，才能达到访问的目的；而且在访问过程中，访问者与被访问者必须建立良好的人际关系，只有在被访问者有了对访问者的基本信任，消除了紧张和疑虑的条件下，被访问者才能愉快地、顺利地回答问题。这就要求访问者能够熟练地掌握提问技巧，根据被访问者的具体情况采取恰当的方式进行访问。

三、访问调查法的类型

（一）入户访问调查法

所谓入户访问调查法，就是调查员按照抽样方案中的要求，在抽中的家庭或单位，按事先规定的方法选取适当的访问者，再依照问卷或调查提纲进行面对面的访问。

1. 入户访问的优缺点

1）优点

（1）可获取较多的信息和较高质量的数据。入户访问是调查者与被调查者之间面对面的交流过程，调查的时间较长，可以采用比较复杂的问卷，调查比较深入的问题。调查者可以采取一些方法来激发被调查者的兴趣，特别是可以使用图片、表格、产品的样本等来增加感性认识，还可以通过追问的技巧提高开放题的回答质量。通过调查人员充分解释问题可使问题不回答的情况和回答误差降到最低程度。

（2）比较灵活。调查者依据调查的问卷或提纲，可以灵活掌握提问的次序并及时调整补充内容，弥补事先考虑的不周，而且一旦发现被调查者与所需的调查样本不符合时，可以立即终止访问。

（3）具有可观察性。调查人员可直接观察被调查者的态度，判断资料的真实可信度。

2）缺点

（1）成本高、时间长。在使用入户访问调查法时，调查公司通常需要额外支出各种礼品费用、交通费和较高的劳务费，因而，调查成本较高。另外，与电话调查相比，入户访问的速度比较慢，一个调查员在周末的一天也许最多只能完成6个成功的入户访问，而在平常的工作日，可能一天只能访问1~2个，大量的时间都会花费在路上和寻找访谈对象上。

（2）受调查者的影响较大。调查者的素质（比如调查者业务水平、与人交往的能力、语言表达能力、语气、工作责任感等）都会影响问卷的质量。

（3）拒访率高。大多数被调查者基于安全等方面的考虑，不愿接受不速之客的来访。所以，调查人员要接触很多调查对象才能找到一个愿意接受调查的人员。正由于拒访率高，入户调查的使用也越来越少。

2. 访问员入户访问的操作技巧

为了提高入户访问的成功率，访问员在入户访问过程中需要遵循一定的步骤和操作技巧，具体如下。

1）做好入户前的准备工作

（1）制订好计划，入户前要制订细致周密的调查计划，如每天访问的住户数量、访问的路线、访问的时间等。

（2）做好资料的准备工作，如问卷、访问提纲、答案卡片、受访名单、电话、介绍信、自己的身份证明（如名片）等资料。

（3）准备好相关的工具和物品，如笔、记录本、录音机、交通地图、礼品等，这些应该是访问员访问客户时的必备物品。

（4）择时入户。入户时应以方便被调查者为原则。例如，双休日一般选在上午9:00～11:30，下午3:00～6:00，晚上7:00～8:30；工作日一般选择晚上7:00～9:00，尽量不打扰到被访者。

（5）注意仪表。对着镜子再检视一下自己的发型、衣着、装扮等这些基本的要素是否得体。被调查者往往根据访问员的服饰、发型、性格、年龄、声调、口音等来决定是否采取合作态度，因此访问员必须仪容端正、用语得体、口齿伶俐、态度谦和礼貌，给人以亲切感，使被调查者放心地接受访问。

2）入户技巧

（1）凭介绍信或证明取得居委会或物业管理有关人员的支持或帮助。

（2）引见。由调查对象的熟人或亲戚朋友介绍。这种方式能确保访问者不被拒访，也容易建立良好的访问气氛。

（3）约访。对于一些调查对象，在上门调查前，应首先通过电话等方式与其进行访问约定。

（4）自我介绍。通过自我介绍使调查对象接受访问。这是大多数调查人员经常采用的方式。适当的称呼会使对方感到亲切。同时，还要考虑访问对象的民族习惯和生活习惯，主要目的在于得到受访者的信任，争取被访问者的合作。

例如："您好，我是××大学的学生，这是我的学生证，我们正在为××公司做一项有关热水器的市场调查，而您被抽选为代表之一，我能占用您一点时间吗？希望得到您的配合。"

访问人员应当避免使用诸如"我可以进来吗""我可以问您几个问题吗"这类请求允许访问的问题，因为在这些情况下，人们更易拒绝接受访问。

（5）敲门。调查人员要通过敲门才能进入受访者的家。这时，调查人员要注意敲门的声音和节奏，敲门节奏要适中，敲门声太小，受访者可能听不到。

（6）示意礼品。如果访问备有礼品，在访问开始时，访问人员可以委婉地暗示："我们将耽误您一点时间，届时有小礼品或纪念品以示谢意，希望得到您的配合。"但不可过分渲染礼品，使人觉得有占小便宜的感觉。

小知识7

拒访对策

3）开场白和寒暄技巧

入户后简明扼要地说明调查者的身份（即你是做什么的）、访问的目的（即你为什么要进行这次访问），并解释怎么会抽选到该调查对象、说明不会占用对方太多时间、对数据安全及保密性作承诺，以及表示希望得到对方的支持等。

成功的访问需要在一种轻松、愉快、友好的气氛中进行，访问员必须努力营造这种气氛，这在业务中被俗称为"预热"或寒暄。所以，自我介绍之后的寒暄应该友好而简短，寒暄的话题应该显得"随感而发"，千万不要让被访问者觉得你是事先打好腹稿的。寒暄的方法是：在入户后，注意观察受访者的行为和周围的环境，找一些受访者的优点、特长，满足受访者被人尊重的需要。你也可以从路上的见闻、被访问者的居家布置等方面简单说上两句，避免双方见面后不太熟悉而显得拘谨。

4）询问和追问技巧

（1）问题的顺序不能随意调换。在调查问卷设计过程中，由于问题的先后次序会对问卷整体的准确性及能否顺利进行访问有重要影响，因此，调查问卷中每个问题的顺序都是经过精心编排的，访问员在提问时，要严格按照问卷上的问题顺序提问，不要随意改变问题的顺序。

（2）问题用词不能随意改变。调查问卷上的提问用词往往都是经过仔细推敲的，因此，访问员对于每个问题都要严格按照调查问卷上的用词进行提问，如果提问或用词有误，就可能影响调查结果。

（3）严格按要求询问。当被调查者不理解题意时，访问员可重复提问，但不能自作解释或加上自己的意见而影响被调查者的独立思考。

（4）调查问卷上的每个问题都应问到。访问员在访问中要注意不可因为访问次数多、同样的问题重复遍数多或认为某些提问不重要而自作主张放弃应该询问的问题。

（5）提问时的音量以被调查者能清晰听清为宜，语速应不快不慢。

（6）提问过程应随时根据被调查者的情绪加以调节和控制。

（7）在访问中，有时被调查者不能很好地全面回答提问，有时问卷本身就设定了追问问题，这时都需要运用追问技巧来达到预期的目的。例如，被调查者对某品牌产品的评价是"很好，不错"，此时，调查人员可追问道："您说的'很好、不错'指的是哪方面，请具体说一下。"在实际调查中，常用的追问语还有以下几个："您的意思是什么？""还有另外的原因吗？""为什么您会这么认为？""您能告诉我您的想法吗？"等。

5）记录技巧

封闭式问题的记录规则随具体问卷的变化而变化，一般是在被调查者回答答案前的代码前打"√"或画"○"。访问人员经常会省略记录过滤性问题的答案，因为他们认为被调查者随后的回答会使答案很明显，但编辑和编码人员并不知道被调查者对问题的实际回答。

开放式问题记录的规则：在访问期间记录回答；使用被调查者的语言；不要摘录或释义被调查者的回答；记录与问题有关的一切事物，包括所有追问。

记录看起来非常简单，但错误经常在该阶段发生，每个访问人员应当使用同样的记录技巧。

6）结束访问技巧

（1）感谢被调查者。调查人员要感谢被调查者抽出时间给予合作，使用"谢谢您的合作"等用语，并使被调查者感受出自己对这项调查研究做出了贡献。

（2）迅速检查问卷。看有没有遗漏，问题的答案有没有空缺；问题的答案是否有前后不一致的地方；是否有需要被调查者澄清的含糊答案；单选题是否有多选的情况等。

（3）在准备结束调查时，给被调查者一个最后提问的机会，以示对他的尊重，并告诉他如有可能，还要进行一次回访，希望也给予合作，并将事先准备的礼品送出。

（4）离开现场时，要表现得彬彬有礼，为被调查者关好门并对被调查者说"请留步，多谢"等。

（二）街头拦截访问调查法

街头拦截访问调查法是指在固定场所（如交通路口、生活小区、商场等）拦截被调查人员，对符合条件者进行面对面访问调查。

1. 街头拦截访问的方式

拦截访问的方式主要有两种：第一种是由调查人员在事先选定的地点，按一定程序和要求（每隔几分钟拦截一位行人）选取访问对象，征得对方同意后，在现场按问卷进行简短的调查。第二种是中心地调查或厅堂测试，即在事先选定的若干场所内，按照一定的程序和要求，拦截访问对象，征得其同意后，将其带至该场所附近的房间或厅堂进行调查。这种方式常用于需要进行实物展示或特别要求有现场控制的探索性研究，或需要进行实验的因果关系调查。

2. 街头拦截访问的步骤及操作技巧

（1）准备问卷。在调查之前，调查人员应该根据调查的目的精心设计一份详细、完整的调查问卷，按照计划调查的人数确定问卷的数量，并对问卷内容全面了解。

（2）预先选定地点。访问的地点通常选择人流量大、环境舒适的商业场所或娱乐场所。选定地点后，调查人员还需布置场地，如打扫场地卫生、摆放桌椅、设立等候区、检查灯光等。

（3）准确寻找被调查对象。调查人员可以选择那些步履缓慢、手中提有少量物品的行人或在休息区休息的人作为调查对象。

（4）进行拦截。选定调查对象后，就应积极上前询问，并说明目的。此时，调查人员的态度要诚恳、语气要温和，例如："对不起，先生，能打扰您几分钟做一个简单调查吗？"如果被拒绝，也要礼貌地说："对不起，打扰您了。"

（5）访问。被调查人员同意接受访问时，调查人员就可以按照问卷的内容进行提问了。

（6）致谢。访问完后，调查人员应该向调查对象表示感谢并与其告别。

3. 街头拦截访问的优缺点

1）优点

（1）节省费用。由于调查人员大部分时间用于访问本身，而不像入户访问那样需要花较长时间确定被调查者，从而节省了时间和交通费用。

（2）避免入户困难。在公共场所被调查者没有怕漏底的心理，相对来讲比较容易接受访问。

（3）便于对访问员进行监控。由于街头拦截访问主要是在选好的地点进行，所以，督导人员能够监控访问现场，以保证调查质量。

2）缺点

（1）拒访率较高。行人或者购物者一般都很匆忙，所以拒绝接受调查的概率比较高。

（2）被调查者的代表性受到限制。因为并非所有的调查对象都喜欢逛街或逛商场。

（3）事后回访较难实现。由于被调查者往往不愿意将真实的个人信息留给调查人员，因此，很难进行事后回访。

（4）不适合内容较长、较复杂或不能公开问题的调查。

4. 拦截访问质量的控制

为了保证拦截访问质量，调查活动必须按照一定规范进行。

（1）专人现场监控。按其特点划分不同的区域开展工作，不同的区域均有专人负责现场监控。

（2）调查督导人员随时巡查。由负责督导及复核人员共同负责巡场工作，不定时巡视，以便及时发现问题及时解决。

（3）确认被访者资格。由复核人员负责现场二次甄别工作，确保被访者符合被访条件。根据经验布置测试室，减少被访者间的相互干扰，便于收集更多的信息。

（4）详细审核调查问卷。现场对问卷进行百分百审核，审核无误后才让被访者离开及送礼品，以便及时补充访问，以确保问卷质量。

（三）电话访问调查法

电话访问调查法是由调查人员通过电话，依据调查提纲或问卷，向被调查者询问的一种调查方法，但随着社会发展，人们的生活节奏不断加快，电话访问调查拒访率不断升高，该调查方式也被逐渐淘汰。

（四）邮寄访问调查法

邮寄访问调查法是指市场调查人员把设计好的问卷通过邮寄的方法，寄给被调查者，由被调查者填写完成以后再寄回调查机构。但随着社会发展，人们的生活节奏不断加快，邮寄访问调查拒访率不断升高，该调查方式也被逐渐淘汰。

（五）网络访问调查法

网络访问调查法是指在互联网上针对调查问题进行调查设计、搜集资料并进行分析的活动。随着我国互联网技术的发展，网络访问调查法将会被更广泛应用。

1. 网络访问的方法

（1）网页问卷访问方法，是指将设计好的问卷放在网站的某个页面上，调查对象通过网络填写问卷，完成调查的一种方法。

（2）电子邮件访问法，是指通过电子邮件的形式将调查问卷发给调查对象，由他们填写后以电子邮件的形式反馈给调查人员的方法。此方法的局限性在于：只能以文本文件显示调查问卷，因此无法实现错答检查、跳答等较为复杂的问卷设计。而且，这类电子邮件可能被当成垃圾邮件，没有打开就直接被删除了。

（3）弹出式访问法，是指当网民在访问网站的过程中，可能会自动弹出一个窗口，请网民参与访问。如果网民有兴趣参与，点击该窗口中的"是"，则会出现问卷页面，网民完成问卷后即可在线提交。

（4）网上讨论法，可以通过多种途径实现，如BBS论坛、网络通信工具（如QQ）、网络实时交谈、网络会议等。主持人在相应的讨论组中发布调查项目，请调查对象参与讨论，发布各自观点和意见；将分散在不同地域的调查对象通过互联网视讯会议功能虚拟地组织起来，在主持人的引导下进行讨论。

2. 网络访问调查法的分类

（1）问卷调研法。包括主动问卷法、被动问卷法。

（2）网上焦点座谈法。是在同一时间随机选择6～12位被访问者，弹出邀请信，告知其可以进入一个特定的网络聊天室，相互讨论对某个事件、产品或服务等的看法和评价。

（3）使用BBS电子公告板进行网络市场调研。网络用户通过TELNET或WEB方式在电子公告栏发布消息，BBS上的信息量少，但针对性较强，适合行业性强的企业。

（4）委托市场调查机构调查。该调查主要针对企业及其产品。调查内容通常包括网络浏览者对企业的了解情况，网络浏览者对企业产品的款式、性能、质量、价格等的满意程度，网络浏览者对企业售后服务的满意程度，网络浏览者对企业产品的意见和建议。

（5）合作方式的网络市场调研。由于企业和媒体合作进行，调查题目也各出一半。

3. 网络访问的优缺点

1）优点

（1）节省费用。通过电子问卷或组织网上座谈，可以省去传统调查中的印刷费，调查人员的劳务费、交通费等费用。

（2）速度快。由于网络信息传播速度非常快，所以，调查问卷的发送与回收也相当快，而且利用统计分析软件，可以对调查的结果进行即时统计，因而整个调查非常便捷。

（3）互动性强。被调查者可以及时通过电子邮件或在线留言区就问卷相关的问题提出自己的看法和建议，从而减少因问卷设计不合理而导致调查结论的偏差。此外，网络访问法还可以利用互联网的特点，充分发挥声音、图像、动画等表现形式的优越性和亲和力，使市场调查工作生动活泼，充满趣味性。

（4）调查的结果比较客观、真实。由于调查问卷的填写是自愿的，填写者一般对调查内容有一定的兴趣，因而回答问题相对认真，所以调查质量比较高。另外，网络访问可以避免受调查人员意见的影响，因而能保证调查结果的客观性。

（5）容量大。由于互联网具有极大的包容性，同一时间内可以同时进行多人答卷、多人提交，且不会相互干扰，加之网上询问还能进行 24 小时全天候的市场调查，所以在调查费用和时间相同的情况下，可收集到和处理好更多的样本单位资料，增加样本的代表性，这是传统询问方法无法比拟的。

2）缺点

（1）个人信息的保密性受到质疑。由于调查对象担心个人信息被滥用，通常不愿在问卷调查中透露个人信息或因为问卷中涉及过多的个人信息而退出调查。

（2）回应比率难以控制。通过电子邮件进行调查时，可能只有部分收件人会做出回应。

小知识 8

调查宝

（六）个人深度访谈法

深度访谈是专业访谈人员和被调查者之间针对某一论题进行时间较长的（通常是 30 分钟到 1 小时）的一对一方式的谈话，用以采集被调查者对某事物的看法，或做出某项决定的原因等。通常在被调查者家中或一个集中的访问地点进行。常用于了解个人是如何做出购买决策，产品或服务被如何使用，以及消费者生活中的情绪和个人倾向等。

1. 个人深度访谈相关要求

（1）深度访谈一般通过网络访谈或面对面访谈。

（2）访谈的对象可以是专业谈判人员、企业老板、销售经理、采购经理、销售人员、采购人员、业务员、外贸员、管理者等，只要其从事的工作与谈判实务相关均可。最好是公司经理及以上级别的人物，性别、职业、收入、居住地不做要求。

（3）访谈内容是请被访谈者介绍其亲身经历的谈判工作的案例及工作经验、教训、心得体会等。

（4）要求完成访谈记录作业。面对面访谈记录每份一般在 3 000 字以上（当然越详细、越长越好），面对面访谈最好提供录音和照片等资料。

（5）访谈前一天可以先告知被访谈对象访谈的主题，如告诉对方要对其进行一小时的访谈，主题是了解其对工作中谈判的经历、体会（但不必把访谈提纲全文发给他），以便其稍做准备。

（6）访谈主题是关于被访谈人亲身经历的谈判工作的案例及工作经验、教训、心得体会。如果被访者偏离了主题，则应引导其谈话方向不要偏离主题。要求其具体结合实际经历、案例讲。不要只讲理论，泛泛而谈。

（7）访谈时一次只问一个问题（不要一次问多个问题），待其回答后再问下一个问题。必要时，应视其对该问题的回答情况进一步追问。

（8）面对面访谈时，现场不要只顾进行记录。现场只需记录一些关键词。访谈记录应通过回去后听录音整理成型。

2. 主要特点

（1）研究在自然情境下进行，通过较长时间（半小时至数小时）的访谈收集信息。

（2）问题探察深入，通过连续询问鼓励访谈对象阐述、解释所作的回答。

（3）研究思路主要是归纳方法，立足一手访谈信息进行归纳推论。

（4）研究过程是一个递归循环过程。访谈问题常会在研究过程中变化、调整，数据分析与收集同时进行，结果推论是一个持续演化的过程。

小案例　　　　　　　　　　**深度访谈提纲**

您好！首先感谢您的参与。我想就谈判（销售谈判、采购谈判、外贸谈判、劳资谈判等各种类型的商务谈判）中的一些问题采访您一下，主要了解一下各行业实践工作者亲身经历的谈判工作的案例及工作经验、教训、心得体会等，以便为我们学习和了解商务谈判的理论和实践提供借鉴。

问：首先，您觉得谈判技能对于您的工作（或生意）是否重要？
答：
问：您可以举印象较深的一次成功谈判经历吗？（销售谈判、采购谈判、外贸谈判、劳资谈判等各种类型的商务谈判均可）
答：
问：一般在谈判之前，您会做哪些准备？（提示：做哪些方面的调查？制定什么目标？选择什么策略？人员安排？时间、地点安排？）
答：
问：在谈判之前，您会做哪些方面的调查？（如果上面已经回答就无须再问）
答：
问：谈判地点一般定在什么地方？如何确定的？（如果上面已经回答就无须再问）
答：

问：你们一般会安排多少人去参加一次谈判？人员内部有没有分工？
答：
问：谈判中，您会不会运用到一些谈判技巧或策略？能否举个例子？
答：
问：在谈判中经常可能会碰到讨价还价，您是如何进行讨价还价的？
答：
问：谈判中有没有碰到过僵局（即双方互不相让），您一般是如何处理的？能否举个例子？
答：
问：在中国酒桌文化很盛行，很多谈判是在酒桌上谈成的，可以说说您对酒桌上谈判的体会吗？
答：
问：您比较喜欢的是什么样的谈判对手？为什么？
答：
问：您最不喜欢碰到什么样的谈判对手？为什么？
答：

（七）集体访谈法

集体访谈法，是类似于公众座谈会的一种集中收集信息的方法。一般由组织的一名或几名调查员与公众进行调查座谈会议，以了解他们的意见和看法。

1. 集体访谈法的种类

（1）按照调查的主要目的不同，调查会议可分为两类：一类是以了解情况为主的调查会议；一类是以研究问题为主的调查会议。

（2）按照调查的内容不同，调查会议也可分为两类：一类是综合性调查会议，它的内容比较全面、广泛，但往往不够深入；一类是专题性调查会议，它的内容比较集中、专一，往往能较深入地了解情况和探讨问题。

（3）按照会议的形式不同，调查会议亦可分为两类：一类是讨论式的调查会议，即与会者互相研讨、互相争论，既可互相补充，又可互相反驳；一类是各抒己见式的调查会议，即与会者可以充分发表自己的意见，但不允许批评别人的意见。

（4）按照调查的方式不同，调查会议也可分为两类：一类是口头访谈方式，它是面对面的直接调查；一类是书面咨询方式，就是背靠背的间接调查。所谓的"德尔菲法"，就属于后一种类型。

2. 集体访谈法的优缺点

1）优点

（1）了解情况快，工作效率高。集体访谈法一般是以了解情况和研究问题为目的的调查会议，面对的是广大公众，有较强的针对性。

（2）经费投入少。集体访谈只需要一名或者几名调查员和公众面对面沟通交流，程序简单，费用支出较少。

（3）集思广益。有利于把调查与研究结合起来，把认识问题与探索解决问题的办法结合起来。

（4）简便易行。适用于文化程度较低的调查对象，有利于与被调查者交流思想和感情，有利于对访谈过程进行指导和控制等。

2）缺点

（1）与个别访问相比较，集体访谈法的最大缺点是无法完全排除被调查者之间社会心理因素的影响。

（2）有些问题不宜采取集体访谈，如涉及个人隐私、保密、敏感性问题方面的访谈。

（3）访谈过程可能被少数人所主导。

创业锦囊4

创业初期的访问调查法

任务实施

【任务名称】访问调查法实训。

【任务目的】

1. 认识访问调查法技巧的重要性。
2. 熟悉各种访问法的流程，具备做入户访问、街头访问、网络访问等各种访问的能力。

【任务要求】

1. 各组根据自己设计的调查问卷，以2人为一组，随机采访教室内的一位同学，进行模拟入户访问演练（课上完成）。
2. 要求同学进行校园体验，在校园选取街头访问地点，结交陌生同学，与其进行访谈，了解其对学校文化生活的意见和建议，并总结陌生拜访的秘诀（课下完成）。
3. 任意选择某种网络调查的方式，进行关于网络购物的市场调查。

【实施步骤】

1. 以小组调查问卷为依据，根据实训内容和要求进行有意识的访谈调查。
2. 同学之间进行交流，总结陌生拜访的技巧和自我介绍技巧，每个小组推荐1人进行介绍。
3. 教师和学生共同评估，给出成绩。

【组织形式】

1. 全班分小组进行，每组8~12人，自愿结合，合理分工。
2. 以小组和个人结合的形式完成相关实训要求。

【考核要点】

1. 访问调查法的特征。
2. 入户访问法的技巧。
3. 街头访问法的应用。

【报告范例 1】

	访问步骤	文字准备（物品）
	\multicolumn{2}{c}{入户访问调查实训}	
1	入户准备	
2	开场白（自我介绍）	
3	追问问题	
4	结束访问	

【报告范例 2】

	街头拦截访问调查实训
地点选取说明	
调查结果说明	
心得体会	

【报告范例3】

网络访问调查实训	
方法选择说明	
调查结果说明	
心得体会	

任务训练

【知识训练】

一、单项选择题

1. 访问调查法的特性不包括（　　）。

   A. 相互的交往性　　　　　　　　B. 设计的简明性

   C. 无干扰性　　　　　　　　　　D. 形式的灵活性

2. 在做访问调查时，以下可以选择做深入调查的是（　　）。

   A. 电话调查　　　　　　　　　　B. 入户调查

   C. 邮寄调查　　　　　　　　　　D. 网络调查

3. 在实现选定的若干场所内，按照一定的程序和要求，拦截访问对象，征得其同意后，将其带至该场所附近的房间或厅堂进行调查。该方法是（　　）。

   A. 入户访问法　　　　　　　　　B. 小组面谈访问法

   C. 街头拦截访问法　　　　　　　D. 实验法

4. 以下不属于入户访问法缺点的是（　　）。

   A. 代表性受限制　　　　　　　　B. 拒访率高

   C. 时间长，成本高　　　　　　　D. 受调查者影响

5. 网络访问法最突出的优点是（　　）。

   A. 访问面广　　　　　　　　　　B. 可以做深度访问

   C. 速度快　　　　　　　　　　　D. 互动性强

二、多项选择题

1. 下列选项中,属于网络访问法的是(   )。
   A. 网页问卷访问法　　　　　　B. 电子邮件访问法
   C. 弹出式访问法　　　　　　　D. 网上讨论法
2. 在入户访问时,(   )才能做到降低拒访率。
   A. 调查者穿着得体、精神饱满
   B. 调查者要言语诚恳、胆大心细
   C. 调查者要证件齐全
   D. 调查者要依据被调查者的心理活动过程进行访谈
3. 街头拦截访问法的缺点有(   )。
   A. 不适合内容较多、较复杂或不能公开问题的调查
   B. 调查的精确度可能很低
   C. 拒访率较高
   D. 问卷长度不能很长

三、简答题

1. 简述网络访问法的优缺点。
2. 简述在做入户访问调查时的入户技巧。

【技能训练】

1. 江南大酒店坐落在南方某省会城市的繁华地段,是一家投资几千万元的新建大酒店,开业初期生意很不景气。公司经理为了寻找症结,分别从该市的大中型企业、大专院校、机关团体、街道居民中邀请了12名代表参加座谈会,并亲自走访东、西、南、北四区的部分居民及外地旅游者。调查后发现,本酒店没有停车位,顾客来往很不方便;居民及游客对本酒店的知晓率很低,更谈不上满意度;本酒店与其他酒店相比,经营特色是什么,大部分居民不清楚。为此,酒店做出了兴建停车场,在电视上做广告、开展公益及社区赞助活动,突出经营特色,开展多样化服务等决策。决策实施后,酒店的生意日渐红火。

请问:江南大酒店采用了什么市场调查方法?对你有什么启示?

2. 随着互联网的发展,网络访问法将越来越成为市场调查的主要类型。请试着通过常用的网络社交工具发放调查问卷,体验网络调查法,分析其调查效果和优缺点。

任务三　问卷设计技术

任务导入

在访问调查中常常借助于调查问卷,调查问卷是在市场调查中取得第一手资料的技术手段,是实现调查任务的一种重要工具。下面从调查问卷的结构、设计原则、设计程序、问题和答案的设计技术等方面进行介绍,通过具体任务的学习,使学生正确认识问卷调查,掌握问卷设计技术,并能够独立制作出调查问卷。

> **知识准备**

一、认识调查问卷

问卷是指设计人员根据调查目标设计的,由一组或一系列问题组成的用来搜集信息的一种书面工具。访问调查成功的关键是调查问卷的设计。调查问卷中的问题设计、提问方式、遣词造句等,都直接关系到市场调查的目标。

(一)问卷的作用

1. 实施方便,提高精度

问卷可以为调查提供标准化和统一化的数据搜集程序。调查者将所要获得的资料按照一定的顺序以提问的方式在问卷中列出来,并提供大多数问题的答案选项供受访对象选择,使之易于接受。如果没有问卷,被调查者的回答可能受到访问员用词的影响,而不同的访问者会以不同的方式提问,导致的结果是所搜集的资料精度下降,这会影响调查结果的质量。

2. 便于对资料进行统计处理和定量分析

问卷不仅将人们实际的购买行为以提问和回答的方式设计出来,而且可以将人们的态度、观点、看法等定性的认识转化成定量的研究,这样研究者除了对调查对象的基本状况有一定的了解外,还可以对各种现象进行相关分析、回归分析等。

3. 节省调查时间,提高调查效率

由于问卷设计已将调查目的、调查内容转化为具体的问题和备选答案罗列出来,除一些特殊情况需要被调查者做文字方面的解答以外,调查对象只需对所选择的答案做上记号即可,因此节省了许多时间,使调查者能在较短的时间内获得更多的有用信息,调查工作效率大大提高。

(二)问卷的基本结构

一般而言,问卷的结构可划分为开头、甄别、主题和结语四大组成部分,其基本的内容应该包括问卷的标题、问卷说明、填写说明、甄别、问题与答案、编码和作业证明的记载等7部分。

1. 标题

问卷的标题概括说明调查研究的主题,使被调查者对所要回答什么方面的问题有一个大致的了解。标题应简明扼要,易于引起回答者的兴趣,例如"大学生消费状况调查""我与广告——公众广告意识调查"等,而不要简单采用"问卷调查"这样的标题,它容易使被调查者因不必要的怀疑而拒答。

2. 问卷说明

问卷说明也叫问候语,它是对调查目的、意义以及有关事项的说明。其作用主要是引起调查对象的兴趣和重视,消除调查对象的顾虑,激发调查对象的参与意识,以取得他们的积极合作。在调查问卷的问卷说明中,调查者至少应该传递如下基本信息:

(1)称呼:对调查对象的称呼语。

(2)自我介绍:说明调查人员所代表的公司以及本人的职务或姓名。

(3)调查目的与意义:尽量从被调查者感兴趣的角度,说明本次问卷调查的目的与意义,以争取被调查者的合作。

(4) 回报：如果举办方有酬谢，应在问卷说明中说明对被调查者的酬谢方式，如赠品或抽奖等。

(5) 保密承诺：对被调查者的信息承诺保密。

(6) 所花时间及感谢语。

问卷说明篇幅不宜过长，文字要简洁、准确，语气要谦虚、诚恳。

小案例　　　　　　　　　　　**问卷说明**

尊敬的女士/先生：

您好！我是××市场调查公司的访问员××，我们受厂家委托，正在进行一项关于××的产品消费的市场调查，您是我们按照随机抽样的方式挑选出来的访问对象，希望能听取您的意见。这项调查主要是想了解大家对这个产品在使用过程中的意见，您的意见可以帮助厂家为消费者生产更好的产品和提供更好的服务。请您将您的真实想法提供给我们，对您的个人资料我们将严格保密，未经您的书面同意，我们不会透露给第三方，请您放心。可能得耽误您十几分钟的时间，希望能得到您的支持和帮助。访问结束后我们将送您一份小礼物，以表示感谢。

××市××市场调查公司
2017 年 3 月 6 日

3. 填写说明

问卷的填写说明通常在自填式问卷中出现，旨在指导被调查者如何填写问卷，包括应注意事项、填写方法、交回问卷的时间要求以及问卷如何返回到调查者手中等，可在问题前面集中说明，也可在每个问题中说明，用括号括起来。

小案例　　　　　　　　　　　**填写说明**

(1) 请您在所选答案的题号上画圈。

(2) 所有的单选题，只能选择一个答案；可选多个答案的问题，请您在认为合适的答案的题号上画圈。

(3) 需填写数字的题目在留出的横线上填写。

(4) 对注明要求您自己填写的内容，请在规定的地方填写您的意见。

(5) 填写问卷时，请不要与他人商量。

问卷回收注意事项：

此次调查的期限是 3 月 10—27 日，请您在 3 月 27 日前务必将问卷填写完毕。您可在完成问卷之后及时来电告知，我们会派人与您商定取回问卷的具体时间，并赠送礼品一份，以示谢意。

4. 甄别

甄别也称为过滤，是指先对被调查者进行过滤，筛选掉不需要的部分，然后针对特定的被调查者进行调查。甄别部分的主要目的：一方面筛选掉与调查项目有直接关系的人，排除干扰因素；另一方面是确定最合适的被调查者人群。

（1）确定合适的调查对象。

一般情况下，市场调查总是有比较明确的调查对象，即企业商品的目标市场消费者。有的市场调查在开始进行主要内容的调查之前，通过问卷的提问，确定面前的人士是否符合调查对象的条件。如果符合就调查，否则就放弃，以确保调查资料的针对性和有用性。

（2）排除其他调查干扰因素。

为了能够了解真实的信息资料，应该排除一些可能会给调查活动带来不利影响的因素。不利的影响主要有：与调查内容在职业上有关联的调查者；曾经接受过调查的人士（职业受访者）；属于其他调查公司的人员调查对象；在调查活动中可能提供虚假信息的人士等。

> **小案例**　　关于××市居民月消费支出情况调查问卷的部分甄别问题
>
> Q1 请问您的年龄是？
> 30 岁以下　　　　　　　　　　　　　　　　　　1　【终止访问】
> 30~50 岁　　　　　　　　　　　　　　　　　　2　【继续访问】
> 51 岁以上　　　　　　　　　　　　　　　　　　3　【终止访问】
> Q2 请问您家目前的家庭月平均收入是 6 000 元以下还是 6 000 元以上？
> 6 000 元以下　　　　　　　　　　　　　　　　1　【终止访问】
> 6 000 元以上　　　　　　　　　　　　　　　　2　【继续访问】
> Q3 请问您在南昌居住多长时间了？
> 5 年及以下　　　　　　　　　　　　　　　　　1　【终止访问】
> 5 年以上　　　　　　　　　　　　　　　　　　2　【继续访问】
> Q4 请问您在过去 6 个月内有没有接受过同类调查？
> 有过　　　　　　　　　　　　　　　　　　　　1　【终止访问】
> 没有　　　　　　　　　　　　　　　　　　　　2　【继续访问】

5. 问题与答案

问题与答案，又称问句，是调查问卷的主体，是调查问卷中最核心的部分，所占篇幅最大。它由一个个具体的问题及其答案组合而成。其主要类型和排列原则将在随后具体叙述。

问题与答案部分的基本内容包括：根据调查纲要或调查项目而设计各种问句、不同问句的回答方式、对各类回答方式的指导和说明。

6. 编码

在大规模的问卷调查中，调查资料的汇总整理工作十分繁重，一般要借助计算机进行。因此，对调查问卷本身和调查问卷的基本资料以及收集到的资料都要进行计算机编码，以方便计算机作业。编码可以在调查问卷设计的同时就编好，也可以等调查工作完成以后再进行。前者称为预编码，后者称为后编码，在实际调查工作中，常常采用预编码。

调查问卷编码是实现计算机处理的中介、桥梁。调查问卷编码是指把调查问卷记录的所有资料，按一定的分类或排序规则转换成不同的数字组合，即把调查问卷中的各种数字和文字资料以数字的形式，填写到调查问卷给定的编码框里。

例如，请问您高铁乘坐的舱位是：

　　　　1□ 商务座　　　　2□ 一等座　　　　3□ 二等座

对上题设置编码时，可以用数字 1，2，3，0 来表示答案，分别指代商务座、一等座、二等座和无回答。

每份问卷也必须有编号,即问卷的编码,该编码除了反映顺序号之外,还应包括与该样本有关的抽样信息等。

例如,"第二期中国妇女社会地位调查"的家庭户编码的说明是:

由4位数组成,具体含义为:第一位为样本类型代码,全国样本为1,省级追加样本为2;第二位为样本区县内的样本街道、乡、镇的序号;第三位为样本街道、乡或镇内的样本居委会或村委会序号;第四位为样本居委会或村委会内的样本户(即家庭户)序号。其中前三位已给定,请根据省、市、自治区妇联下发的"居(村)抽样结果及编号"填写,最后一位按该户在抽样结果表中的顺序填写。

7. 作业证明的记载

其主要包括访问员的姓名、访问日期、时间及访问地点等表明任务完成的信息。除此之外,还包括便于审核和继续跟踪的一些信息,诸如被调查者的姓名、单位或家庭住址及电话,以便审核和进一步追踪调查。但对于涉及被调查者隐私的问卷,上述内容则不宜列入。

小案例　　　　　　　　　　作业证明

访问结束时间:　　　　年　　　月　　　日　　　时　　　分
调查地点:　　　　街道　　　居委会　　　楼　　　单元　　　室
被调查者姓名:　　　　　被调查者联系电话:　　　　　其他联系方式:
调查员编号:　　　　　　调查员签字:　　　　　　　督导员签字:

(三) 问卷设计的步骤

调查问卷的设计绝不是一件轻而易举的事,它需要调查者按一定步骤做许多具体而细致的工作。一般来说,设计调查问卷要经历以下几个步骤:

1. 确定市场调查的目的、对象、方法等

在问卷设计之前要考虑的问题有三个:第一,调查目的,精确地说明要得到什么样的信息?第二,调查对象,谁是被调查者?第三,调查方法,采用什么方法与被调查者接触?

第一个问题非常重要。如果收集的数据并非解决营销决策问题真正要求的,那么其价值就微乎其微。明确回答这个问题是为了避免发生这种情况。

第二个问题,也是问卷设计之前要回答的一个基本问题。适合于大学生回答的题项,有可能不适合中学生回答,更不适合小学生回答。一般来说,被调查者之间的差别越大,要设计一套适合所有被调查者回答的问卷就越难。所以,在设计问卷之前,应弄清被调查者的特性,然后据此设计适合他们回答的问卷。

第三个问题,也是在设计问卷之前要确定的。与被调查者不同的接触方式要求特性不同的问卷。比如,电话调查的问卷不能太长;邮寄调查的问卷不能太复杂;人员访问调查可以采用形式不同的问卷。

2. 设计问句,即全部问题和答案

一旦决定了访问方法的类型,下一步就是确定每个问题的内容及答案,此步骤须考虑以下几个方面:

一是确定某个问题的必要性,对提出的每个问题都应该考虑是否有必要。"每个问题所带来的数据究竟有什么用?"如果某个问题无法得到有效的数据,或者不能为企业经营决策提供数据，就应被删除。

二是确定问题的数量，确定必要后还要问：这些问题所产生的信息是否能够满足要求？若不能，则需要在问卷中增加一些问题或对问卷中的一些问题进行修改。比如，一个调查消费者喜欢还是不喜欢某个产品的问题，如果调查者不仅对消费者是否喜欢这个产品感兴趣，还对消费者喜欢这个产品的程度感兴趣，则只使用"你喜欢某某牌产品吗？"就不够了，后面还应再加一些询问喜欢程度的问题。

三是问题的结构选择。一般来说，调查问卷的问题有三种类型：开放式问题、封闭式问题和半封闭式问题。

3. 合理排列全部问题和答案的顺序，形成调查问卷的初稿

问卷问题的顺序不能随意编排，应遵循一定的规则，例如，由易到难，由封闭式问题到开放式问题，先问个人信息再问态度、意见等。

4. 选择一个或几个拟调查对象，进行预调查

在进行大规模正式调查之前，对问卷的内容、措辞、问题的顺序等进行小规模测试，需要注意的是，被测试的对象应在实际调查对象中抽取出来，并最好采用入户或街头拦截的方式，便于观察被调查者的反应和态度，从而更好地检查问卷中出现的问题并进行修改。

5. 修改调查问卷初稿，审定正式调查问卷

在做了必要的修改之后，便可进行大规模的正式调查了。

（四）问卷设计的原则

问卷设计需要从调查主题出发，结合一定的行业经验与商业知识，设计出合理的问卷，设计原则主要有以下几个方面。

1. 目的性

目的性是指问卷内容必须紧密与调查主题相关，任何与主题无关的内容都应该被放弃或加以修改。因此，在设计问卷时，应围绕主题尽可能设计出全面、准确的调查问卷。

2. 易接受性

易接受性是指问卷设计应该以容易让被调查者接受为原则。这要求在设计问卷时，在不违背调查目的的情况下，应尽量设计一些趣味性较强的问题，避免列入一些会令被调查者反感的问题，必要时可采取一些物质鼓励。

3. 逻辑性

逻辑性是指在设计问卷时，要讲究问卷的逻辑顺序，如主次顺序、相关问题的先后顺序、类别顺序的合理排列等。

问卷的设计要有整体感，这种整体感指的是问题与问题之间要具有逻辑性，独立的问题本身也不能出现逻辑错误，从而使问卷成为一个相对完善的小系统。

4. 简明性

简明性是指问卷的内容应简洁明了，让被调查者很容易地了解所要调查的内容，并能轻松做出回答。这就要求命题准确、便于回答。

5. 非诱导性

非诱导性是指设计问题时应避免加入设计人员的主观臆断。如果问题的设计具有诱导和提示性，就会在不自觉中掩盖被调查者的真实意思，从而影响调查结果的客观性与真实性。

例如："某品牌啤酒制作精细，泡沫丰富，味道醇正，您是否喜欢？"这样的问题容易诱导被调查者得出肯定的结论。

6. 便于整理、分析

这是指所收集的数据要便于数据编码和录入，从而能够快速分析出调查结果。这要求在设计问卷时应尽量按照计算机的处理要求来设计，最好能直接被计算机读入，以节约时间和提高统计的准确性。

二、问句的设计

（一）问句的分类

调查问卷中的问题和答案习惯上称问句，问句可从不同的角度进行分类，常用的分类方法有以下几种。

1. 根据提问的方式，问句可分为直接性问句、间接性问句和假设性问句

（1）直接性问句是指在调查问卷中可以通过直接提问方式取得真实答案的问句。它通常给被调查者一个明确的范围，所问的是个人的基本情况或意见。例如："您的文化程度？""您的职业？""您最喜欢的手机是什么牌子的？"这些问句可以获得明确的答案，便于进行汇总整理。但对于一些窘迫性问题，采用这种提问方式就可能无法得到所需要的答案。

（2）间接性问句是指那些不宜于直接询问，而采用间接的提问方式得到所需要答案的问句。通常是指那些被调查者因对所需回答的问题产生顾虑，不敢或不愿意真实地表达意见的问句。调查者不应为得到直接的结果而强迫被调查者回答，使他们感到不愉快或难堪。这时采用间接提问方式会比直接提问方式收集到更多、更真实的信息。例如：想要了解被调查者是否经常打麻将，如果采用直接问句"您经常打麻将吗？每周打几次？"，就得不到真实的回答，若改成间接问句"您的朋友经常打麻将吗？每周打几次？"，被调查者就不会感到窘迫而能够认真地回答。

（3）假设性问句是指通过假设某一种情景或现象存在而向被调查者提出的问句。例如："有人认为目前的电视广告过多，您的看法如何？""如果在购买住房和汽车中，您只能选择一种，您可能会选择哪一种？"

2. 根据问句的内容，问句可分为事实性问句、行为性问句、动机性问句和态度性问句

（1）事实性问句，是要求被调查者回答一些有关事实性的问题。例如："上个星期您上了几个小时的网？"这类问句的主要目的是获得有关事实性资料。因此，问句的意思必须清楚，使被调查者容易理解并回答。通常在问卷的开头或结尾，要求被调查者填写其个人材料，如职业、年龄、性别、收入、家庭情况、文化程度、居住条件时，采用此类问句。

（2）行为性问句，是对被调查者的行为特征进行调查的问句。例如："您是否进行过网上购物？""您一般在什么时候上网？"

（3）动机性问句，是为了了解被调查者行为的原因或动机的问句。例如："您为什么购买计算机？""您为什么要上网？"在设计动机性问句时，应注意人们的行为可以是出于有意识的动机，也可以是出于半意识的动机或无意识的动机。对于前者，有时会因种种原因不愿意如实回答；对于后者，因被调查者对自己的动机不十分清楚，也会造成回答的困难。

（4）态度性问句，是关于被调查者的态度、评价、意见等的问句。例如："您认为哪个品牌的计算机较好？""您是否喜欢上网？"

3. 根据问句的形式，问句可分为开放性问句和封闭性问句

（1）开放性问句，又称自由性问句或随意性问句，是指在提出问题时，并不列出所有可能的答案，而是由被调查者自由作答的问句。例如："您认为应该如何改进电视广告？""您觉得我公司的服务态度还存在什么问题？"

小知识9

开放性问句

（2）封闭性问句，又称限定性问句，是指已事先设计好各种可能答案的问句，被调查者只能从备选答案中选择一个或几个现成的答案。

例如：您家现在的月收入情况是

A. 2 000 元以下　　　　　　B. 2 000～3 000（含）元
C. 3 000～4 000（含）元　　D. 4 000～5 000（含）元
E. 5 000～6 000（含）元　　F. 6 000（含）元以上

盘点问卷设计
9大问句类型

（二）问句的排序

问句的先后排序，关系到被调查者是否能顺利完成问卷调查，因而是一个相当重要的问题。问句的排序必须有逻辑性，还要考虑被调查者的心理因素。一般来说，问句的排序要遵守以下几个重要原则：

（1）由易到难，由浅到深，由简单到复杂。调查问卷的开始，往往必须设计几个能引起被调查者兴趣而且容易回答的问句。通常可以用一个过滤性问句开始。

例如：调查水果罐头经销商的经营情况，可以首先排列的问句是：

您店销售水果罐头吗？　　A. 是　　B. 否

当然，对这一过滤问句，回答"是"的，就要回答与"是"有关的问句；回答"否"的，则要回答与"否"有关的问句。

（2）过滤性问句或其他的"接问""跳问第几题"等都要有妥善的排列，跳跃要注意逻辑性。

例如：

1. 您是否抽烟？
　　A. 是　　　　　　　　　　B. 否（跳问至第5题）
2. 您大约每天抽多少支烟？
　　A. 10支以下　　B. 10～20（含）支　C. 20支以上
3. 您通常所抽的烟价格是
　　A. 5元以下　　　　　　　B. 5～10（含）元　C. 10～15（含）元
　　D. 15～20（含）元　　　　E. 20元以上
4. 您对烟草广告的第一感觉是_____（跳问至第8题）

5. 您不抽烟的最主要原因是_____
……

（3）一个主题或一个系列的问句，要排列连贯，不要隔断。对一个主题不能提了几个问句后就间断了，提另一个主题的几个问句，然后再回到这一主题上来提问，这样，容易使被调查者的思路紊乱。

（4）触及隐私的问句可能会引起对方的不愉快或困惑，应放在后面提出，因为经过一些问句的回答后，被调查者会比较容易接受。

（三）问句的表述

调查问卷中的问句表述要明确、生动，注意概念的准确性，避免提似是而非的问题。具体来讲要注意以下几个问题。

1. 运用简短的句子，避免长而复杂的句子

提问时，句子的结构要尽量简单化、口语化，不要故意用太长的句子或用双重否定来表示肯定的意思，以免造成被调查者的思路混乱。例如："是否有许多食品商不愿意不在标签上注明保质期？"这样的提问使被调查者不能一下子明白其真实意思。

2. 问题的表述要准确具体，避免提抽象笼统的问题

问题太抽象笼统，使被调查者搞不清楚，也就不能具体回答。在封闭性问句中，这点比较容易实现，因为调查者必须提供若干个备选答案，如果问题抽象笼统，自己就无法设计备选答案，调查者设计答案的过程，就是对问题表述是否准确具体的一种检验；但在开放性问句中，往往不容易做到这点。例如："您对××商店的印象如何？""您认为当前农村的情况怎样？"这种问题就过于抽象笼统，被调查者不好具体作答。

3. 问题的表述要通俗易懂，避免出现过于专业的问题

提问时要采用通俗易懂的语言，不要采用研究者使用的专业术语，那样会增加被调查者的填答难度，或使被调查者根本无法正确理解问题。例如："您家的人口负担系数是多少？""您认为未来5年计算机在科技方面会取得哪些进步？""您认为淘宝C2C的经营模式如何？"这样的问题，一般的人很难回答。

当然，在对某些特定人群开展调查的情况下，应针对该类人群设计相关措辞。如果要访问医生，问卷中就要适当地使用医学术语。

4. 问题的内容要单一，避免多重含义

一个问句只问一个问题，一个问句中如果包含多个询问内容，会使被调查者无从答起。例如："您的父母是知识分子吗？""您所居住的地区饮食、文化服务方面条件怎样？"这类问句具有双重含义，被调查者不知从哪方面回答好。

5. 问题的表述要客观，避免带倾向性或诱导性

问题的表述不能使被调查者感觉到调查者希望或不希望自己填答什么内容或选择某项答案，而应由被调查者根据客观实际情况填答。例如："各国医学界已确认吸烟对人体健康危害很大，您准备戒烟吗？"这种问句带有明显的倾向性和诱导性。又如，如果访问开始的几个问题都与某品牌或某机构有关，那么被调查者很快就会识别出调查发起者，这样就可能引发"主体诱导"，使回答发生偏差。

6. 问题的表述要顾及隐私，避免敏感性问题

许多人对年龄、收入、受教育程度等问题极为敏感，认为是私人隐私，不太愿意直接回答问题。可以运用间接性问句询问法或分层列表法，获得所需的资料。

例如：您的年龄是：

A. 20 岁以下　　　　　B. 20～30（含）岁　　　　　C. 30～40（含）岁

D. 40～50（含）岁　　E. 50～60（含）岁　　　　　F. 60 岁以上

这样将年龄分层列表，更有利于被调查者如实回答。

再如，"您平时的空余时间主要干些什么？"被调查者可能在空余时间里干的是不太光彩的事，如打麻将、喝酒等，直接的询问很可能得不到真实的回答，我们可以采用间接性问句来进行询问，例如："您的朋友们空余时间里主要干些什么？"这样问的效果一般要好一些。

小案例

在调查中，应尽量避免敏感性问题，若这类问题对调查目的非常重要而无法回避，就需要对其进行一定的处理。具体来说，有以下几种方法。

1. 释疑法

在问卷的开头运用说明性语言消除被调查者的顾虑。例如，对在校大学生恋爱观及性观念调查中，可在问卷开头说明："您好，我们是××调查公司的调查员。为了解目前在校大学生的恋爱观及性观念，我们将征询您的看法。请您客观陈述您的观点，我们将对您的回答和个人信息予以严格保密。谢谢您的支持和配合！"

2. 转移法

不直接询问被调查者对某事的观点，而是把问题转移到他人身上，然后，请被调查者对他人的回答作出评价。例如："许多同学在考试中都存在作弊的情况，您知道是什么原因吗？"通过问其他人而不是被调查者自己，调查人员也许能够更多地了解到个人对考试作弊行为的看法。

3. 假定法

假设某一情景或现象存在，然后再询问被调查者的看法。例如："假定允许各类人员自由调动工作，您会更换目前的工作吗？"被调查者在假定的情况下，就会更容易作出回答。

4. 数值归纳法

对于被调查者的年龄、收入、住房等敏感性数字问题，用数值法将相应数值范围分为几个档，这样容易消除被调查者的心理障碍。

例如，您的月收入是？

☐ 3 000 元以下　　　　　　　　　　☐ 3 000～6 000（含）元

☐ 6 000～10 000（含）元　　　　　☐ 10 000 元以上

（四）量表的设计

在问卷中常常需要对被调查者的态度、意见或感觉的心理活动进行判别和测定。市场调查中常用的量表有：顺序量表、配对比较量表、固定总数量表、语义差别量表和李克特量表等。

1. 顺序量表

顺序量表是指列出若干选项，被调查者在自主判断的基础上按照先后或主次顺序排列答案的提问方式。这种方法适用于对答案要求有先后顺序的问题。

例如，请按照您喜欢的程度对以下品牌的洗衣粉进行编号，最喜欢者为 1 号，依此类推。

☐ 碧浪　　　　☐ 超能　　　　☐ 立白
☐ 汰渍　　　　☐ 雕牌　　　　☐ 奥妙

2. 配对比较量表

配对比较量表是指采用对比提问的方式，要求被调查者从一组的两个选项中选出一个。

例如：请比较下列各项中两个不同品牌的饮料，哪种更好喝？（在各项您认为好喝的牌子方格中画"√"）

A. ☐ 可口可乐　　　　☐ 百事可乐
B. ☐ 百事可乐　　　　☐ 统一
C. ☐ 统一　　　　　　☐ 美汁源
D. ☐ 美汁源　　　　　☐ 可口可乐

配对比较量表适用于对质量和效用等问题作出评价。应用比较量表要先考虑被调查者对所要回答问题中的品牌等是否熟悉，否则将会导致空项发生。

3. 固定总数量表

固定总数量表是指调查人员规定总数值，由被调查者将数值（通常是 100 分或 10 分）进行分配，通过分配数值的不同来表明不同态度的测量表。此类量表常用于评价商品、企业形象及某影响因素作用的大小。需要注意的是，被调查者在填写量表时，必须使被分配的各数值之和等于总数值，而不能大于或小于总数值。

例如：根据喜爱程度，要求被调查者对 A、B、C、D 四种品牌的饼干进行打分，四种品牌合计总分为 100 分。被调查者的打分结果见表 3-3。

表 3-3　四种饼干的调查结果　　　　　　　　　　　　　　　　分

项目		品牌				合计
		A 牌饼干	B 牌饼干	C 牌饼干	D 牌饼干	
被调查表	甲	60	20	10	10	100
	乙	50	30	15	5	100
	丙	30	40	10	20	100
总计		140	90	35	35	—

从各种品牌的总得分可以看出，A 牌巧克力得分最高，说明 A 品牌是被调查者最喜爱的品牌。

4. 语义差别量表

语义差别量表是测定商品、品牌形象、企业形象等印象的测量表。具体操作步骤是：首先确定要进行测定的事物，如商品的包装等；然后挑选一些能够用来形容这一概念的一系列相反的形容词或短语列于量表的两端。在两个反义词之间划分若干等级（一般为 7 个），每一等级的分数分别为 1、2、3、4、5、6、7 或 +3、+2、+1、0、-1、-2、-3。最后，被调查者在每一量表上选择一个答案，由调查人员将答案汇总，从而判断被调查者的意见或态度。

例如：您认为某品牌产品的包装如何，请您在最能精确地描述您对包装印象的空白处画上标记"×"，请确保给每项画上标记。

```
         +3    +2    +1    0    -1    -2    -3
精美     ___   ___   ___  ___  ___   ___   ___   劣质
喜欢     ___   ___   ___  ___  ___   ___   ___   讨厌
引领潮流  ___   ___   ___  ___  ___   ___   ___   跟随潮流
```

利用语义差别量表可以迅速、高效地检查产品或企业形象与竞争对手相比所具有的长处和短处,缺点是如果评分点数目太少,则整个量表过于粗糙;如果评分点数目太多,则有可能超出大多数人的分辨能力。研究表明,"7点评分"量表的测量效果较令人满意。

5. 李克特量表

李克特量表是问卷设计中运用十分广泛的一种量表。它将被调查者对测试项目的态度分为"非常同意、同意、不一定、不同意、非常不同意"五个等级,并分别记为1、2、3、4、5。被调查者在给出的五个选项中作出选择。下表所示是运用李克特量表测量消费者对某餐饮公司的整体评价,用数字1~5表示被调查者对每种观点的态度,其中,1 = "强烈反对",2 = "反对",3 = "中立",4 = "同意",5 = "十分赞成",被调查者阅读完每个测试项目后,在相应的态度等级上画"√"(表3-4)。

表3-4 李克特量表实例

项目	1	2	3	4	5
服务态度好					
价格适中					
环境舒适					
上菜速度快					
味道好					

三、网络创建问卷

(一) 网络问卷的创建步骤

(1) 准备相应的工具:①已经连接互联网的电脑或手机;②问卷的手写底稿。

(2) 在百度等搜索引擎上搜索相关的调查问卷平台,如"问卷星""问卷网""蜂鸟问卷""问卷宝"等。

(3) 确定问卷平台后,点击注册账号、实名注册、完善资料等。

(4) 登录账号以后,点击控制台,选择问卷管理(图3-1)。

图3-1 选择问卷管理

(5) 点击问卷管理,选择创建问卷,选择所需的问卷类型(图3-2)。

图3-2 选择所需的问卷类型

(6) 点击创建问卷,添加题型(单选题、多选题、填空题等)和问卷名称等(图3-3)。

图3-3 添加题型和问卷名称等

(7) 编辑好问卷信息后,保存问卷,然后生成链接和二维码信息并发布问卷(图3-4)。

图3-4 发布问卷

图 3-4 发布问卷（续）

（8）有了答卷之后到"分析＆下载""统计＆分析"里面查看统计结果；在"分析＆下载""查看下载答卷"中可下载原始数据。——以问卷星平台为例，如图 3-5 所示。

(a)

(b)

图 3-5 下载原始数据

（二）创建网络问卷的注意事项

（1）问卷要根据自己的底稿编辑，不能完全套用平台的模板。完全套用平台模板容易出现信息遗漏。

（2）网络问卷相比传统的纸质问卷应该更加简洁明了，内容不宜过于复杂。

（3）应选择较正规的问卷平台创建网络问卷，避免问卷生成的二维码和链接出现各种广告信息。

（4）网络问卷在内容设计时，应更注重填写者的隐私保护，毕竟网络环境比较复杂。

任务实施

【任务名称】问卷设计实训。

【任务目的】

1. 通过本项实训，帮助学生认识调查问卷在市场调研中的重要性。在市场调查中，调查问卷是收集第一手资料最普遍、最有效的工具。

2. 通过本项实训，帮助学生掌握资料调查的基本技能。学生可根据调研项目要求，通过自己动手设计一份调查问卷，从而掌握问卷设计步骤、内容、排序要求等技能，为未来胜任市场调研工作奠定基础。

【任务要求】

1. 要求学生根据调查题目确定调查内容，预设调查身份，设计调查问卷。

2. 根据课堂对调查问卷设计的要求，针对所要调查的内容设计出15~20个问句，以便能准确地获得调研所需要的资料信息。

3. 将设计好的项目调查问卷打印出来，进行预调查，并根据反馈修改问卷。

4. 可选择的市场调查题目：

（1）大学生网络游戏消费调查。

（2）大学生接触校内上网情况调查。

（3）在校大学生网络购物调查。

（4）在校大学生每月生活费用支出情况调查。

（5）在校大学生业余时间安排调查。

（6）大学生手机使用情况调查。

【实施步骤】

1. 以小组为单位，根据所选项目每组要提供1份市场调查问卷。

2. 每小组将设计好的调查问卷实施预调查，根据反馈建议修改问卷。

3. 小组之间进行交流，每个小组推荐1人进行介绍。

4. 教师和学生共同评估，给出成绩。

【组织形式】

1. 以小组为单位设计问卷，组内成员交流修改问卷。

2. 以个人为单位分别进行预调查。

【考核要点】

1. 问卷问题设置的合理性。

2. 问卷问题的排列顺序是否符合逻辑性、选项是否有遗漏等。

【报告范例】

调查项目负责人	
调查项目组成员	
调查选题	
预设身份说明	
调查目的	
调查内容及问题	
排序说明	
问卷结构说明	
预调查说明	
预调查结果	

任务训练

【知识训练】

一、单项选择题

1. 在设计调查问卷时，应尽量避免（　　）。
A. 灵活性　　　　　　　　　　B. 指定性
C. 诱导性　　　　　　　　　　D. 确定性

2. 开放式问题的特点是（　　）。

A. 易于记录　　　　　　　　　　B. 成本低

C. 限制较少　　　　　　　　　　D. 节约时间

3. 下面是一份问卷中的一个问题："您认为这种高质量麦式咖啡的口味如何？"这一问题的不当之处是（　　）。

A. 用词不够确切　　　　　　　　B. 含有诱导性问题

C. 包含了多项内容　　　　　　　D. 采用了否定形式的提问

4. 在市场调查的问卷设计中，运用多项选择题设计问卷时，可能遇到的主要问题是（　　）。

A. 设计时间过长　　　　　　　　B. 设计成本较高

C. 回答时间不容易控制　　　　　D. 选项没有涵盖所有可能的内容

5. 某调查问卷的问题是"您至今未买电脑的原因是什么？（1）买不起（2）没有用（3）不懂（4）软件少"，这个问题犯了（　　）方面的错误。

A. 不易回答　　　　　　　　　　B. 措辞不准确

C. 措辞太复杂　　　　　　　　　D. 缺乏艺术性，引起被调查者的反感

二、多项选择题

1. 一项完整的调查问卷通常包括（　　）、被访者情况、编码和作业记载几部分。

A. 标题　　　　　　　　　　　　B. 问卷说明

C. 主题　　　　　　　　　　　　D. 问句

2. 调查问卷说明是对（　　）的阐述。

A. 调查的目的　　　　　　　　　B. 调查的意义

C. 调查的问题　　　　　　　　　D. 有关事项

3. 问卷设计所应达到的要求是（　　）。

A. 问题清楚明了、通俗易懂，易于回答　　B. 能体现调查目的

C. 被调查者喜欢　　　　　　　　D. 便于答案的汇总、统计和分析

4. 市场调查中常用的量表有（　　）。

A. 顺序量表　　　　　　　　　　B. 配对比较量表

C. 固定总数量表　　　　　　　　D. 李克特量表

5. 按照问题是否提供答案，问卷设计的格式可分为（　　）两种类型。

A. 公开式　　　　　　　　　　　B. 开放式

C. 保守式　　　　　　　　　　　D. 封闭式

三、简答题

1. 简述问卷的基本结构。

2. 简述设计调查问卷的步骤。

【技能训练】

关于某啤酒公司改进包装的调查问卷初稿

某啤酒公司的经理正在考虑改进啤酒包装：采用250毫升的小瓶、使用4~6瓶组合包装出售的策略。这样做的目的：一是方便顾客，因为小瓶容量适合单独饮用，不需另用杯

子，也不会造成浪费；二是希望对更多的人具有吸引力，使小瓶包装啤酒进入一些大瓶装啤酒不能进入的社交场合；三是方便顾客购买并促进销售。这种啤酒在国外早已流行，但目前是不是在我国推出的时机呢？在正式做出采用新包装的决策之前，必须获得一些问题的答案：新包装是否有足够的市场？目标市场是什么？一般在什么时候饮用？顾客希望在哪类商店买到？

研究目的有以下几方面：
（1）测量消费者对小瓶包装啤酒接受的可能性。
（2）辨别小瓶组合包装啤酒的潜在购买者和使用者。
（3）辨别新包装啤酒的使用场合。
（4）判断顾客希望在什么地方的商店买到这种啤酒。
（5）判断潜在的市场大小。

样本将是18岁以上的饮用啤酒的人。信息搜索将通过在百货公司等地方拦截顾客并以面谈访问方式进行，这样做可以向被调查者出示新包装啤酒的图片和样品。

调查问卷初稿如下：

亲爱的女士/先生：

您好！

我是某某市场调研公司的员工，我们正在进行有关啤酒市场的调查，可以占用您几分钟时间问您几个问题吗？您所提供的消息对我们这次调查结果相当重要。

1. 您已经18周岁了吗？（视情况发问）是（　）否（　）
2. 您喝酒吗？　　　　　　　　　　是（　）否（　）
3. 您喝什么类型的酒？白酒（　）葡萄酒（　）香槟酒（　）啤酒（　）（到问题5）其他（　）
4. 您喝啤酒吗？是（　）否（　）（询问结束）
5. 您认为啤酒适合在正规场合喝还是在非正规场合喝？
   正规场合（　）　　　非正规场合（　）
6. 您多长时间喝一次啤酒？
   天天喝（　）　　　一星期一次（　）　　　半个月一次（　）
   一个月一次（　）　　　一年一次（　）
7. 您在什么场合喝啤酒？
   日常进餐时（　）　　　特别节日（　）　　　来客人时（　）
   周末假日（　）　　　聚会（　）　　　郊游（　）
   感到轻松愉快时（　）　　　其他（　）
8. 您知道酒类用多个小瓶组合包装出售吗？是（　）否（　）
9. 您认为将250毫升的啤酒六个一组包装在一起销售这种方法如何？
   好主意（　）　　　不好（　）　　　无所谓（　）
10. 为什么？
11. 您喝过某某啤酒吗？是（　）否（　）

12. 如果价格不比单瓶装增加的话,您愿意购买这种包装的啤酒吗?
愿意(   )(到14题) 可能(   ) 不愿意(   ) 不知道(   )
13. 为什么?
14. 您会在哪些场合使用这种小瓶装啤酒?
日常进餐时(   ) 特别节日(   ) 小型聚会(   )
大型聚会(   ) 野餐(   ) 休息放松(   )
体育运动会(   ) 其他(   )
15. 您希望在哪类商店买到这种包装的啤酒?
食品商店(   ) 专门商店(   ) 百货公司(   )
连锁超市(   ) 其他(   )
16. 您觉得这种包装的啤酒应该与哪些酒摆在一起?
白酒(   ) 葡萄酒(   ) 香槟酒(   )
其他啤酒(   ) 饮料(   ) 其他(   )

谢谢您的合作!

问题:
1. 问卷的初稿和调查设计是否符合调查目标?
2. 该份问卷的结构是否完整?说明原因。
3. 对于问卷中的内容,有哪些值得修改的地方?结合这些现存问题提出新的解决建议。

任务四 认识观察调查法

任务导入

在调查实践中,通过直接对被调查者进行访问调查,可以获得一些重要的信息资料。但由于种种原因,被调查者可能对其中部分问题回答得很模糊,不利于分析研究。为了证实被调查者"言行一致",可以选择观察法进行辅助。下面,就观察调查法的概念、特点、类型以及观察技术等方面进行介绍。

知识准备

一、观察调查法概述

(一)观察调查法的含义和特点

观察调查法就是指调查人员在现场通过自己的感官或借助影像摄录器材,直接或间接观察和记录正在发生的行为或状况,以获取第一手资料的调查方法。

小案例　　　　　　　　顺风袜厂的观察调查

顺风袜厂生产的袜子每10双一包,采用3∶3∶4的比例配装三种不同颜色的袜子,但这种比例配装法在许多地区并不畅销。为了了解各地消费者对袜子颜色的偏好，该厂运用观察调查法进行调查，派员在主要街道上观察行人袜子的颜色，并做好记录，按照记录结果调整每包袜子的颜色比例，最终提高了袜子的销售量。

观察调查法既不同于日常生活中的观察，也不同于对自然现象的观察。其主要特点有以下几点：

（1）观察调查法所观察的内容是经过周密考虑的。观察调查法是观察者根据研究市场问题的某种需要，有目的、有计划地搜集市场信息资料，是为科学研究市场现象服务的。因此，在观察过程中，所观察的内容都是经过周密考虑的。

（2）观察调查法要求对观察对象进行系统、全面的观察。观察调查法是科学的观察，它必须是系统、全面的观察。在实地进行观察之前，必须根据市场调查目的的要求，对观察对象、观察项目、观察的具体方法等进行详细计划，设计出系统的观察方案；对观察者必须进行系统培训，使之掌握与市场调查有关的科学知识，具备观察技能，这样才能做到对市场现象进行系统科学的观察。

（3）观察者在充分利用自己感觉器官的同时，还要尽量运用科学的观察工具。观察工具在科学观察中，不但提高了人类对事物的观察能力，而且能起到对观察结果进行记载的作用，使调查记录除调查表和文字记录外，还有经观察工具得到的照片、图片等，增加了观察资料的翔实性。

（4）观察的结果是当时正在发生的，处于自然状态下的市场现象。市场现象的自然状态是各种因素综合影响的结果，没有人为制造的假象。在自然状态下的观察就是不带有任何人为制造的假象，完全依靠市场现象所处的时间、地点条件下的客观表现进行观察，以保证观察结果客观真实地反映市场实际情况。

（二）观察调查法的优缺点

1. 优点

（1）观察调查法直接记录事实和调查对象在现场的行为，所获得的数据不会受调查对象的意愿和回答能力等因素的影响，因而比较真实、可靠。

（2）有利于排除语言交流或人际交往中可能发生的种种误会和干扰。

（3）可避免和减少访问法中因问题结构设计不合理而产生的误差。

（4）观察调查法简便易行，灵活性强，可随时随地进行调查。

2. 缺点

（1）观察调查法可以描述调查对象的各种行为，但无法了解调查对象的动机、态度和情感。例如，调查人员观察到消费者购买了一台冰箱，他们也许是为自己购买，也许是为家庭中其他人购买，这就需要通过访问法才能够确定。

（2）调查结果受调查人员的业务技术水平影响。

（3）大量的调查人员到现场进行长时间观察，因而调查时间较长，调查费用较高。

（4）在某些情况下，观察调查法的使用可能不符合伦理道德。例如，在人们不知情或未经他们同意的情况下监控他们的行为。

（三）观察调查法的应用

观察调查法在市场调查中的应用主要体现在以下6个方面：

（1）对消费者身体动作的观察。例如，观察消费者的购物动作。

(2) 对消费者语言行为的观察。例如，观察消费者与售货员的谈话。
(3) 对消费者表现行为的观察。例如，观察消费者谈话时的面部表情或声音语调等。
(4) 对空间关系和地点的观察。例如，利用交通计数器记录来往车流量。
(5) 对时间的观察。例如，观察消费者进出商店以及在商店逗留的时间。
(6) 对文字记录的观察。例如，观察人们对广告文字内容的反映。

需要注意的是，观察调查法可以用于描述各种行为，但不能了解消费者的购买动机和偏好等。因此，观察调查法无法解释行为发生的原因。

二、观察调查法的基本类型

观察调查法的组织者为了取得需要的市场信息资料，往往在不同的情况下采用不同类型的观察方法。按照不同的区分标准，观察调查法可分为不同的搜集资料的具体方法。

（一）参与观察与非参与观察

按观察者是否参与到被观察的市场活动中，可分为参与观察和非参与观察。

1. 参与观察

参与观察，又称局内观察，是观察者直接参与到被观察的市场活动中，从内部收集市场第一手资料。例如，某企业为了获得本企业产品的销售、替代产品、竞争对手情况等市场信息资料，便在一些商场中派驻企业信息员，他们以售货员的身份从事销售工作，观察顾客购买行为，记录产品销售情况，获得较为详细的市场资料。

2. 非参与观察

非参与观察，又称局外观察，是观察者以局外人的方式在调查现场收集市场资料。这种方法要求具有明确的目的性和计划性，事先必须制订周密的观察计划，规定观察内容和记录方式，观察什么，怎么观察以及观察手段、步骤、范围等都应做到事先安排。例如，观察消费者对某一产品的反应，就应规定分别记录多少人，在何时注意到该产品的具体要求及反应情况，如何仔细观察购买者的选择和购买行为以及观察期间总的客流量等。如果没有明确的规划设计，非参与观察调查往往会发生观察资料不全面的问题。为了减轻观察者的技术负担，提高资料的可靠性，非参与观察法常常要求配备各种技术仪器，如录像、摄像设备，计数机和计数表格等。

小案例 扬名广告公司的非参与观察调查

扬名广告公司想了解电视广告的效果，选择了一些家庭作为调查样本，把一种特殊设计的"测录器"装在这些家庭的电视机上，自动记录所收看的节目。经过一段时间，就了解到哪些节目收看的人最多，在以后的工作中根据调查结果合理安排电视广告的播出时间，结果收到了很好的效果。

（二）控制观察和无控制观察

按观察结果的标准化程度，可分为控制观察和无控制观察。

1. 控制观察

控制观察是指事先制订好观察计划，为观察对象、范围、内容、程序等做出严格的规定，在观察过程中必须严格按计划进行。控制观察的突出特点就是观察过程的标准化程度高，所得到的调查资料比较系统。控制观察一般用于目的性、系统性较强的调查或用于简单观察后为使调查结果更精确而进行的补充调查或取证。

2. 无控制观察

无控制观察是指对观察的内容、程度等事先不做严格的规定，只要求观察者有一个总的观察目的和原则，或者有一个大致的观察内容和范围，在观察时根据现场的实际情况进行有选择的观察和记录。这种方法的显著特点是灵活性大，观察者在观察过程中，可以在事先拟订好的初步提纲基础上，充分发挥主观能动性。但无控制观察的资料一般不够系统，不便于资料的整理和分析。无控制观察通常用于探索性调查或有一定深度的专题调查。

（三）直接观察和间接观察

按选择观察对象的角度，可分为直接观察和间接观察。

1. 直接观察

直接观察是观察者直接到商店、家庭、街道等场所进行实地观察。一般是只看不问，不让被调查者感觉到是在接受调查。这种调查比较自然，容易得到真实情况。直接观察可以观察顾客选购商品的表现，有助于研究购买者购买行为；可以用于观察家庭消费情况，了解什么样的家庭需要拥有什么样的消费品；还可以观察哪些商品受欢迎，最能吸引顾客。例如，观察并记录某种商品的柜台前顾客停留与否，停留下来的顾客购买商品与否，购买商品的顾客买的是什么品牌的商品等。

2. 间接观察

间接观察是通过对实物的观察，来追溯和了解过去所发生过的事情，故又称为对实物的观察法。查尔斯·巴林先生在21世纪初对芝加哥街区垃圾的调查便是间接观察法的一个例子。这种对垃圾的调查方法，后来竟演变成进行市场调查的一种特殊的、重要的方法——"垃圾学"。

小知识 10

"垃圾学"

三、观察调查法的实施步骤

要使观察调查法获得成功，必须做到有目的、有计划、有步骤地进行科学观察，一般来说，观察调查法大致要经历以下几个步骤。

（一）制订观察计划

观察计划包括观察的任务、方法、手段、时间、地点、观察提纲、观察问卷、选择和培训观察员、经费的来源与开支以及如何进行观察员培训、观察的注意事项、观察资料整理分析的方法等计划内容，这些计划内容均要具体明确，以便统一方法、统一口径、统一行动，减少调查误差，提高观察调查的准确性。

（二）制作观察提纲和观察问卷

观察提纲和观察问卷主要包括观察内容、观察时间、观察地点、观察对象、观察者的注意事项、观察变量和指针的说明、观察结果的填写方式等内容。制作观察提纲和观察问卷一定要做到简明扼要。

（三）选择和培训观察者

观察者是观察调查法的执行者，是观察调查法成败的关键，所以，要求观察者有敏锐的观察力和明察秋毫的素质，在选择和培训观察者时，应着重考虑他们的观察能力和心理素质等方面，以保证他们在观察调查时的一致性和准确性。

（四）实地观察收集资料

这一步骤是观察调查法的重点，观察者首先要获准进入观察现场；其次是要同观察对象搞好关系，建立相互信任感；再次是要运用各种方法进行观察，收集资料，包括选择最佳观察点，选择特定的方法记录结果，如是否要在观察时记录、是否用机械装置、是否要让被调查者知道，以及选择要观察活动的特征等。

（五）观察资料的整理和分析

观察者带着对市场现象的观察资料退出现场后，就要进入市场调查资料的整理分析阶段，对观察所取得的资料进行科学的整理，利用整理后的资料对市场做出深入的分析研究，得出结论，写出市场调查报告。

四、运用观察调查法的基本要求

运用观察调查法搜集市场资料时，不但必须按市场调查一般程序，事先设计好观察方案，选择好观察者并对其进行必要的培训，而且要特别注意下面的一些基本要求。

（一）正确选择观察对象

观察调查法对市场现象进行观察既可以与全面调查方式相配合，也可以与非全面调查方式相配合。在现代市场调查中，非全面调查方式运用得更多一些。观察调查法不论与市场典型调查、市场抽样调查配合，还是与市场重点调查相配合，都会面临如何选择观察对象的问题。观察调查法在选择观察对象时，一方面要考虑与之相配合的调查方式的要求，如市场典型调查必须选择对总体具有代表性的单位；市场抽样调查就要按照随机原则抽取调查单位；市场重点调查必须选择市场现象的重点单位等。另一方面还必须考虑观察调查法本身的特点，选择那些符合市场调查目的且便于观察的单位作为观察对象。选择观察对象要特别注意所处环境对市场现象的影响，分析现象之间的相互联系，从而正确地选择出适当的观察对象。

（二）确定最佳的观察时间、地点

市场现象是不断发展变化的，在不同时间、不同地点会有不同的表现。观察调查法必须在市场现象发生的当时、当地对其进行观察，这就决定了确定观察的时间、地点在观察调查法中是特别重要的，它关系到所制订的观察项目是否能被观察到。在实际调查工作中，确定最佳的观察时间和地点并不容易。对于一些确定性的市场现象，观察时间和地点的确定比较有规律，如市场营销企业一般都具有固定的营业时间和交易场所，在营业时间内对某些交易场所的市场现象进行观察就比较有把握；对于一些不确定的市场现象，观察时间和地点的确定就比较困难，必须根据具体情况而定。

（三）灵活地安排观察顺序

观察调查法的观察项目是在观察方案中确定的，不同的观察类型对观察项目的要求有所不同。但无论哪种观察类型，都要按一定的顺序对市场现象进行观察。对市场现象的观察顺序一般有三种安排方法：一是主次顺序，即先观察主要的对象和主要的项目，再观察次要的对象和次要项目；二是方位顺序，即按照观察对象所处的位置，由远到近、由上到下、由左到右地进行观察，或与之相反，由近到远、由下到上、由右到左地进行观察；三是整体顺序，即把所要观察的市场现象作为一个整体按照某一标准划分成若干个部分，然后采用先部分后整体或先整体后部分的顺序观察，最后得到对市场现象的综合性观察资料。在实际工作中，可根据市场现象的特点，灵活安排观察的顺序。若由几个观察者来共同完成观察任务，则在各观察者之间要有一个合理的分工。

（四）尽量保持观察对象的自然状态

在观察调查法的运用中，经常会出现观察活动对观察对象的影响，使其不能保持原有的自然状态，而使被观察者出现一些紧张、好奇等心理，以至影响其正常的行为。所以，观察者必须减少观察活动对观察对象的影响。被观察者不能保持原有的自然状态，一般会有两类表现：一类是出于本能，而不是被调查者有意做出来的；一类是被调查者事先知道有观察活动，而有意识地做出一些非自然状态的假象。对于前一类，可以通过观察者对观察活动的控制尽量减少；对于后一类，则需要观察者能够去伪存真，不被表面现象所迷惑，避免假象对观察结果的影响。

（五）认真做好观察记录

观察调查法在观察者对市场现象进行观察的同时或之后，必须认真做好观察记录，把所观察到的市场现象记载在一定的物质载体上。观察调查法的记录可采用两种形式：一种是同步记录，即一边观察一边记录，这种记录形式用得比较多；一种是观察后追记，即在观察过程结束之后再将观察到的情况记录下来，这种记录形式适合于不能或不宜做同步记录的一些特定情况。认真做好观察记录，除了采用笔记以外，还可以根据需要利用相应的观察工具做一些现场记录，如对现场情况进行拍照、录像等。这些现场记录可以使观察资料增加生动、具体的内容，有时甚至是必不可少的记录形式。在做观察记录时，一般只记录所观察市场现象的现场实际情况，但在必要的时候，也可以记录一些观察者自身的观感、一些由被观察者表象所引发的想法等。

五、观察调查法的常用观察技术

（一）神秘购物者观察法

神秘购物者观察法是指经过专门培训的调查者假扮成顾客，去实地观察并详细记录他们购物或接受服务时发生的实际情况，以了解市场现象的一种观察技术。例如，××书店是一家全国性的图书连锁店，对营业员制定了服务政策、政策规定：当顾客进入书店时，营业员应该做到五点：A. 提一些问题，从而确定顾客对哪些领域书籍感兴趣；B. 带领顾客来到适当的区域；C. 介绍给顾客几种可供选择的书目；D. 帮助顾客决定应该选择哪一本或哪几本；E. 征求一下顾客的意见，看顾客还有什么需要帮助。如欲了解营业员执行上述政策的情况，便可以采用神秘购物者观察法。

小知识 11

神秘购物者观察法

（二）单向镜观察法

单向镜观察法，又称第三者介入法，它是在一个装有单向镜和录音录像设备的房间里安排观察人员（第三者），在被观察者不知情的条件下，通过单向镜观察主持人组织座谈会和采访调查者的情形，然后将主持人现场座谈、访谈获得的信息和观察者观察到的信息进行综合分析，得出调查结果。例如，玩具设计师利用单向镜观察孩子们玩耍的情景，以了解孩子们喜欢何种玩具；一家公司的观察员曾花了 200 个小时来观察母亲们如何给小孩换尿布，以帮助重新设计用后易于处理的尿布。

小知识 12

单向镜观察法

（三）购买模式观察法

购买模式观察法是指观察者通过观察、追踪购买者的购物路线、形态和行为来分析购买模式的一种调查方法。通常，观察者使用一张通道图和一支笔来勾画购买者的脚步，记录购买形态和行为。通过观察研究能够发现主要消费品的购买角色、购买行为、购买行为的决策过程等内容，以便合理地摆放商品的位置。例如，超级市场往往把必需品放在市场的后部，希望购买者沿着通道走到牛奶、粮油、蔬菜或其他生活必需品的专柜时，把更多其他的东西放进自己的购物篮子里。另外，在使用购买模式观察法时，音乐也可以用来作为观察购买模式的工具。研究表明，播放慢节奏的音乐能减慢购买者的脚步，从而增加购买者选购商品的时间，增加商品销售额；在餐馆里播放慢节奏音乐时，会延长顾客用餐的时间，增加酒水、饮料的消费量，但不会影响顾客消费食物的数量。

（四）人种学观察法

人种学观察法是一种新的用于市场调查研究的观察技术，它源于人类学的研究。人种学观察法主张观察者要深入系统内部，而不像传统的观察技术那样观察者只站在系统外部进行观察，西方学者将其称为"观察者侵入"，即观察者成为他或她正在观察研究的小组的一部分。观察者深入观察研究对象所处的环境中去，可仔细观察、评判他们的行为，了解他们的背景和习惯，这样才能获得隐藏在他们内心的真正的东西。人种学观察法主要用于新产品开发和广告策划。

拓展阅读3 对撒克逊人的实地调查

（五）痕迹观察法

痕迹观察法是指被调查者不直接观察受访对象的行为，而是通过一定的途径来观察他们的行为留下的实际痕迹。例如，通过对洗衣机售后维修点情况的观察，了解不同部件的损坏率，以发现产品本身的问题；根据观察杂志上每页留下的指纹来判断广告的阅读情况。

使用痕迹观察法，在某些情况下，用机器代替人员观察是可能的，所得到的资料结果也可能是更准确的。在特定的环境下，机器可能比人员更便宜、更精确、更容易完成工作。如交通流量的统计设置，肯定比人员的直接观察更为准确，价格更低廉，结果也不会出现因为人为的原因造成的误差等问题。还有利用机器做电视收视率的资料收集，要比传统的日记式的方法更为准确，但是因为机器的成本很高，整个调查所要花费的预算比较高。另外，越来越多的超市使用带有扫描仪的收款机，也是机器观察法中很普遍的一个例子。

六、观察调查法的常用记录技术

在采用观察调查法时，应注意采用适当的记录技术，记录技术直接影响调查结果。良好的记录技术，能准确、及时、全面地记录转瞬即逝的信息及市场变化的情况，同时可以减轻观察者的工作，加快工作进程。常用的记录技术主要有观察卡片、符号、速记、记忆和机械记录等。

（一）观察卡片

观察卡片，又称观察表，是为了完成观察任务而特制的一种记录观察内容的卡片。在制作观察卡片时，首先根据观察内容，列出所有项目；去掉那些非重点的、无关紧要的项目，保留重要的、能说明问题的项目；列出每个项目可能出现的各种情况，合理编排；通过小规模的观察来检验卡片的针对性、合理性和有效性，以修正卡片；最后，定稿付印制成观察时使用的卡片。例如，下面是某商场为观察购买者的行为而制作的顾客流量及购物金额的观察卡片（图3-6）。

顾客流量及购物金额观察卡片

被观察单位_____　　观察时间___年___月___日___时至___时
观察地点_____　　观察员_____

项　　目	入　　向	出　　向
人　　数		
购物金额		

图3-6　顾客流量及购物金额观察卡片

（二）符号

符号是指用符号代表在观察中出现的各种情况，在记录时，只需根据所出现的情况记录相应的符号，或在事先写好的符号上圈写即可，不需要文字叙述，这样的方式可以加快记录观察的速度，避免因手忙脚乱出错，而且也便于资料的整理。

（三）速记

速记是用一套简便易写的线段、圈点等符号系统来代表文字，迅速地记录观察中遇到的各种情况的一种记录方法。

（四）记忆

记忆是在观察调查中采取事后追忆方式进行的记录。通常用于调查时间紧迫或不宜现场记录的情况。由于人的大脑不可能准确无误地储存很多信息，因此在使用这种方法时必须抓住要点记忆、提纲挈领，事后及时进行记录。记忆虽然可以免除被调查者的顾虑，但可能会遗忘一些重要的信息。

（五）机械记录

机械记录是指在观察调查中运用录音、录像、照相、各种仪器等手段进行的记忆。这种记录方法能详尽地记录所要观察的事实，免去观察者的心理负担，但容易引起被调查者的顾虑，可能使调查的真实性受到影响。

小案例　　　　　　廉政公署：香港廉政风暴部队

拥有1 300多名职员的廉政公署被称为香港最精干、最快速的"廉政风暴部队"，也是国际社会公认的最有成效的反贪机构。香港廉政公署总部的办公地点设在港岛中环的东昌大厦，就是这幢不起眼的大楼曾令多少贪污腐败分子闻风丧胆，甚至锒铛入狱。廉政公署查案，经常会请嫌疑人到公署喝咖啡以协助调查。因此，如果廉政公署要请某位官员喝咖啡，就意味着他要大祸临头。甚至廉政公署的官员笑着说："我的一些朋友找我，一说要到廉政公署，就说，'我们不用喝咖啡，茶或柠檬都行。'"

单面镜证人认人室非常有趣，证人可以从外面清楚地看到里面，而里面的犯人却一点也看不到外面。以前，罪犯站成一圈，证人围着他们走，认出来后就拍一拍罪犯的肩膀。由于要当面接触，不少证人不敢站出来认人。所以，廉政公署于1987年率先在香港执法机关中使用这种单面镜，以保护证人的安全。每次认人时，廉政公署会请一些临时演员来，把犯人混在他们中间，证人只需在镜后面说出号码。临时演员可不是免费的，一个人一个小时要给250港元。

廉政公署的拘留中心曾经关押过不少贪污重犯，打开铁闸，里面有床、有桌椅，干净整洁，光线充足。关上房门，廉政公署工作人员能透过门上的猫眼来监视房内的动静。据介绍，罪犯住进拘留室之前，首先要"打包头"，就是把随身物品，比如手表、皮带等交给廉政公署人员保管。这样做，一来防止他们自杀，二来也保护廉政公署工作人员的安全。盘问室其实挺简单，四张沙发椅，一张三角台，除了两部录像机全程录像之外，这个令贪污分子丧胆的地方并没有什么特别的设施。

任务实施

【任务名称】观察调查法的实训。

【任务目的】

1. 让学生总结实地观察调查法的流程,掌握如何通过观察收集全面的数据。
2. 提高学生的观察能力,使学生掌握实地观察调查法的技巧。

【任务要求】

1. 选择一个居民区的超市,采用观察的方法,对家庭主妇的购买路线、时间、费用,以及购买的商品种类进行观察,并写成简单的报告。
2. 为了解学校内图书馆自习室的利用程度,让学生到自习室进行实地观察,学生通过查阅资料、分组讨论,了解自习室的利用程度需要哪些数据来验证,通过实地观察来搜集这些数据。

【实施步骤】

1. 根据任务要求做好实地考察前的准备。
2. 组长组织进行实地考察。
3. 每人完成考察记录,简要写出实地考察报告。
4. 组长根据成员考察报告,总结完成小组报告。
5. 在全班展开课堂讨论与小组间交流。
6. 由教师对学生所提交的调查报告和现场介绍的情况进行评估打分。

【组织形式】

1. 全班分小组进行,每组8~12人,自愿组合,合理分工。
2. 以小组和个人结合的形式完成相关实训要求。

【考核要点】

1. 观察调查前准备工作的完备性。
2. 实地观察调查法流程的科学性。
3. 实地观察报告的完整性。

【报告范例】

关于×××的观察调查报告	
调查负责人	
调查组成员	
调查项目	
观察目的	
观察时间	
观察地点	

续表

观察内容	
观察结果描述	
结论	

任务训练

【知识训练】

一、单项选择题

1. 事先制订好观察计划,为观察对象、范围、内容、程序等做出严格的规定,在观察过程中必须严格按计划进行。这种观察法属于(　　)。
   A. 控制观察　　　　　　　　　B. 非控制观察
   C. 参与观察　　　　　　　　　D. 非参与观察

2. 经过专门培训的调查者假扮成顾客,去实地观察并详细记录他们购物或接受服务时发生的实际情况,以了解市场现象的一种观察技术称为(　　)。
   A. 神秘购物者观察法　　　　　B. 人体工学法
   C. 痕迹观察法　　　　　　　　D. 购买模式观察法

3. (　　)是指被调查者不直接观察受访对象的行为,而是通过一定的途径来观察他们的行为留下的实际痕迹。
   A. 神秘购物者观察法　　　　　B. 人种学观察法
   C. 痕迹观察法　　　　　　　　D. 购买模式观察法

4. 垃圾学属于(　　)。
   A. 非参与式观察法　　　　　　B. 痕迹观察法
   C. 间接观察法　　　　　　　　D. 非控制观察法

5. (　　)是观察者通过观察、追踪购买者的购物路线、形态和行为来分析购买模式的一种调查方法。
   A. 神秘购物者观察法　　　　　B. 人种学观察法
   C. 痕迹观察法　　　　　　　　D. 购买模式观察法

二、多项选择题

1. 观察法的优点有（　　）。
   A. 直接记录、真实可靠
   B. 避免和减少访问法中因问题结构设计不合理而产生的误差
   C. 简便易行，灵活性强，可随时随地进行调查
   D. 有利于排除语言交流或人际交往中可能发生的种种误会和干扰

2. 观察法的缺点有（　　）。
   A. 无法了解调查对象的动机、态度和情感
   B. 调查结果受调查人员的业务技术水平影响
   C. 调查时间较长，调查费用较高
   D. 可能不符合伦理道德

3. 观察法在市场调查中的观察内容有（　　）等方面。
   A. 消费者的身体动作
   B. 消费者的语言行为
   C. 空间关系和地点
   D. 时间

4. 以下属于常用观察技术的有（　　）。
   A. 神秘购物者观察法　　　　B. 人种学观察法
   C. 痕迹观察法　　　　　　　D. 垃圾学

5. 常用的观察记录技术有（　　）。
   A. 观察卡片　　　　　　　　B. 速记
   C. 记忆　　　　　　　　　　D. 机械记录

三、简答题

1. 简述运用观察调查法的基本要求。
2. 简述观察调查法的实施步骤。

【技能训练】

调查研究铸就肉类王国

19世纪50年代美国西部出现了"淘金热"。17岁的菲利普·亚默尔也满载着"黄金梦"，离开家乡的农场，加入淘金大军中。当他风餐露宿、星夜兼程赶到加利福尼亚时，才知道采金太难了。在他之前，加州的荒野上已接纳了成千上万个来自全国各地的人。

骄阳似火，汗水滴在干涸的土地上，不留下一丝痕迹。峡谷里没有风，在干燥、闷热、水源奇缺的环境里苦干，采金人的嘴上都瞭起一串串火泡。矿工们边干，边愤愤地吼道："谁要给我一碗凉水，我就给他1美元！""要是能让我痛饮一顿，我出2美元！"大汗淋漓的采金人太需要水了，可是在黄金的诱惑下，谁也不愿浪费时间去找水。说者无意，听者有心，浑身疲惫的亚默尔不由得心中一动。他想，这么多人在此挖了两个月，仍然一无所获，与其这样漫无目的地挖金子，还不如搞些水来卖划算，这里人人都要喝水。亚默尔说干就干，他花费了整整两天时间在峡谷里四处走动，找工地最近的水源。第4天黄昏，他终于发现了一片野草丛生、密林苍翠的地方。峡谷中到处是干裂的土地，唯有这儿的地面是潮湿的，这里的水位一定很低。经过仔细勘查，亚默尔在密草深处发现了几眼泉水，清澈的泉水涓涓向外涌出。亚默尔欣喜若狂，他立即动手，清理泉眼，并在不远处一块洼地挖去泥沙，铺上石块。然后，他动手从

泉眼到他现做的蓄水池之间挖了一条小水沟，并在沟底铺上一层洁净的细沙。泉水源源不断地从水沟流出，经过细沙的过滤，清凉洁净的泉水源源不断地流进蓄水池。

亚默尔擦去额头的汗珠，摘下随身携带的水壶，灌了一壶泉水，坐在一旁痛饮起来。饮着，饮着，他的手突然停在半空中，望着手中的水壶，顿觉眼前一亮："对，就用水壶装水！"他不禁为自己的发现得意扬扬。亚默尔顾不上劳累，立刻到不远的镇上去买水壶。当甘甜的泉水运送到工地上时，口干舌燥的矿工们争先恐后上前抢购。这时，和亚默尔一起来挖金的矿工挖苦他说："你千辛万苦地跑到这儿，不挖金子却卖水，真是个大傻瓜。"

亚默尔淡淡地一笑，他明白自己在做什么。当许多憧憬着发财梦的挖金人一无所获，空手而归时，亚默尔已经赚回了一笔不小的财富。

菲利普·亚默尔带着赚来的 6 000 美元，回到了故乡斯达乔克。没多久他决心到外面的世界中开辟自己的天地。亚默尔再次离开故乡，奔向繁华的密尔沃基城。在那里，他的一位朋友开着一间杂货店。亚默尔请教朋友，自己该从何做起，朋友告诉他，做小生意只能糊口，只有做大生意，比如纺织、钢铁等，才能赚钱，亚默尔边听边筹算资金，他一时还不能决定做什么生意。正在这时，陆续进来几个人要买肥皂，亚默尔看在眼里，乘势向朋友打听肥皂的行情。"肥皂的销路怎么样？""每个家庭都离不开它，销路自然不错，不过，肥皂本钱低、周转快，竞争非常厉害。"亚默尔说干就干。他找到住处后就立刻报名去学肥皂制造技术。当一切准备就绪时，亚默尔用自己卖水得来的钱建起了一家小型肥皂工厂。在生产过程中，他不断去做市场调查。经过反复实验，终于制造出一种独特的肥皂。在销售过程中，经过不断的市场调查，他生产出来的肥皂外形美观、气味芬芳、洗涤效果非常理想，吸引了大量的家庭主妇。

在尝试肥皂事业之后，他最终成为美国肉类加工工业的巨子。淘金者的抱怨、消费者的咨询、普通的报纸新闻都成了他事业的契机。

阅读材料，回答以下问题：

1. 亚默尔在成就事业过程中，分别用到了什么样的调查方法？
2. 结合亚默尔卖水成功的例子，归纳他是怎样通过仔细观察获得自己的发展契机的。哪些体现为对现象的观察，哪些体现为对顾客的观察？

任务五　认识实验调查法

任务导入

在调查实践中，有些现象的输入变量相差不大，但输出的结果相距甚远。在这种情况下，可以采用实验调查法来获取相关的信息，寻找差异存在的原因。当我们想要明确了解改变某变量是否会引起另一变量变化时，实验调查法提供了科学的手段。下面就从实验调查法的概念、特点、类型、实施步骤及技巧等方面进行介绍。

知识准备

一、实验调查法概述

（一）实验调查法的含义和特点

1. 含义

实验调查法起源于自然科学的实证法，后来被逐渐应用到社会科学中，成为市场调查的一种方法。它是指市场调查者有目的、有意识地通过改变或控制一个或几个市场影响因素实践活动，来观察市场现象在这些因素影响下的变动情况，认识市场现象的本质和发展变化的规律性。例如，为了探明某种商品采用新包装后对销售量的影响效果情况，就可以选定某一个地区范围，将新、旧两种包装的同一商品投入市场进行实验对比，然后观察其销售量的变化情况和消费者的反映，并将结果作为决定新包装是否可采用的依据。

小知识 13

实验调查法的基本要素

2. 实验调查法的特点

实验调查法既是一个实践过程，又是一个认识过程，它将实践与认识统一为调查研究过程。它具有以下特点：

（1）实验结果的对比性。

实验调查法必须将实验结果资料与实验对象的纵向、横向或纵横综合的资料进行对照比较分析。通过比较分析，找出事物之间的因果关系。

（2）实验事件的可控性。

在实验调查法中，调查者可以有效地控制所选择的自变量对因变量的影响，有意识地使调查对象在相同条件下重复出现，进行实验对比，得到可靠的资料。

（3）实验条件的相同性。

运用实验调查法选择的调查对象，进行实验的试验组的情况与控制组、非控制组或推广应用范围的具体情况，在地理环境、政治要求、规模大小、结构内容等方面都应该做到基本相同，以保证实验调查的成功和实践结果推广应用的有效性。因为各种因素的变动会导致实验结果出现不稳定的情况，所以，对影响结果变动的各种因素必须严格控制，做到在相同条件下，不断实验，收集资料，以及推广应用。

（二）实验调查法的优缺点

1. 优点

（1）能够揭示市场变量之间的因果关系，从而采取相应的营销措施，提高决策的科学性。

（2）能够控制调查环境和调查过程，而不是被动、消极地等待某种现象的发生。

（3）能够提高调查的精确度。

2. 缺点

（1）在做实验过程中，经常会出现随机的、企业不可控的因素和现象发生，这些因素会在市场上发生作用，并对实验进程产生影响，进而影响到实验效果。

（2）调查时间较长。

（3）调查的风险较大，费用也相对较高。

(4) 实验调查法的应用需要专业人员操作,难度较大。

小案例　　　　　　　　　**现场实验帮助 A 公司胜诉**

美国的 A 公司生产著名的运动包。该公司发现 B 公司(一个大型的中心商业集团)引进一条生产线,生产的运动包与 A 公司生产的运动包形状几乎完全一样,消费者很难区分。A 公司指控 B 公司,说 B 公司误导消费者,让消费者觉得自己买的是 A 公司的产品,而实际买的是 B 公司的产品。为了证实这一点,A 公司进行了一次现场实验。实验中选择了两组妇女,给第一组妇女看的是 A 公司生产的包,包面上的所有标签都去掉,所有的标识、说明都印在包的内层。给第二组妇女看的是 B 公司生产的包,包面上的商标明显可见,所有的标签和悬挂物都按出售现场的样子保留。A 公司希望通过这种实验了解妇女们购买包时的选择标准。例如,她们能否区分出包的不同来源和品牌,她们依据什么进行识别或辨认,如果靠某些东西来辨认的话,那么这样做的理由是什么。

每组样本都是 200 人,实验分别在芝加哥、洛杉矶和纽约的大商场进行。调查采用拦截式面访,被调查者是配额样本,即按妇女不同的年龄比例分配样本单位。

实验结果表明,大多数消费者无法区分两种包的不同来源,她们购买包时的依据主要是包的款式,而 A 公司生产的包是名牌商品,这种包的款式是人们所熟悉的。这个结果支持了 A 公司的立场。调查数据帮助 A 公司在法庭上胜诉,B 公司同意停止销售自己公司所生产的这种包。

创业锦囊 5

创业初期的实验调查法

二、实验调查法的基本类型

根据市场实验调查的目的不同以及是否设置对照组和组数的多少,可以将实验调查法分为多种类型,下面着重介绍三种基本类型。

(一) 单一实验组前后对比实验

单一实验组前后对比实验是一种最简单的实验调查法,它是在不设置控制组(对照组)的情况下,考察实验组在引入实验因素前后状况的变化,从而来测定实验因素对实验对象影响的实验效果。在市场调查中,经常采用这种简便的实验调查法。

例如,某食品生产厂为了提高糖果的销售量,认为应改变原有的陈旧包装,并为此设计了新的包装图案。为了检验新包装的效果,以决定是否在未来推广新包装,厂家取甲、乙、丙、丁四种糖果在改变包装的前一个月和后一个月的销售量上进行了检测,得到的实验结果见表 3-5。

表 3-5 糖果在改变包装前后的销售量对比情况　　　　　　　　　　千克

项目		改变包装前销售量 y_0	改变包装后销售量 y_n	实验结果 $y_n - y_0$
糖果名称	甲	600	680	80
	乙	750	820	70
	丙	880	980	100
	丁	680	760	80
合计		2 910	3 240	330

从表 3-5 中的实验结果可知，改变糖果包装比没有改变糖果包装的销售量要大，说明顾客不仅注意糖果的质量，也对其包装有所要求。因此断定改变糖果包装，以促进其销售量增加的研究假设是合理的，厂家可以推广新包装。但应注意，市场现象可能受许多因素的影响，增加的 330 千克的销售量，不一定只是改变包装引起的，可能还有别的因素影响。

小知识 14

单一实验组前后对比实验法

（二）实验组与控制组对比实验

在单一实验组前后对比实验中，由于不能完全排除其他非实验因素的影响，只能粗略地估计实验效果。采用实验组与控制组对比实验则可以避免这一问题。实验组与控制组对比实验是在选择若干实验对象为实验组的同时，选择若干与实验对象相同或相似的调查对象为控制组，并使实验组与控制组处于相同实验环境之中。实验者只对实验组进行实验活动，对控制组不进行实验活动，根据实验组与控制组的对比得出实验结论。

例如，某食品厂为了解面包的配方改变后消费者有什么反映，选择了 A、B、C 三个商店为实验组，选择了与之条件相似的 D、E、F 三个商店为控制组进行观察。观察一周后，将两组对调再观察一周，其检测结果见表 3-6。

表 3-6 实验组与控制组检测结果对比情况　　　　　　　　　　袋

项目		原配方销售量		新配方销售量	
		第一周	第二周	第一周	第二周
商店名称	A		3 700	4 300	
	B		4 400	5 100	
	C		4 900	5 600	
	D	3 500			4 100
	E	4 000			4 700
	F	4 500			5 200
合计		12 000	13 000	15 000	14 000

从表 3-6 中的检测结果可知，两周内原配方的面包共销售了 25 000 袋（12 000 + 13 000 = 25 000），新配方的面包共销售了 29 000 袋（15 000 + 14 000 = 29 000）。这说明改变配方后，面包的销售量增加了 4 000 袋（29 000 - 25 000 = 4 000），对厂家很有利，所以厂家可以推广新配方。

小知识 15

实验组与控制组对比实验一

（三）实验组与控制组前后对比实验

在使用实验组与控制组对比实验时，必须注意实验组与控制组之间要具有可比性，即二者的规模、类型、地理位置、管理水平、营销渠道等各种条件应大致相同。只有这样，实验结果才具有较高的准确性。但是，这种方法对实验组和控制组都必须是采取实验后检测，无法反映实验前后非实验因素对实验对象的影响。为弥补这一点，实际工作中往往把单一实验组前后对比实验和实验组与控制组对比实验两种方法进行综合运用，形成实验组与控制组前后对比实验。它是先对实验组和控制组两组都进行实验前后对比，再将实验组与控制组进行对比的一种双重对比的实验调查法。这种方法吸收了前两种方法的优点，也弥补了前两种方法的缺点。

例如，某公司在调整其商品配方前进行一次实验调查，分别选择了三个下属企业组成实验组和控制组，对其月销售额进行前后对比实验，并综合检测出了实验效果，见表 3-7。

表 3-7 实验组与控制组检测结果前后对比情况　　　　　　　　　　　　元

实验单位	事前检测值	事后检测值	前后对比值	实验效果
实验组	$y_0 = 200\ 000$	$y_n = 300\ 000$	$y_n - y_0 = 100\ 000$	$(y_n - y_0) - (x_n - x_0) =$
控制组	$x_0 = 200\ 000$	$x_n = 240\ 000$	$x_n - x_0 = 40\ 000$	$100\ 000 - 40\ 000 = 60\ 000$

从表 3-7 中的检测结果可知，实验组事后检测值比事前检测值增加了 100 000 元，包含实验因素即调整配方的影响，也包含其他非实验因素的影响；控制组事后检测值比事前检测值增加了 40 000 元，不包含实验因素的影响，只有非实验因素的影响，因为控制组的商品配方未改变。实验效果是从实验因素和非实验因素共同影响增加的销售额中，减去由非实验因素影响增加的销售额，反映调整配方这种实验因素对销售额的影响作用。由此可见，实验组与控制组前后对比实验是一种更为先进的实验调查方法。

小知识 16

实验组与控制组对比实验二

三、实验调查法的实施步骤

为了保证实验调查法达到结果快、效果好的目的，实验调查法必须按科学的步骤进行，一般要经过以下几个步骤。

（一）根据市场调查课题，提出研究假设

在实施实验调查之前，通过对现象的初步了解和理论分析，提出市场现象之间及与各种影响因素之间的因果关系假设，是进行实验调查的第一步工作。只有提出研究假设，才能确定实验对象、实验环境、实验活动和实验检测的具体内容。提出研究假设后应最终确定实验的自变量，根据研究问题的需要和实验对象特点，实验自变量可以是一个，也可以是两个或两个以上。

（二）进行实验设计，确定实验方法

实验设计是指调查者如何控制实验对象、如何开展活动，当然也包括如何进行实验检测。这其中要应用不同的实验方法来验证研究假设，达到实验调查的目的。合理科学的实验设计，是实验调查成功的关键。

（三）选择实验对象和实验场所

实验调查一般是在较小范围内开展，这就必须选择适当的实验对象和实验场所。根据调查课题和市场现象的特点，用随机抽样方法或非随机抽样方法选择实验对象和实验场所，实际上就是从市场调查总体中选择调查单位。被选择的调查单位对总体必须有较高的代表性，同时也必须考虑实验活动的方便程度。

（四）实施实验，收集资料

根据实验设计的规定实施实验，包括实验活动的开展，即开展改变市场现象环境的实验活动，它是通过改变、控制实验自变量来实现的。实施实验还包括对实验结果的认真了解和记录，即实验调查的收集资料工作。实验调查中，实施实验和对实验结果的记录基本上是一个统一的过程，它是各种收集资料方法综合运用的过程。

（五）整理、分析资料，得出实验结论

在这一步工作中，要充分应用各种研究问题的方法。根据实验记录的资料，做实验检测，主要是用对比方法，观察实验活动的效果，并对其进行数量测定。应用统计分析的方法对实验记录进行整理、分析，再加上理论研究方法的应用，最终才能得出实验结论，写出实验调查报告。

根据上述步骤进行实验调查，不但保证了实验调查的顺利进行，同时也是认识市场现象的客观要求。实验调查的步骤是将认识的一般理论与实验调查的具体特点相结合，在这种方法应用的实践中总结出来的。

四、实验调查法的运用技巧

实验调查法是以社会为实验室的调查，是一种较为复杂的市场调查方法。在其应用过程中，必须着力解决好一些关键问题。

（一）实验者的选择

实验调查是一种探索性、开拓性的市场调查工作，要取得市场实验调查的成功，就要求实验者必须具备一定的条件。实验者必须思想解放，有求实精神，勇于探索新道路；实验者要有一定的实际工作经验和灵活处理问题的能力，具备灵活应用各种市场调查方法和研究方法的能力。

（二）实验对象和实验环境的选择

正确选择实验对象和实验环境，对实验调查的成败有着重要作用。实验对象和实验环境的选择，一定要做到选出的实验对象和实验环境在同类市场现象中具有高度的代表性，在复杂的市场现象中还应具有不同类型、不同层次的代表性。具体选择时有两种方法：一种是立意挑选，即实验者根据实验调查的目的和要求，在对调查对象总体情况有所了解的基础上，有意识地挑选那些具有代表性的单位进行实验，这种方法适用于调查对象单位个数较少、差异性较大、实验者对总体特征较为了解的情况；另一种是随机抽取，即随机抽取样本的方法，从市场调查对象的总体中抽取实验对象，它适用于调查对象总体单位个数较多、个体之间同构性较强、实验者对调查对象总体了解较少的情况。

（三）实验过程的控制

实验调查是否能达到预期的目的，在很大程度上取决于能否有效地控制实验过程。在实验调查中，其实验活动不是一时一地完成的，而是要延续相当长的时间。在这个过程中，想要有效地控制实验活动，就要严格按事先设计的实验方案进行。实验过程的控制主要包括以下两个方面：

一是对实验活动的控制。市场实验是一种现场的、动态的市场调查活动，无论实验方案做得怎样完整，都难免在实验中遇到障碍。为了保证实验调查目标、计划的完成和实验调查工作的顺利进行，实验者在严格控制实验活动按照设计方案进行的同时，也应具有一定的灵活性，以排除实验过程中所碰到的特殊问题。

二是对非实验因素干扰的控制。在实验调查中，对实验过程的干扰除了外来非控制因素的干扰以外，还可能来自实验者自身的干扰，如由于实验者急于求成的心理，自觉或不自觉地给实验对象创造许多特殊、优越的环境，从而影响实验效果的正确性；还可能来自实验对象的干扰，如实验对象对实验活动不理解、不合作，往往也会给实验过程造成困难。为了排除或减少这些干扰，实验者除了需要进行科学的实验设计外，还应该对实验具体实施人员进行责任约束，对实验对象进行说服、解释工作，以征得对方的合作。

（四）实验效果的检测和实验结果的评价

实验效果的检测和实验结果的评价是紧密联系的，检测是评价的前提，评价是对检测结果的分析和解释。

实验检测是实验调查的必要步骤，它必须具有科学性、统一性和可重复性。实验检测的科学性是指实验调查中用于检测的指针、方法、手段要科学；实验检测的统一性是指对不同的调查对象要用统一的指标、方法、手段进行检测，如对实验组与控制组中的每个调查单位必须进行统一性检测，以便进行对比分析；实验检测的可重复性是指市场实验调查所得到的结果必须是可靠的、稳定的，也就是说，只要实验对象、实验环境、实验活动，以及实验检测的指标、方法和手段等相同，不论由谁，也不论在何时何地，其检测结果应该能够重复出现，而不因人、因时、因地而异。实验检测是进行实验评价的前提。

实验评价是对实验检测结果的解释或说明，一般应包含两个方面：①对实验结果的内在效应的评价，即对某项市场实验调查的研究假设做出正确程度的评价；②对实验结果的外在效应的评价，即对某项市场实验调查结果推广应用于其他同类事物的正确程度做出评价。对实验结果的评价一定要实事求是、恰如其分，不论是过分夸大其内在效应，还是不顾时间、地点、条件盲目地推广实验调查结论，都会给实际工作带来不应有的损失。

小案例　　　　　　　　　　**红色的杯子**

一位日本咖啡店老板发现不同的颜色能使人产生不同的感觉，于是他做了一个试验。他请来 30 位试验者，请他们每人喝四杯浓度完全相同的咖啡，但这四个装咖啡的杯子的颜色是不同的，有红色、黄色、青色和咖啡色。然后，咖啡店老板询问试验者："哪个颜色的杯子的咖啡浓度最好？"大家异口同声地回答："青色杯子的咖啡太淡。""红色杯子的咖啡太浓。""黄色杯子的咖啡浓度正好。"还有一部分人认为："咖啡色杯子的咖啡太浓。"于是，老板的咖啡店改用红色的杯子。由于减少了原料，所以老板赚了更多的钱。

任务实施

【任务名称】实验调查法实训。
【任务目的】
1. 让学生认识实验调查法的流程，总结实验调查法的优势和劣势。
2. 提高学生的科学实验能力，掌握实验调查法的技巧。
【任务要求】
1. 选择校园内的一个小食品店，采用实验的方法，调查检测条幅广告对店内的销售是否有作用。
2. 改变张贴地点，分别选择张贴在寝室区和食堂门口两个地点，观测广告效果的变化。
3. 总结条幅广告与销售之间的变量关系。
【实施步骤】
1. 根据任务要求做好实验调查前的准备。
2. 组长组织实验的实施。
3. 组长根据小组的实验结果，总结完成小组报告。
4. 在全班展开课堂讨论与小组间交流。
5. 由教师对学生所提交的调查报告，以及现场介绍的情况进行评估打分。
【组织形式】
1. 全班分小组进行，每组 8~12 人，自愿组合，合理分工。
2. 以小组和个人结合的形式完成相关实训要求。
【考核要点】
1. 实验调查前准备工作的完备性。
2. 实验调查法流程的科学性。

3. 实验调查报告的完整性。

【报告范例】

×××调查项目实验调查	
调查负责人	
调查组成员	
调查项目	
实验假设	
实验设计	
实验时间	
实验地点	
实验步骤	
实验效果总结	

任务训练

【知识训练】

一、单项选择题

1. 实验法通过实验对比,可以比较清楚地分析事物的（　　）。
A. 变化原因　　　　　　　　　　B. 变化规律

C. 变化结果 D. 因果关系

2. 实验法的第一步是（   ）。

A. 提出研究假设 B. 设计实验

C. 确定实验对象 D. 搭建实验环境

3. 在实验调查法中，调查者可以有效地控制所选择的自变量对因变量的影响，有意识地使调查对象在相同条件下重复出现，进行实验对比，得到可靠的资料，指的是实验法的（   ）。

A. 实验事件的可控性 B. 实验结果的对比性

C. 实验条件的相同性 D. 实验过程的自主性

4. 下列选项中不属于实验调查法要素的有（   ）。

A. 实验者 B. 实验工具

C. 实验环境 D. 实验对象

5. （   ）是对实验检测结果的解释或说明，包括对实验结果的内在效应的评价和对实验结果的外在效应的评价。

A. 实验评价 B. 实验效果

C. 实验结论 D. 实验检测

二、多项选择题

1. 实验法的特点有（   ）。

A. 实验事件的可控性 B. 实验结果的对比性

C. 实验条件的相同性 D. 实验过程的自主性

2. 实验法的优点有（   ）。

A. 能够揭示市场变量之间的因果关系，从而采取相应的营销措施，提高决策的科学性

B. 调查结果不受调查人员业务技术水平的影响

C. 能够控制调查环境和调查过程，而不是被动、消极地等待某种现象的发生

D. 能够提高调查的精确度

3. 实验调查法的基本类型有（   ）。

A. 单一实验组前后对比实验 B. 实验组与控制组对比实验

C. 实验组与控制组前后对比实验 D. 对照组前后对比实验

4. 实验调查法实施的步骤包括（   ）。

A. 提出研究假设 B. 进行实验设计

C. 选择实验对象和实验环境 D. 实施实验，整理资料

5. 实验过程控制包括（   ）。

A. 实验活动的控制 B. 非实验干扰因素的控制

C. 实验进度的控制 D. 实验环境的控制

三、简答题

1. 简述实验组与控制组前后对比实验的方法。

2. 简述实验调查法的实施步骤。

【技能训练】

科普节目效果实验

为了增进儿童（4~7岁）对天文学基本知识的了解，激发家长和儿童对天文学和观察天象的积极性，提高他们对天文学的鉴赏能力，有关部门制作了一套天文学科普节目，在天文馆展出。为了了解这套节目的效果，需要调查在天文馆的观看经历对儿童产生了什么影响。这种影响可以分为两个层面：一个是短暂的影响，这可以通过受访者对观看节目的感受得到反映；另一个是长期影响，即看完节目后采取了什么相关行动。所以这项节目效果实验调查的设计是这样的：在儿童观看节目前和观看节目后的几分钟时间内对他们进行短暂的调查；然后，在观看节目一个月以后进行另一项跟踪调查。接受调查的样本量为儿童500名、家长500名。

首先，调查在天文馆现场进行。在该节目演出期间，每个被抽中的儿童在观看节目前接受访问员大约5分钟的谈话调查。访问员所询问的问题与被访者年龄相适应，知识问题与天文学相关，同时还要询问观察天象的经历（如果有观察天象经历的话）。观看节目前询问的问题有看电视节目的习惯，例如，询问是否看过《我们的宇宙》（一个在电视上播过的天文学科普节目）、有什么家庭学习资源（如电视、望远镜、电脑等）以及以前是否参观过天文馆或者类似的地方。观看后的询问应该由同一个访问员来进行。询问时间不超过10分钟，问题包括节目中有关信息的回忆、对观察天象的兴趣和态度。在询问结束后，送给被询问的孩子一个有关天文学内容的小礼物，以感谢他们接受访问。

对于带领儿童参观的家长或看护人，在他们观看节目之前填写一个简短的问卷，在观看节目后马上填写另一个简短的问卷。两次问卷的长度分别不超过5分钟和10分钟。观看前的问卷将询问被访者是否带领孩子参与过与天文学知识有关的活动、孩子参加活动的特点，以及他们对天文学的兴趣和了解程度。观看前的访问同样也包括以前观察天象的经历（如果有这样的经历的话）、个人学习天文学的资源（望远镜、家庭电脑和杂志等）。观看后的访问将了解看护人对带领儿童观看节目有关内容的评论、将观看到的知识运用到今后有关活动中的想法、他们个人对天文学的兴趣和态度。

在被访者接受现场调查以后约一个月，用电话调查方式对被访者进行跟踪调查。调查员应为天文馆当天现场的访问员，调查时间为10分钟。跟踪调查是为了采集被访者在观看节目后是否进行过与天文学有关的活动（买书、资料或者望远镜，观看有关天文学的电视节目，后来又去参观天文馆或者天文学类场馆，与孩子共同讨论有关天文学问题以及观察天象），对天文学和科学的态度以及是否思考过（经过一段时间后）对天文馆观看节目的评价。在对家长访问结束后，要询问家长是否可以询问孩子几个问题。如果得到同意，访问员要让孩子回忆一些那天观看天文学节目的问题，参加天文学方面的一些活动或者观看有关电视节目、与家长和其他小朋友讨论的问题。对儿童的电话访问不超过10分钟。

1. 本案例中运用的是什么调查方法？这种方法有什么优缺点？
2. 请从实验设计角度讲述对你的启发。

项目知识结构图

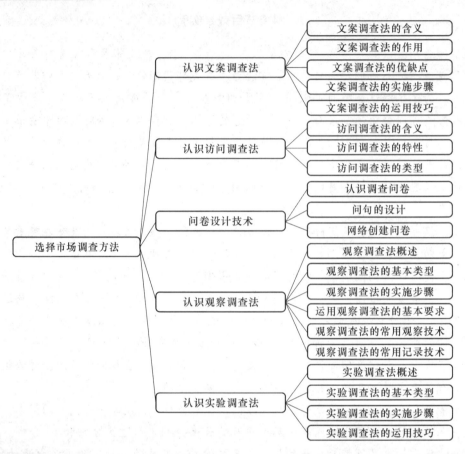

项目训练

【知识训练】

一、单项选择题

1. 非参与观察是指观察者以旁观者身份,对市场现象进行观察,也称（   ）。
   A. 局外观察法   B. 问卷调查法
   C. 局内观察法   D. 访问调查法
2. （   ）是指每次访问多个被调查者,通常也称为座谈会或调查会。
   A. 标准化访问   B. 系统访问
   C. 个别访问   D. 集体访问
3. （   ）是调查问卷的主体,是调查问卷最核心的组成部分。
   A. 封面信   B. 指导语
   C. 问题和答案   D. 结束语
4. 收集已加工过的第二手资料应采用（   ）。
   A. 观察调查法   B. 询问调查法
   C. 实验调查法   D. 文案调查法
5. 实验调查法成功的关键是（   ）。
   A. 提出研究假设   B. 合理科学的实验设计

C. 选择实验对象　　　　　　　　　D. 确定实验方法

二、多项选择题

1. 单一实验组前后对比实验的实验效果充分成立的前提条件是（　　）。
   A. 实验者能有效排除非实验变量的影响
   B. 有充分把握认为实验变量的影响很小
   C. 实验者能有效排除实验变量的影响
   D. 有充分把握认为非实验变量的影响很小
2. 根据提问的方式不同，问句可分为（　　）。
   A. 直接性问句　　　　　　　　　B. 间接性问句
   C. 假设性问句　　　　　　　　　D. 事实性问句
3. 按观察结果的标准化程度，观察调查法可分为（　　）。
   A. 直接观察　　　　　　　　　　B. 间接观察
   C. 控制观察　　　　　　　　　　D. 无控制观察
4. 电话调查的优点主要有（　　）。
   A. 时效快　　　　　　　　　　　B. 交谈时间长
   C. 费用低　　　　　　　　　　　D. 不易遭到被询问者的拒绝

【技能训练】

年轻的罗佛尔先生是欧洲某国一家小型公司的总经理。他的公司在生产和销售的一种彩色橡胶灯泡套是用一种耐高温、抗老化的透明合成橡胶制成的，具有各种不同的颜色。将它套在普通白炽灯泡或者日光灯管上，普通白炽灯泡或日光灯管就成了彩灯了。而且，由于有了彩色橡胶灯泡套的保护，可以防止碰撞和潮湿漏电，能够显著地延长普通白炽灯泡或日光灯管的寿命。因此，彩色橡胶灯泡套适合用于酒店、饭馆、商店等场合。它还特别适用于公众节日时广场、街道的露天灯光装饰。有了彩色橡胶灯泡套，一个普通灯泡就可以具有多种用途，既可以作普通照明灯泡用，又可以作装饰灯泡用，甚至还可以通过套用不同的颜色的彩色橡胶灯泡套，使一个普通灯泡变成多个彩色灯泡。一般来说，彩色灯泡或者彩灯的价格是普通白炽灯泡或者日光灯管价格的2～3倍，而彩色橡胶灯泡套的价格却只有普通白炽灯泡或日光灯管价格的五分之一。所以，彩色橡胶灯泡套在市场上销路不错。

罗佛尔先生也是一位颇有开拓精神的企业家。他认为，作为世界上人口最多的国家，正在实行改革开放政策的中国也许是他的彩色橡胶灯泡套最理想的市场。他便委托一家与中国有良好业务关系的咨询公司协助他进行彩色橡胶灯泡套在中国的市场分析。经过与咨询公司信息部职员的多次商议，罗佛尔先生决定研究四个相关问题：第一，彩色橡胶灯泡套在中国的市场潜力；第二，中国市场对彩色橡胶灯泡套在规格、价格以及数量方面的要求；第三，中国民用照明灯具生产厂商的情况；第四，打入中国市场的最佳方式。

请同学们根据以上调研目的，为罗佛尔先生选择一种恰当的市场调查方法。

1. 讨论上述案例的调研内容分别适用哪些调研方法。
2. 上面的案例调研适合应用观察调查法吗？如果可以，应该怎样去观察，观察之前应该准备什么材料？
3. 讨论：彩色橡胶灯泡套的调查可以用实验来进行吗？如果可以，应该采用哪种实验调查的方法？

> 创业实训

校园APP的成功推广

校园是大学生创业最好的起点，而现在最热的项目莫过于手机APP。暨南大学学生创业团体"柠檬时代"就瞅准了这个商机，推出了50多款校园APP，不仅突破了30万用户大关，还获得了百万元天使投资。它的产品旨在给高校大学生提供社交、校园信息分类等生活服务。2014年4月25日，"柠檬时代"在广州的第一个APP——"暨大盒子"上线。2015年3月，柠檬时代科技有限公司成立，它已经针对广州市场做了9款APP，其中包括"中大南方""华工Life""广金百事通"等。

随着互联网和移动终端设备的普及，超级课程表等校园APP的用户数量十分惊人，但是集社交、校园信息分类和二手市场等生活服务于一体且只针对一个高校或一个小区域的APP却很少。

作为"柠檬时代"联合创始人之一，梁宇燊是暨南大学2012级行政管理专业的学生。梁宇燊认为，每个高校校园文化都是独具一格的，校园APP的内容必须由本校学生自己运营。因此，他们的每个APP都由各自学校的学生在运营。像"广金百事通"就是只针对广东金融学院学生的APP。

"柠檬时代"开发的是为每所高校的大学生量身定制的手机生活助手，是由各个高校学生自主运营的校园手机客户端。开放的自定义平台，汇聚了本校《外卖商家》《娱乐休闲》《新鲜事》《知名社团》《周边商铺》《校园达人》等栏目。它的宗旨是：倾听内心的声音，做令自己心动的产品。

【实训任务】

1. 你认为类似的校园APP在你所在的学校是否有市场前景？
2. 如果将此案例复制到你的学校，量身打造一款属于你们学校的APP，需要做前期的市场调查，你会调查什么内容？选择什么方法进行调查？

项目四

制订市场调查方案

项目导入

"先谋后动者昌,无谋而动者亡。"周密的计划是市场调查的行动指南和行动方案,是市场调查科学有序进行的保证,是确保调查"效度"和"信度"的首要措施。

在现实职业活动中,市场调查人员确定了调查目标后,就要开始制订市场调查方案,对即将开始的调查活动做出全面安排和总体部署。市场调查方案设计是对调查工作各个方面和全部过程的通盘考虑,包括整个调查工作过程的全部内容。调查方案是否科学、可行,是整个调查成败的关键。

学习目标

知识目标

☆ 理解市场调查方案的含义。
☆ 明确市场调查方案的结构和内容。
☆ 了解市场调查方案的作用。
☆ 熟悉市场调查方案制订的步骤。

技能目标

☆ 掌握制订市场调查方案的方法。
☆ 具备根据不同情况设计市场调查方案的能力。

引导案例

案例导读:调查方案设计得好坏,直接影响调查结果的正确与否。联合利华公司在设计方案时,由于没有准确找到影响产品销售的主要因素,而将非主要因素作为重点进行调查,从而导致调查结果出现误差。

案例详情:联合利华公司将自己生产的冲浪超浓缩洗衣粉(Surf)打入日本市场前做了

大量的市场调查。调查的内容主要包括以下几个方面：

(1) 消费者对洗衣粉的购买心态与消费心理。
(2) 消费者对洗衣粉品牌的了解程度。
(3) 消费者对洗衣粉香味的看法。
(4) 消费者对洗衣粉包装的要求。
(5) 消费者对理想洗衣粉的描述。

通过调查，联合利华公司将 Surf 的包装设计成日本人装茶叶的香袋模样，很受消费者喜欢；调查还发现消费者使用 Surf 时，方便性是很重要的性能指标，于是又对产品进行了改进。同时，消费者认为 Surf 的气味也很吸引人，联合利华就把"气味清新"作为 Surf 的主要特点进行宣传。可是，当产品在日本全国推广后，发现市场份额仅能占到2.8%，远远低于原来的期望值，这一时使得联合利华陷入窘境。那么，问题出在哪里呢？

问题一：消费者发现 Surf 在洗涤时难以溶解，原因是日本当时正在流行使用慢速搅动的洗衣机，而联合利华恰恰忽视了 Surf 作为洗衣粉应具有的易溶性。

问题二：误将包装、方便性和气味作为考虑的关键因素，而没有考虑日本人家庭生活的实际情况。例如，大多数日本人在露天晒衣服，因而，"气味清新"基本上没有吸引力。

显然，Surf 进入市场时实施的调查方案存在严重缺陷，调查人员没有找到日本洗衣粉销售中应该考虑的关键因素，而将"气味清新"等作为主要调查内容之一，从而导致了对消费者消费行为的误解。

任务一　认识市场调查方案

任务导入

任何正式的市场调查活动都是一项系统工程，参与人员众多。为了在调查过程中统一认识、统一内容、统一步调，圆满完成调查任务，市场调查人员在具体开展调查工作以前，应该事先制订完备的市场调查方案。

市场调查人员制订调查方案时，首先要根据调查的目标要求、调查对象的性质以及在市场调查过程中的地位，明确本次市场调查活动的功能和类别，在此基础上，为编写不同的市场调查方案做准备。

知识准备

一、市场调查方案的概念

市场调查方案，又称市场调查计划，是指在正式调查之前，根据市场调查的目的和要求，对调查的各个方面和各个阶段所做的通盘考虑和安排。

无论是大范围的市场调查，还是小规模的市场调查，都会涉及相互联系的各个方面和全部过程。这里所讲的调查工作的各个方面是对调查工作的横向设计，指调查所应涉及的各个具体项目组成，如对某企业一款热销产品的竞争能力进行调查，就应该将该产品的品牌形象、质量、价格、服务、信誉等方面作为一个整体进行考虑；全部过程则是对调查工作的纵向设计,它是指调查工作所需经历的各个阶段和环节,即调查资料的收集、整理和分析等。只有这样,才能确保调查工作有序进行。

二、市场调查方案的类型

市场调查方案有各种不同的类型,从市场调查方案的作用来分析,可以把市场调查方案分为市场调查项目建议书和正式市场调查方案两种类型。

1. 市场调查项目建议书

市场调查项目建议书是在社会专业市场调查机构向各类工商企业承揽调查业务时,提交企业管理层,供其审核(市场调查招标、评标、项目评审)参考之用的市场调查方案。在市场调查机构与企业长期合作,或对企业经营情况比较了解的情况下,市场调查项目建议书经过稍加修改也就成了正式的市场调查方案。

2. 正式市场调查方案

正式市场调查方案是指企业在正式调查之前,根据市场调查的目的和要求,对调查的各个方面和各个阶段所做的通盘考虑和安排;也可以是社会市场调查机构与企业签署合作协议后,社会市场调查机构编制的用来指导调查实践的行动指南。

需要注意的是,市场调查项目建议书常常带有论证性质,编写者的设想大都基于文献资料,认识也比较抽象、肤浅;正式市场调查方案则将项目建议书中的设想和假设具体化,计划也更为周密、更具有可操作性。正式的市场调查方案有时还必须根据实际情况对此前的项目建议书的设想进行修正。

三、市场调查方案的作用

市场调查方案在市场调查中有着极其重要的作用,它是整个项目研究的大纲,又是研究计划的说明书,还是对研究过程、方法的详细规定。所以,有了方案,研究就有了方向、目的;有了方案,就便于对调查过程实施监督、管理和控制。

市场调查是一项复杂的、严肃的、技术性较强的工作。一项全国性的市场调查往往需要组织成千上万的人员参加。为了在调查过程中统一认识、统一内容、统一方法、统一步调,圆满完成调查任务,就必须事先制订出一个科学、严密、可行的工作计划和组织措施,以使所有调查人员都依此执行。具体来说,市场调查方案主要有以下两方面的意义。

(一)市场调查方案是定性认识与定量认识的连接点

虽然市场调查所收集的资料有许多是定量资料,但是,任何调查工作都是先从对调查对象的定性认识开始的,没有定性认识就不知道应该调查什么和怎样调查,也就不知道要解决什么问题和如何解决问题。从认识上讲,市场调查方案是从定性认识过渡到定量认识的开始阶段。

(二)市场调查方案能够适应现代市场调查发展的需要,有利于统筹兼顾、统一协调

现代市场调查已由单纯的收集资料活动发展到把调查对象作为整体反映情况的调查活动。市场调查过程是包括调查目标确定、方案设计、资料收集、资料整理与分析、报告撰写与跟踪调查的一个复杂的系统过程。在调查中会遇到很多复杂的问题,其中许多问题是属于调查本身的问题,也有许多问题是与调查相关的问题。例如,抽样调查中的样本量的确定,首先要按照抽样理论计算出必要的抽样数目,但这个抽样数目是否可行,还要受到调查经费、调查时间等多种条件的限制。

任务实施

【任务名称】认知市场调查方案。

【任务目的】
1. 理解市场调查方案的概念。
2. 提高学生的文字表达能力,以及培养学生的专业素养。

【任务要求】
分小组讨论市场调查方案在整个市场调查活动任务中的地位与作用。

【实施步骤】
1. 以小组为单位,根据实训内容和要求进行小组讨论。
2. 小组之间进行交流,每个小组推荐1人进行介绍。
3. 教师和学生共同评估,给出成绩。

【组织形式】
1. 全班分小组进行,每组8~12人,自愿组合,合理分工。
2. 以小组为单位完成相关实训要求。

【考核要点】
1. 市场调查方案的概念。
2. 市场调查方案的作用。

【报告范例】

调查项目负责人		
项目组成员		
讨论结果	市场调查方案的含义	
	市场调查方案的作用	

任务训练

【知识训练】
简答题
简述市场调查方案的类型有哪些。

【技能训练】
从网络或其他渠道搜集市场调查方案,仔细阅读该份市场调查方案。

任务二　市场调查方案的内容

任务导入

在明确市场调查的性质和功能后,市场调查人员就可以开始制订市场调查方案了。在制订市场调查方案时,调查人员应该从整体构思来确定市场调查方案的内容及撰写技巧。

知识准备

一、市场调查方案的主要内容

(一) 确定调查的目的和任务

(1) 市场背景:问题由来,背景交代。

(2) 调查目的:市场调查所要解决的问题,即为何要调查,调查结果有什么用处。这是调查过程中关键的一步。目标不同,调查的内容和范围就不同。如果目标不明确,就无法确定调查的对象、内容和方法等。

(3) 调查任务:在调查目的既定的条件下,市场调查应获取哪些方面的信息才能满足调查的要求。

(二) 确定调查对象和调查单位

1. 调查对象

调查对象指一定时空范围内所要调查的总体,它是由客观存在的具有某一共同性质的许多个体单位所组成的整体。确定调查对象总体即解决向谁调查的问题,这与调查目的是紧密联系在一起的。对于调查对象总体的选择,常常会从个人背景上来甄别。例如,根据调查的题目所给定的对象范围,我们经常在年龄上对调查总体加以限制等。对于调查对象总体的限制,在问卷调查的甄别部分也明确给予了界定。例如,在中国大中城市老年人健康问题的调查中,我们的调查对象是老年人,调查对象年龄就限制在 65 岁以上。

2. 调查单位

调查单位指调查总体中的各个个体单位,它是调查项目的承担者或信息源。调查单位可以是个人、家庭或企业等。例如,调查某市职工家庭基本情况,该市所有的职工家庭就是调查对象,而每一户职工家庭就是调查单位;如果要调查城市职工本人基本情况,那么调查对象就是该市所有的职工,而调查单位则是每一个城市职工。

小知识17

调查单位

(三) 确定调查项目

在调查目标提出的基础上,就要明确具体研究提纲及向调查单位调查的内容,也就是调查项目。

调查项目的选择要尽量做到"精"且"准"。具体而言,"精"就是要求调查项目所涉及的资料能满足调查分析的需要,不存在对调查主题没有意义的多余项目;"准"就是要求调查项目反映的内容要与调查主题有密切的相关性,能反映调查要了解的信息。盲目增加调查项目,会增加资料统计和处理等相关的工作量,既浪费资源,也影响调查的效果。

小知识 18

确定调查项目

(四) 设计调查工具

常用的调查工具主要有调查表和调查问卷:

(1) 调查表,是纵横交叉的表格,其表内按一定顺序排列调查项目。

(2) 调查问卷,是根据调查项目设计的对调查对象进行调查、询问及让调查对象填答的测试试卷。

(五) 确定调查时间和调查期限

(1) 调查时间是指调查资料的所属时间。调查时期现象(收入、支出、产量、产值、销售额、利润额等流量指标)时,应确定数据或指标的起止时间;调查时点现象(期末人口、存货、设备、资产、负债等存量指标)时,应明确规定统一的标准时点(期初、期末或其他时点)。

(2) 调查期限是指整个调查工作所占用的时间,即一项调查工作从调查策划到调查结束的时间长度。

(六) 确定调查方式和方法

(1) 市场调查方式是指市场调查的组织形式。市场调查方式通常有市场普查、市场重点调查、市场典型调查、市场抽样调查等。市场调查方式的选择,应根据调查的目的和任务、调查对象的特点、调查费用的多少、调查的精度要求作出选择。

(2) 市场调查方法是指在调查方式既定的情况下搜集资料的具体方法。市场调查方法通常有观察法、访问法、实验法、网络调查法、文案调查法等。市场调查方法的确定,应根据调查资料搜集的难易程度、调查对象的特点、数据取得的源头、数据的质量要求等作出选择。例如,商场顾客流量和购物调查,通常采用系统抽样调查的组织方式,即按日历顺序等距抽取若干营业日调查顾客流量和购物情况,而搜集资料的方法主要有顾客流量的人工计数或仪器记数、问卷测试、现场观察、顾客访问、焦点座谈等。

（七）确定资料整理的方案

资料整理的方案是对市场调查来的资料审核、订正、编码、分类、汇总、陈述等作出具体的安排。大型的市场调查还应对计算机自动汇总软件开发或购买作出安排。

（八）确定分析研究方案

分析研究方案是对市场分析研究的原则、内容、方法、要求、调查报告的编写、成果的发布等作出安排。

（九）确定市场调查的进度安排

市场调查进度一般可分为以下几个小阶段：
（1）总体方案的论证、设计。
（2）抽样方案的设计、调查实施的各种具体细节的规定。
（3）问卷的设计、测试、修改、定稿。
（4）问卷的印刷、调查者的挑选和培训。
（5）调查组织实施。
（6）调查数据的整理（计算机录入、汇总与制表）。
（7）统计分析研究。
（8）调查报告的撰写、修订与定稿。
（9）调查成果的鉴定、论证、发布。
（10）调查工作的总结。

（十）市场调查经费预算

市场调查经费预算一般需要考虑如下几个方面：
（1）总体方案策划费或设计费。
（2）抽样方案设计费（或实验方案设计）。
（3）调查问卷设计费（包括测试费）。
（4）调查问卷印刷费。
（5）调查实施费（包括选拔、培训调查员费，交通费，调查员劳务费，管理督导人员劳务费，礼品或赠品费，复查费等）。
（6）数据录入费（包括编码、录入、查错等）。
（7）数据统计分析费（包括上机、统计、制表、作图、购买必需品等）。
（8）调查报告撰写费。
（9）资料费、复印费、通信联络等办公费。
（10）专家咨询费。
（11）劳务费（公关、协作人员劳务费等）。
（12）上交管理费或税金。
（13）鉴定费、新闻发布会及出版印刷费用等。
（14）其他费用。

（十一）制订调查的组织计划

调查的组织计划主要包括调查的组织领导、调查机构的设置、调查员的选择与培训，课题负责人及成员，各项调查工作的分工等。

企业委托外部市场调查机构进行市场调查时，还应对双方的责任人、联系人、联系方式作出规定。

(十二) 附录

附录，有时也称附件，附在调查文案最后，主要包括调查项目负责人及主要参加者，调查表及其项目解释、抽样方案及技术说明，问卷及有关技术说明，数据处理所用软件等。市场调查方案撰写步骤流程见图 4-1。

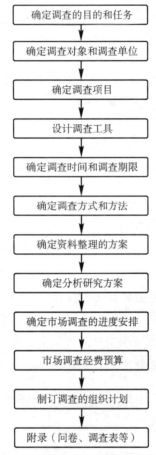

图 4-1 市场调查方案撰写步骤流程

二、市场调查方案的撰写技巧

(一) 调查目标的陈述

这项内容实际上就是调查项目与主题确定后的简洁表述。在此部分，可以适当交代研究的来龙去脉，说明方案的局限性以及需要与委托方协商的内容。这部分内容也可放在前言部分。

(二) 调查范围

为了确保调查范围与对象的准确、易于查找，在撰写规划书的时候，调查范围一定要陈述得具体明确，界定准确，能够运用定量指标来表述的一定要定量化，要说明调查的地域、调查的对象，解决"在何处""是何人"的问题。

（三）调查方法

为了顺利完成市场调查任务，要对策划的调查方法进行精炼准确的陈述，解决"以何种方法"进行调查，由此取得什么资料的问题。在具体撰写过程中，对被调查者的数量、调查频率（不管是一次性调查还是一段时间内跟踪调查）、调查的具体方法、样本选取的方法等要进行详细的规定。

（四）调查时间安排

在实践中，各阶段所占调查时间比重可以参考表4-1的分配办法酌情分配与安排。

表4-1 调查时间安排

调查阶段	所占时间比重/%
1. 调查目标的确定	5
2. 调查方案的设计	10
3. 调查方法的确定	5
4. 调查问卷的制作	10
5. 试调查	5
6. 数据的收集整理	40
7. 数据的分析	10
8. 市场调查报告的写作	10
9. 市场调查的反馈	5
10. 合计	100

实例

关于学校周边饮食经营状况的市场调查方案

一、调查主题

当代大学生餐饮业消费需求和供应状况调查及市场前景预测（以江西旅游商贸职业学院为例）。

市场调查方案样本

二、背景环境

随着高校的大规模扩招，各高校学生数量大幅增长，人均生活空间日益降低，传统的大学食堂已不能满足大学生餐饮需要。

各高校加速后勤社会化进程，也为当今大学餐饮业变革提供了新的机遇和新的商机。高校周围遍布的快餐店、饮食城为行业市场调查提供可能性，为行业发展提供发展策略借鉴。

三、目标确定

市场调查应以环境调查为中心，在了解高校餐饮业面临的新政策和发展的新趋势的情况下，达到了解高校餐饮业需求状况（消费心理、基本情况、饮食观点等）、掌握高校餐饮业供应状况（竞争状态、销售努力等）、把握高校餐饮业发展趋势、为相关部门和经济实体提供有价值的参考资料。

四、调查方法及调查单位确定原则

市场调查方式：市场重点调查、市场抽样调查。

市场调查方法：观察法、访问法（问卷调查）、文案调查法（二手资料）。

高校餐饮业将面临的政策：二手资料（相关政策调整）、访问法（校后勤服务集团等相关部门）。

大学生消费（消费者环境）：抽样调查（100份问卷，抽样率大约为在校学生的1%，不包括顶岗实习学生和毕业实习学生）。抽样时要注意各地区生源、性别、年级的比例。

行业竞争状况和利润空间（供应者环境）：观察法、重点调查（在消费者调查的基础上确定调查单位）和抽样调查相结合（50份问卷，抽样率大约为餐饮店的40%）。

五、调查资料整理和分析方法

1. 定量分析和定性分析相结合。
2. 实地调查结果分析和二手资料研究相结合。
3. 因子分析和结构分析等多种分析方法相结合。

六、调查步骤和时间安排

第一阶段：总体方案论证、初步设计出调查问卷（调查项目）。

10月15—19日。

第二阶段：收集一些必需的二手资料。

10月20—25日。

第三阶段：确定调查项目、完成问卷修改和制作。

10月26日—11月1日。

第四阶段：收集二手资料、实地调查。

11月2—20日。

第五阶段：统计调查资料、分析调查结果、撰写调查报告。

11月21—30日。

七、资金预算及项目安排

调查问卷设计与制作：150元（100份+50份）。

交通费用及其他费用：50元。

调查报告撰写打印费用：30元。

八、小组成员确定和工作安排

小组人数：20人，要求进行分工合作。

制订调查方案：3人负责，全部参与。

收集必需的二手资料：2人。

实地调查：11人，其中消费者调查8人，供应者调查3人。

统计调查资料：2人。

分析调查结果，撰写调查报告：2人。

九、调查项目，调查问卷（后附）

附：调查问卷

江西旅游商贸职业学院餐饮业消费状况调查问卷

亲爱的同学：

您好！本问卷是为调查江西旅游商贸职业学院学生和教师的饮食消费状况而设计的，希望您能抽出宝贵的时间完成此调查问卷，我们保证对您的个人信息予以保密。谢谢！

××××市场调查小组
2016 年 10 月 12 日

请将您的观点填在横线上或在□上打"√"。

1. 您的籍贯是：_____ 您比较喜欢的菜系是：_____ 年级：_____
2. 您平时就餐时主要考虑的因素是（限选三项）：
   - □ 饮食营养含量　　□ 价格　　　　　　□ 服务态度
   - □ 饭菜质量口味　　□ 方便/快捷　　　　□ 卫生状况
   - □ 餐馆或食堂名气　□ 软环境（氛围）　　其他_____
3. 您认为在以下几个方面，您曾去过的食堂的良好次序是：

   饭菜质量口味_____　　服务态度_____
   饮食环境氛围_____　　价格合理_____
   - □ 一食堂　　　　　□ 二食堂　　　　　□ 三食堂
   - □ 四食堂　　　　　□ 五食堂
4. 您认为当前几个学生食堂中普遍存在的不足有（可多选）：
   - □ 高峰期服务态度差　□ 环境卫生不好　　□ 定价不合理
   - □ 口味不能满足要求　□ 员工素质低　　　□ 工作效率低
5. 您每周平均有几次在校外餐馆或饭店就餐：
   - □ 三次以下　　　　□ 四至六次　　　　□ 七至十次
   - □ 十次以上
6. 您在什么时候会到校外餐馆就餐（限选三项）：
   - □ 周末　　　　　　□ 节假日　　　　　□ 朋友聚餐
   - □ 平时　　　　　　□ 错过就餐时间　　□ 食堂太拥挤
   - □ 朋友生日　　　　□ 班集体活动　　　□ 无所谓
7. 若到校外就餐，您一般会在哪个餐馆就餐：_____。
8. 当您和朋友聚餐时最注重的是什么：
   - □ 良好的环境氛围　□ 实惠（价格合理）□ 优质的服务
   - □ 便利的位置　　　□ 健康的饮食（营养）□ 不清楚
9. 您认为校外餐馆中普遍存在的不足有：
   - □ 高峰期服务态度差　□ 环境卫生差　　　□ 宣传力度不够
   - □ 口味不能满足要求　□ 员工素质低　　　□ 工作效率低
10. 学生食堂和校外餐馆相比，您认为各自突出的优势是：

    学生食堂_____　　校外餐馆_____
    - □ 地理位置　　　　□ 学校帮扶　　　　□ 方便快捷
    - □ 价格合理　　　　□ 服务态度　　　　□ 卫生状况

☐ 饭菜口味　　　　　　☐ 就餐环境　　　　　　☐ 无优势

11. 您认为一个在校大学生平均每个月花在饮食上的费用应该是（意愿消费额）：_____

☐ 500 元以下　　　　　☐ 500～600 元　　　　☐ 600～700 元
☐ 700～800 元　　　　 ☐ 800～900 元　　　　☐ 1 000 元以上

12. 您在刚刚过去的一个月，花在饮食上面的费用是：_____

☐ 500 元以下　　　　　☐ 500～600 元　　　　☐ 600～700 元
☐ 700～800 元　　　　 ☐ 800～900 元　　　　☐ 1 000 元以上

13. 在过去的一年里，各食堂或餐馆的下列营销努力哪些对您产生积极影响：

☐ 赞助学生活动　　　　☐ 加大卫生监督力度　　☐ 举办饮食活动
☐ 改进饭菜口味　　　　☐ 提高员工素质　　　　☐ 改善就餐环境
☐ 扩大业务范围　　　　☐ 加大宣传力度　　　　其他_____

14. 您认为您所满意的大学食堂应该是什么样的，请您用简短的话语给予形容：_____

调查员编号：_____　　调查时间：_____

任务实施

【任务名称】制作市场调查方案。

【任务目的】

1. 了解市场调查方案在整个调研过程中的重要性和实施步骤。

2. 掌握市场调查方案编写的基本技能，学生能够根据所选的调查项目，设计制作有效的调查方案，提高学生的动手能力和创新思维。

3. 提高自身的专业能力与职业核心能力。

【任务要求】

1. 以小组为单位设计一份完整的市场调查方案。

2. 在班级进行小组间的交流，每个小组推荐 1 人说明其调查方案。

3. 由教师与评议小组根据调查方案及发言情况进行打分。

【实施步骤】

1. 明确市场调查方案策划的主要内容。

2. 了解项目背景、调查目的。

3. 组织项目小组，讨论调查内容、调查对象及抽样调查方法、经费预算、调查日程安排等。

4. 小组成员共同商讨初步定下策划方案。

5. 组长向教师汇报，小组间讨论、提供修改建议。

【组织形式】

1. 全班分小组进行，每组 8～12 人，自愿组合，合理分工。

2. 以小组为单位完成相关实训要求。

【考核要点】

1. 市场调查方案的完整性、质量性。

2. 市场调查方案的内容。

3. 市场调查的时间性。

【报告范例】

×××市场调查方案	
调查主题	
背景环境（前言）	
调查目的和意义	
调查内容	
调查对象及调查方式	
调查方法选择	
调查资料整理和分析方法	
调查人员的规定、培训	
调查人员安排	
调查程序及时间安排	
经费预算	
附录	

任务训练

【知识训练】

一、选择题

1. （　　）指的是调查总体中的各个个体单位，它是调查项目的承担者或信息源。
   A. 调查单位　　　B. 调查对象　　　C. 调查样本　　　D. 样本单位

2. 市场调查经费里不包括（　　）。
   A. 问卷印刷费　　　　　　　　　　　B. 数据录入费
   C. 抽样方案设计费　　　　　　　　　D. 公关费

3. 调查组织实施后的进度应安排为（　　）。
   A. 调查资料的整理　　　　　　　　　B. 调查资料的分析
   C. 调查资料的录入　　　　　　　　　D. 调查报告的撰写

4. 在市场调查过程中，时间安排占比最大的有（　　）。
   A. 调查问卷的设计　　　　　　　　　B. 调查活动实施
   C. 调查资料的整理　　　　　　　　　D. 数据分析

二、简答题

简述市场调查方案的主要内容。

【技能训练】

结合身边实际，选择一个连锁超市，选择某一品牌的家电或自己和同学们消费比较多的手机、电子产品等，在确定某一调查目标的基础上，模拟设计一份市场调查方案。

任务三　市场调查方案的编写程序

任务导入

市场调查方案的制订不是一步到位的，市场调查人员先完成市场调查方案初稿，而后，为了使方案能够切实可行地指导调查的实际工作，还必须对方案进行进一步讨论和修改。

知识准备

一、市场调查方案的编写

在明确市场调查方案内容的基础上，市场调查人员可以开始编写市场调查方案初稿，市场调查工作也由此开始从定性认识阶段过渡到定量认识阶段。

市场调查方案的编写是一种事前决策，在制订每一份市场调查方案之前，市场调查人员都应该根据调查目标和所需信息来判断这次调查的性质、调查的时间安排、调查的成本控制等因素，以便能够有针对性地编写市场调查方案。

二、市场调查方案的评价

在编写完市场调查方案的初稿后，需要对市场调查方案进行完善，而之前须对方案进行评价,这就需要知道调查方案评价的标准。一个调查方案的优劣,可以从以下三个方面进行评价。

(一) 方案设计是否体现调查的目的和要求

方案设计是否体现调查的目的与要求,这一条是最基本的评价标准。明确市场调查目标是市场调查方案设计的第一步,包括为什么要进行这项调查、通过调查想了解哪些问题、调查结果的用途是什么。市场调查方案中,只有明确调查目标,才能确定调查的范围、内容与方法,否则,就会列入一些无关紧要的调查项目,漏掉一些重要的调查项目,无法满足调查的要求。

例如,关于××品牌服装专卖店商业选址的调查,从目的出发,根据方案确定的调查内容、调查范围、调查单位,设置许多相互联系、相互制约的指标,如此设置的一系列完整的观察指标基本上能体现优秀商业地段应具备的条件。

(二) 方案设计是否科学、完整和适用

市场调查实践中,调查方案的每个细节都可能有多种选择,综合考虑和权衡利弊后制订一个科学的、可行的调查方案不仅关系到调查项目完成的经济性、时效性,有时还影响到整个调查任务的成败。因此,市场调查方案的制订应该通盘考虑、科学筹划,只有充分注意到方案中各环节内容的关联性,才能保证调查活动的顺利、有效开展。

例如,在关于××品牌服装专卖店商业选址的调研中,在商业氛围、交通条件、银行网点、卫生环境、居民居住、休闲娱乐等方面形成了一套比较完整的指标体系,其特点是全面、系统、适用性强。

(三) 方案设计是否具有操作性

市场调查方案的可操作性是指调查方案的实际意义。市场调查方案是指导调查活动的大纲,是调查计划与流程的概括与说明。方案内容能否顺利落地,切实用来指导调查实践,应该是每位调查方案设计者的出发点。因此,市场调查方案除了考虑调查性质的适应、时间、成本的控制外,一定要符合调查项目本身实际情况,应避免因刻意追求调查方案的框架形式而本末倒置,从而使其指导意义大大降低的现象。

例如,在关于××品牌服装专卖店商业选址的调查方案中,对调查方法,必须考虑到可操作性,还要特别考虑采用重点城市市场的女性,这一是因为女性的形象比男性好,不会给对方造成威胁感,可使访问更容易成功;二是因为使用女性会使调查成本降低;三是女性通常是服装品牌选择的重要影响者,有相当大的发言权。

三、市场调查方案的完善

确定市场调查方案优劣的评价标准之后,就可以开始组织对方案进行讨论评价并着手进行修改,具体可以采取以下一些方法。

(一) 项目小组座谈会法

项目小组座谈会是由项目调研小组的组长主持,项目小组成员参加;同时,可邀请委托方代表参加。主持人在座谈会前针对本次调研任务的调研方案列出提纲,即座谈会围绕调研目的、调研内容、调研对象、调研范围、调研方法、调研工具、调研时间进度安排、调研经费预算等展开讨论。评价方案的标准从是否体现目的、是否科学完整、是否可操作性强三个方面考虑。参加座谈会的人员可以公开发表各自的意见或想法，各抒己见，集思广益，相互启迪，相互交流，相互补充，针对某个问题最终能达成一致的意见。

（二）经验判断法

经验判断法是指通过组织一些市场调研经验丰富的专业人士，对设计出来的市场调研方案进行初步研究和判断，以说明调研方案的合理性和可行性。例如，针对某市高薪阶层的消费支出结构进行研究，就不宜采用普查的形式。实际上，这样做既没有必要，也是不可能的。在对高薪阶层这一概念进行量化处理之后，完全可以采用抽样调研的方式。国家统计局在对我国全年农作物收成做预测时，也常采用抽样的方法，在一些农作物重点产区做重点调研。

该方法的优点是可以节约人力、物力和财力资源，并在较短的时间内做出快速的判断。缺点是因为认识的局限，并且事物的发展变化常常有例外，所以各种主要客观因素都会对判断的准确性产生影响。

（三）试点调查法

试点调查法是指通过小范围内选择部分单位进行试点调查，对调查方案进行实地检验，及时总结并做出修改。具体操作时应注意以下几个问题：

（1）组建精干的调查队伍。事先建立一支精干的调查队伍，这是做好调查工作的先决条件。团队成员包括有关调查的负责人、调查方案设计者和调研骨干，这将为搞好试点调查工作提供组织保证。

（2）适当选择调查对象。应选择好适当的调查对象，尽量选择规模小、具有代表性的试点单位。必要时还可以采用少数单位先行试点，然后再扩大试点的范围和区域，循序渐进，最后全面铺开。

（3）选择合适的调查方法和调查方式。调查方法和调查方式应保持适当的灵活性并留有余地。事先确定调查方式时，可以多准备几种，以便经过对比后，从中选择合适的方式。

（4）及时做好调查工作总结。试点调查工作结束后，应及时做好总结，认真分析试点调查的结果，找出影响调查的各种主客观因素并进行分析。检查调查目标的确定是否恰当、调查指标的设置是否正确、是否还应增加一些项目、哪些项目应该减少、哪些地方应该修改和补充，及时地提出具体意见，对原方案进行修改和补充，以便制订科学合理的调查方案。

任务实施

【任务名称】市场调查方案的评价实训。

【任务目的】

1. 学会对市场调查方案做出正确的评价。
2. 掌握完善市场调查方案的方法。
3. 提高自身的专业能力与职业核心能力。

【任务要求】
1. 将各小组设计出的市场调查方案以 PPT 的形式在班级进行展示。
2. 在班级组织小组间的交流,小组间互相评价市场调查方案。
3. 对小组的调查方案进行试点调查,实地检验,并做出修改。

【实施步骤】
1. 小组成员讨论、评价本小组的市场调查方案并对其进行修改完善。
2. 在班级进行 PPT 展示,小组间互相评价市场调查方案。
3. 由教师根据每小组的课堂表现及发言情况进行打分,评价市场调查方案。
4. 根据课堂讨论的建议,修改市场调查方案,并进行试点调研。
5. 小组讨论,最终完善确定市场调查方案。

【组织形式】
1. 全班分小组进行,每组 8~12 人,自愿组合,合理分工。
2. 以小组为单位完成相关实训要求。

【考核要点】
1. 市场调查方案的评价。
2. 市场调查方案的完善方法。

任务训练

【知识训练】

一、选择题
1. 评价市场调查方案最基本的评价标准是(　　)。
   A. 方案设计是否体现调查目的　　B. 方案设计是否完整
   C. 方案设计是否具有可操作性　　D. 方案设计是否科学
2. 调查方案的实际意义指的是(　　)。
   A. 方案设计体现调查目的　　B. 方案设计完整
   C. 方案设计具有可操作性　　D. 方案设计科学
3. 下列选项中,不属于完善市场调查方案方法的是(　　)。
   A. 项目小组座谈会法　　B. 经验判断法
   C. 试点调查法　　D. 头脑风暴法
4. (　　)是指通过组织一些市场调查经验丰富的专业人士,对设计出来的市场调查方案进行初步研究和判断,以说明调查方案的合理性和可行性。
   A. 项目小组座谈会法　　B. 经验判断法
   C. 试点调查法　　D. 头脑风暴法

二、简答题
1. 简述完善市场调查方案的方法。
2. 简述市场调查方案评价的标准。

【技能训练】

某房地产公司市场调查方案

一、前言

"红谷十二庭"是由中国知名企业——汪氏集团旗下子公司江西尤金房地产开发有限公司开发的高品质精品社区,交通便捷、生活配套设施齐全、地理位置十分优越。项目占地面积约380亩①,总建筑面积约41万平方米。项目以建设人文型、生态型居住环境为规划目标;力争创造一个布局合理、功能齐全、交通便捷、绿意盎然、生活方便、有文化内涵的居住区。

为了配合"红谷十二庭"更好地了解市场,扩大房产市场占有率,并评估楼市行销环境,预先进行"红谷十二庭"市场调查大有必要。

二、调查目的

为了解目前南昌市民对房地产市场的态度以及看法,为做出合理的营销计划提供依据,特做出此面向南昌市民的调查方案。

(1) 全面摸清公司品牌在市民心中的知名度、美誉度、关注度。
(2) 全面了解两会期间有多少市民关注。
(3) 了解市民对两会政策的看法。
(4) 了解市民关于两会后对房地产市场的看法。
(5) 了解市民心里对"红谷十二庭"的期望值。

三、调查内容

市场调研的内容要根据市场调查的目的来确定,所以我们将调查的对象大可分为内外部分与主次部分来进行。

(一) 调查南昌哪部分市民关注宏观经济政策

因为一部分人可能不会关注宏观经济政策,这部分人就是我们调查范围之外的人员,可不必关注,所以第一步先确定关注宏观经济政策的市民群体。

具体实施:我们这步进行媒体的抽样选择,大家都是通过媒体了解宏观经济政策情况的,所以对五大媒体(电视、广播、报纸、网络、杂志)以3:1:3:2:1的比例进行抽样,选择哪部分人在关注宏观经济政策。

(二) 进行对重点关注宏观经济政策内容的市民调查

因为宏观经济政策所涉及的范围较广,在房地产政策这部分虽然所占比例较大,但是对于整体政策来说还是其中的一点,所以调查出有多少市民侧重关注宏观经济政策中房地产内容的比例意义重大,这对调查的精确率以及减少一定工作压力能起到不错的效果。

具体实施:确定人群后,再进行人群随机抽样调查,样本为500人,以白领阶层、工薪阶层、待业人群3:4:3的比例进行抽样调查。

(三) 对确定的群体进行调查的细分

调查这部分人群对房地产市场有哪些期望,其关心的最大问题是什么。具体可以在房产

---

① 1亩=666.67平方米。

市场、房产咨询中心调查。

四、调查的方法

我们采用收集一手数据的调查方法。本次调查通过问卷以及咨询的方法进行。

（1）用问卷调查法对职场人员的工作场所的周边饭馆以及娱乐场所进行职场人员的调查，必要时在不影响被调查者的活动以及被同意许可时进行咨询，同时进行电话咨询。

（2）在各大房地产交易场所可以运用开放性的问卷进行调查。

（3）在网上论坛或者网站上进行网络交流访问。

（4）对未走入社会的青年进行调查，选择各高校中的在校毕业生。

（5）在访谈中可以附带小礼品，方便交流。

五、调查员的规定

（1）仪表端正、大方。

（2）举止谈吐得体，态度亲切、热情。

（3）具有认真负责、积极的工作精神及职业热情。

（4）具有把握谈话气氛的能力。

（5）要经过专门的市场调查培训，专业素质好。

六、人员安排

根据我们的调研方案，南昌市区进行本次调研需要的人员有三种：调研督导、调查人员、复核员。具体配置如下。

调研督导：2名。

调查人员：25名，其中15名对职场人员进行问卷调查，5名电话深度访谈，5名大学生问卷调查。

复核员：1~2名，可由督导兼职，也可另外招聘。

如有必要还将配备辅助督导（1名），协助进行访谈、收发和检查问卷与礼品。问卷的复核比例为全部问卷数量的30%，全部采用电话复核方式，复核时间为问卷回收的24小时内。

七、调查程序及时间安排

市场调查大致来说可分为准备、实施和结果处理三个阶段。

1. 准备阶段

一般分为界定调查问题、设计调查方案、设计调查问卷或调查提纲三个部分。

2. 实施阶段

根据调查要求，采用多种形式，由调查人员广泛地收集与调查活动有关的信息。

3. 结果处理阶段

将收集的信息进行汇总、归纳、整理和分析，并将调查结果以调查报告的形式表述出来。

在客户确认项目后，有计划地安排调查工作的各项日程，用以规范和保证调查工作的顺利实施。按调查的实施程序，可分8个小项来对时间进行具体安排。

（1）调查方案、问卷的设计 ………………………………………… 3个工作日。

（2）调查方案、问卷的修改、确认 ………………………………… 1个工作日。

(3) 项目准备阶段（人员培训、安排）……………… 1个工作日。
(4) 实地访问阶段 ……………………………………… 4个工作日。
(5) 数据预处理阶段 …………………………………… 2个工作日。
(6) 数据统计分析阶段 ………………………………… 3个工作日。
(7) 调查报告撰写阶段 ………………………………… 2个工作日。
(8) 论证阶段 …………………………………………… 2个工作日。

八、经费预算
(1) 策划费 ……………………………………………… 1 500元。
(2) 交通费 ……………………………………………… 500元。
(3) 调查人员培训费 …………………………………… 500元。
(4) 公关费 ……………………………………………… 1 000元。
(5) 访谈费 ……………………………………………… 1 000元。
(6) 问卷调查费 ………………………………………… 1 000元。
(7) 统计费 ……………………………………………… 1 000元。
(8) 报告费 ……………………………………………… 500元。
总计 ……………………………………………………… 7 000元。

讨论：
请对上述调查方案进行评价，指出是否有需要完善的地方？

项目知识结构图

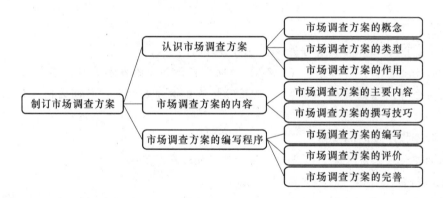

项目训练

【知识训练】
一、单项选择题
1. 市场调查方案包括选择恰当的调查课题、调查内容和（　　）。
   A. 调查资料　　　　　　　　　　B. 调查方法
   C. 调查结论　　　　　　　　　　D. 调查时间
2. 市场调查方案的制订要在实地市场调查（　　）。
   A. 边进行边策划　　　　　　　　B. 之后

C. 之中 D. 之前
3. 市场调查方案制订的步骤中不包括（　　）。
A. 背景分析 C. 试点调查
B. 确定调查项目的相关工作 D. 调查项目的确定
4. 下列选项中不属于市场调查方案内容的是（　　）。
A. 调查目的 B. 确定调查对象和调查单位
C. 撰写市场调查报告 D. 调查项目的费用与预算
5. 市场调查策划方案的可行性分析和评价方法不包括（　　）。
A. 逻辑分析法 B. 经验判断法
C. 试点调查法 D. 邮寄问卷法

二、多项选择题

1. 市场调查方案的作用有（　　）。
A. 定性认识到定量认识转换
B. 统一协调的作用
C. 调查内容转化为调查表
D. 了解市场调查的背景
2. 市场调查方案的分类可以按照（　　）划分。
A. 方案的大小 B. 方案的性质
C. 方案的作用 D. 方案的目的
3. 确定调查方案的相关工作包括（　　）。
A. 和决策者交流 B. 请教专家
C. 二手资料分析 D. 设计调查问卷
4. 市场调查方案的内容包括（　　）。
A. 前言部分 B. 市场调查项目的目的和意义
C. 市场调查项目的内容和范围 D. 市场调查将采用的方法
E. 项目的研究进度和有关经费开支预算 F. 附件部分
5. 运用试点调查方法进行调查方案的可行性研究，还应注意的常见问题有（　　）。
A. 应尽量选择规模小、具有代表性的试点单位
B. 事先建立一支精干的调查队伍
C. 调查方法和调查方式应保持适当的灵活性
D. 二手资料调查的时效性
E. 及时做好总结工作
6. 进行市场调查策划时应考虑的因素包括（　　）。
A. 调查对象和范围 B. 调查目的
C. 天气 D. 资金
E. 调查方式方法

【技能训练】

"会虫"干扰调查业

根据世界专业研究者协会提供的数字，中国内地目前已有3 000多家市场调查公司，数

量及增幅均居世界首位。但是目前市场调查业却面临操作缺乏规范的现象。

据市场信息调查协会有关人士透露，市场调查中"会虫"泛滥、数据"掺水"的现状已使市场调查遭遇信用危机。因为目前许多调查都是付费调查，"会虫"专门组织参与各种市场调查，胡说八道一番后能得到 50~150 元的劳务费，但由此得出的市场调查数据却毫无准确性可言。有些调查人员为省事专门找"会虫"作分析，有些调查人员自己就是"会虫"。每年国内将近 2 万份调查报告中，真实性被"会虫"缩水的为数不少。

在 2011 年上海车展期间，一家市场调查公司承担了替某汽车经销行业调查汽车市场的项目。按照汽车经销商的要求，需要有 200 名拥有高档汽车的调查对象，然而，这家调查公司有心赚钱、无力请人，当天到达会场的只有 5 个人是开车去的，其余的都没有汽车。谁知这一切都被事先安排在会场外的企业侦探拍摄下来。面对如此丑剧，汽车经销商怒不可遏，而这家市场调查公司不得不立即赔偿给对方 200 万元。

问题：
你如何看待市场调查行业的这种现象？

创业实训

创业项目

校园洗衣店

针对高校面积较大、学生公寓相对分散的特点，该洗衣店推出在校园各区流动收送衣物的服务，并抓住年轻人喜欢新鲜事物的心理，利用网络留言的方式，招揽生意。

学生如需要洗衣，可利用互联网络，在 QQ 聊天工具上留言、发电子邮件、发手机短信，只要留下寝室号和收取时间，大学校园开店项目洗衣店工人便免费上门取物。而其收费也十分低廉，标准洗衣、脱水每 3 千克 1 元。

经某校同学的创业实践，这种新型的服务方式吸引了众多大学生，该校不少学生成为该洗衣店客户。据了解，洗衣店的日处理量可达 900 多千克，目前每天能接到 300 千克左右的衣物。

【情景假设】
假设你是××高校的学生，学校宿舍基础设施中洗衣机的配套严重缺乏，经考虑，你也正在筹备校园洗衣店项目的创业，现需做前期的相关调研。

【实训要求】
请以小组为单位，根据创业项目的需要，确定市场调查的项目和目的，设计一份市场调查方案。

项目五

实施市场调查活动

项目导入

在市场调查活动中，已经制订好市场调查方案，选定适当的调查方法，制作好调查问卷，便可以开始市场调查资料的收集工作了。市场调查活动的实施要做好四个方面的工作：一是组建市场调查队伍；二是培训市场调查员；三是实施市场调查活动；四是监控市场调查过程。

根据项目大小，市场调查的实施需要组建一个调查队伍才能完成，人员的组成、专业技能、职业道德等因素将决定资料收集工作的质量。所以，对于参加市场调查工作的调查员，还需进行相关培训。此外，调查员要及时掌握调查工作进度的完成情况，协调好各个调查员间的工作进度，及时了解各个调查员在访问中遇到的问题，并帮助解决；对于调查中遇到的共性问题，提出统一的解决办法。

学习目标

知识目标

☆明确市场调查队伍的构成。
☆熟悉市场调查员应具备的基本素质。
☆明确实施市场调查的基本程序。
☆掌握市场调查活动的控制。

技能目标

☆能根据项目要求建立调查小组。
☆能组织实施市场调查活动。
☆具有管理控制市场调查的能力。

引导案例

某母婴用品生产企业为了解某市母婴用品市场消费者的构成、消费者购买时对母婴用品的关注因素、消费者对母婴用品市场的满意程度等，需要对目标消费者进行一项调查。

该生产企业把这个调查项目委托给了专业的市场调查公司，市场调查公司专门成立了调查小组，设置了项目主管、实施主管和调查督导，并招聘了一些经管类的大学生作为兼职的调查员参与调查。项目主管统筹管理整个项目，制订项目运行计划和进程表，保证能够按时向客户提交报告；实施主管负责计划的实施，并挑选合适的调查员，对督导团队进行管理。调查督导的主要职责是培训并指导调查员的工作。

经过调查小组的分工及协作，调查项目得以顺利进行。委托方也通过调查报告更好地了解目标市场及目标消费者，为他们母婴用品的生产及营销决策提供依据。

针对这个项目的组织实施，市场调查员需要将方案付诸实施，根据调查方案的相关要求和调查计划的具体安排，有组织、细致、系统地收集各种市场信息资料。市场调查资料的收集工作需要大量的人力、财力做支撑，而且该阶段调查误差较易出现，因此组织、管理、控制便成为这一阶段工作成效的基本保障。具体工作包括以下几个方面：

第一，组建调查队伍，选择合适的调查员。

第二，对调查员进行培训，提高其业务素质。

第三，管理控制市场调查，包括对调查项目的控制及对调查员的控制，保障调查作业的质量。

任务一　市场调查队伍的组建

任务导入

在市场调查中，工作千头万绪，调查员对市场调查工作有决定性作用，其本身的素质、条件、责任心都在很大程度上制约着市场调查作业的质量，影响着市场调查结果的准确性和客观性。因此，市场调查员的选择非常重要。此外，市场调查工作繁多而复杂，为了保证整个过程有条不紊地进行，需要组建市场调查队伍。

知识准备

一、市场调查队伍的构成

（一）项目主管

具体来说，项目主管有以下 5 种职能：

（1）对项目团队进行流程培训。项目主管在调查项目的进行过程（启动、计划、控制、执行和收尾阶段）中，要对项目团队进行调查项目管理的原则、标准、方法以及流程等方面的培训。

（2）推进项目计划和控制阶段的工作。例如，计划、制作工作分解结构图，估算资源时间和任务周期，负责问题以及风险的管理，总结经验教训以及报告项目的进展状况等。

（3）严格项目进度表，控制进度，确保成功。市场调查方案中的进度表是用来衡量工作进度、分配资源、跟踪重要事件、监视并报告项目执行情况等的重要依据。项目主管要主动管理进度表，确保项目能够按时完成。

（4）跟踪和分析成本。

（5）管理项目中的问题、风险和变化。

（二）实施主管

实施主管的责任主要包括 4 种。

（1）了解调查的目的和具体的实施要求。

（2）根据调查设计的有关内容和要求挑选调查员。

（3）负责督导团队的管理和培训。

（4）负责调查实施中的质量控制。

实施主管是项目主管和调查督导员的中间桥梁，既要掌握市场调查的基本理论和方法，又要有比较强的组织和运作能力，还要有丰富的现场操作经验。

（三）调查督导

调查督导负责检查调查员工作过程和审核调查结果。

调查督导可分为现场督导和技术督导。现场督导主要负责日常工作的管理；技术督导主要负责调查员访问技巧的指导。很多情况下两者合二为一。

（四）调查员

实施市场调查活动中最重要的因素就是实施调查的人，即调查员。由调查员亲自进行调查，调查问卷的回收率较高。在访问过程中，调查员可以帮助被调查者理解并完成问题，问卷的可信度较高。

（五）数据录入员

数据录入员负责对收集到的问卷资料进行编码，并将数据资料输入计算机，以便研究人员进行统计分析处理。数据录入员必须熟悉各种软件的使用，打字速度较快。

二、市场调查员的选择

市场调查员是调查的直接实施者，其表现是影响市场调查质量好坏的重要因素之一。如果调查员采集来的第一手资料错漏百出，将直接影响后期的数据分析和处理，最后得出来的结论也将一文不值。因此，很多调查公司会将调查员的挑选培训与管理放在整个调查工作的首位。

市场调查是一项高强度、高智力的工作，也是一项繁重而艰辛的劳务工作。承担这项工作的人的素质对调查结果产生直接的影响，而市场调查是为市场预测和营销决策提供客观依据的，也就是说，如果选择的调查员不具备该有的素质，将会对整体营销决策产生影响。

市场调查员一般由专职和兼职两部分组成。为了节约运营成本，调查公司一般不会保持一个庞大的调查员队伍，而是根据不同调查项目的需求和预算，临时招聘一些兼职的调查员。但无论是专职还是兼职的调查员，都应具备以下基本素质：

（一）良好的文字理解能力和交流沟通能力

调查员需要借助调查问卷获取被调查者的信息，所以一方面需要具备良好的文字理解能力，另一方面需要具备良好的口头表达能力。一般情况下，调查员尽量使用标准普通话。特殊情况下，比如许多地方平时习惯使用当地的方言，如果调查员能够使用方言跟被调查者交谈，则容易得到被调查者的认同，降低被调查者的心理防御，提高访问的成功率。

（二）良好的职业道德水平

调查员的工作量大、繁杂琐碎，常常独立工作，需要具有良好的职业道德，拒绝造假，否则会直接影响调查资料的真实性和客观性，造成调查质量的下降。

（三）优秀的品质及谦虚和善的态度

在调查过程中，调查员可能面对各种挫折，经受各种拒绝、猜测和冷嘲热讽，因此要具备良好的信心和耐心；为了避免错答漏答，要有足够的细心；另外，还要有谦虚和善的态度，以取得受访者的好感和信任。

（四）一定的专业背景知识

调查员最好具备一定的关于市场营销、统计、消费者心理之类的知识，这样有利于更好地理解调查目的以及和调查对象进行沟通。

小知识 19

调查员应具备的条件

任务实施

【任务名称】组建市场调查项目小组。

【任务目的】

1. 具备组建市场调查队伍的能力。
2. 提高学生的组织能力，以及培养学生的专业素养。

【任务要求】

1. 根据本小组的调查任务，确定小组成员的职位分工。
2. 根据本小组的调查任务，确定小组成员的工作内容。

【实施步骤】

1. 以小组为单位，根据实训内容和要求，讨论市场调查小组的队伍构成。
2. 由小组长安排各小组成员的工作职责及内容。
3. 教师和学生共同评估，给出成绩。

【组织形式】

1. 全班分小组进行，每组 8~12 人，自愿组合，合理分工。
2. 以小组为单位完成相关实训要求。

【考核要点】
1. 市场调查队伍的组建。
2. 市场调查队伍中各人员的职责。

【报告范例】

职位名称	工作职责	负责人
项目主管		
实施主管		
项目督导1		
项目督导2		
调查员		
数据录入员		
报告撰写人		

任务训练

【知识训练】
简答题
1. 请简要概述市场调查队伍的一般成员。
2. 如果你是市场调查项目负责人,你将会如何选择市场调查员?

【技能训练】
假定你所进行的市场调查项目需要大量的市场调查员。请根据市场调查任务,组织小组成员讨论招聘选择调查员的要求,模拟招聘选择调查员。

任务二 市场调查员的培训

任务导入

在市场调查中,招聘了市场调查员之后,下一步工作是对他们进行培训。通过培训培养调查员的工作技能,降低拒访率,使调查工作更加有效率。这是市场调查中的一项重要工作。

> 知识准备

一、培训的内容

（一）基础培训

基础培训主要是对职业道德、行为规范和调查技巧进行培训。

1. 职业道德培训

职业道德培训内容包括告知调查员必须提供完全真实的调查报告，不能为讨好委托方而故意修改数据；要遵守保密义务，既不能泄露被调查者的个人信息，也不能将调查报告和数据泄露给第三方；不能提供不完整或令人误解的报告等。

2. 行为规范培训

行为规范培训内容包括告知调查员要严格按照市场调查方案的要求选择被调查者；在提问、记录答案过程中应保持中立的态度，不能加入自己的观点和意见；调查员应在实施调查前准备好问卷、身份证、介绍信、工作证、纸、笔、赠品等调查工具。

3. 调查技巧培训

调查技巧培训内容包括接触被调查者的技巧、询问问题的技巧、记录答案的技巧、结束访问的技巧、处理意外事件的技巧等。

（二）项目培训

项目培训的目的在于让调查员了解项目的有关要求和标准。具体培训内容包括以下两个方面。

1. 项目讲解

对所进行的项目背景、调查内容、调查日期、调查部门及负责人、每位调查员需要调查的数量、调查员具体的工作安排等进行讲解，使每个调查员对整个调查项目有一个总体的印象，从而使其在调查过程中有目的地去收集信息。

2. 问卷讲解

对整个问卷的结构和内容进行讲解，并具体讲解如何提问、如何追问、如何记录等。

小知识20

市场调查人员培训的内容

二、培训的方式

（一）讲课

将接受培训的人员集中起来，采用讲课的方式进行培训。讲授的内容包括介绍背景资料、讲解问卷及实施要求、讲授调查技巧。

（1）由督导或其他项目调查研究人员向全体调查员介绍该项调查研究的计划、内容、目的、方法及与调查项目相关的其他情况，以便调查员对该项工作有一个整体性的了解，同时还要就调查访问的步骤、要求、时间安排、工作量、报酬等具体问题加以说明。

（2）介绍和传授一些基本的和关键的调查访问技术。比如如何敲门、如何进行自我介绍、如何取得被调查者的信任、如何尽快与被调查者建立良好的合作关系、如何客观地提出问题、如何记录回答等。同时要组织调查员集中学习调查员须知、调查问卷、调查员手册等材料，特别是要弄清楚调查问卷的全部内容、提问方式、填写方法、注意事项等。

（二）模拟访问

由负责培训的人员组织调查员进行模拟访问，让调查员熟悉调查访问的流程并应用之前在集中讲课培训中学过的一些方法技巧。模拟强调操作中的实际运用，侧重于对应变手法的培训。

（三）督导访问

督导员陪同调查员一起进行调查。这样调查员可以边做边学，能在短时间内提高调查访问技能。不过这种方法对人力的投入较大，只能在较小范围内进行短时间的应用。

任务实施

市场调查员基础
培训手册

【任务名称】模拟培训调查员。

【任务目的】

1. 掌握调查员培训的内容和方式。
2. 根据调查项目要求和市场调查的要求完成培训步骤和培训内容、方式的设计。
3. 提高学生的组织能力，培养学生的专业素养。

【任务要求】

根据本小组调查任务的特点，对调查员进行培训，设计培训的程序、内容和方式。（模拟操作）

【实施步骤】

1. 以小组为单位，根据所选调查项目提供一份培训计划方案。
2. 根据培训计划方案，小组长对组内调查员进行培训，实施调查。
3. 根据方案撰写及实施情况，由教师及学生共同评价，给出成绩。

【组织形式】

1. 全班分小组进行，每组 8~12 人，自愿组合，合理分工。
2. 以小组为单位完成相关实训要求。

【考核要点】

1. 培训内容和方式是否结合调查对象的特点。
2. 培训的内容、方式设计是否切合调查任务。

任务训练

【知识训练】

简答题

1. 简述市场调查员培训的主要内容。
2. 简述市场调查员培训方式。

【技能训练】

假定你是市场调查员的培训师，请你用模拟访问的培训方式，对小组成员及市场调查员进行模拟培训，小组成员观摩后进行评价。

任务三　市场调查的实施

任务导入

市场调查实施的好坏直接影响到市场调查的结果与质量，在实施前需要做充分的准备，而在实施过程中也要做好组织工作。

知识准备

一、宣传与沟通

（一）宣传

在市场调查开始实施之前，通过各种渠道进行宣传，可以扩大活动影响，为调查活动顺利开展提供便利。例如，将本次调查的主题、目的、意义宣传给调查对象或有关单位，争取他们的积极配合。与此同时，也要加强对市场调查项目组成员的宣传工作，动员他们的工作热情。

（二）与被调查者取得联系

在很多情况下，为了降低拒访率，可以在调查实施前先与被调查者取得联系，如做入户访问调查时，提前预约访问时间；做邮件访问调查时，先电话咨询意愿；做网络访问调查时，先通过已有网络渠道告知此事等。

此外，在调查前，通过各种渠道了解被调查者的相关情况，获得其周边相关人群的信任和引荐，有助于与调查对象接触的成功率，如与该社区（乡镇）居委会（村委会）的接触、与调查对象朋友的接触等。

二、准备调查文件和物品

（一）编写手册

市场调查活动涉及的工作内容和人员都很多，为了方便统一化、标准化管理，需要事先编写相关手册。这样做，一则提供工作的技巧；二则提供工作的标准。条例清楚的调查指导手册对现场工作人员的工作指导具有不可忽视的作用。调查指导手册包括调查员手册和督导员手册。

1. 调查员手册

主要是现场要遵守的操作条例和有关的技术指导。文字性的手册便于随时查阅。主要内容有：

（1）与被访者的接触，怎么第一次接触；筛选正确的样本；就近访问。

（2）一般的访问技巧和技术。

（3）问卷的审核，审核的方法和规则。

（4）疑难解答。

2. 督导员手册

专门的督导员手册为调查的管理提供指导，主要内容有：

（1）作业管理，包括如何给调查员分配任务，怎样向调查员分发和回收问卷。如果财务也由督导员负责，则要包括如何处理开销凭证及向调查员分发报酬。

（2）质量检查，即解释对调查员工作进行质量检查的原则和方法。

（3）执行控制，即如何通过各种表格记录调查实施过程中各环节的执行情况。

（二）相关文件准备

（1）调查表、调查问卷等调查工具。

（2）单位样本名单，包括被调查者的地址表、现实地理位置的地图等。

（3）调查中需要的卡片、相关表格等。

（4）介绍信、调查员证等证明文件。

（三）必要的物品准备

（1）礼品。

（2）测试用品（概念测试、包装测试、口味测试和产品留置等）。

（3）使用工具。记录笔、访问夹、手提袋（装文卷及礼品）、手表（记录访问时间）等。

三、实施市场调查

前期准备工作完成之后，下一步就是实施市场调查。经过培训的市场调查员按照市场调查方案中确定的调查方法、抽样方式、调查地点、时间及活动进度安排等内容对被调查者进行调查，以搜集市场信息。

在大规模市场调查开展之前，可以先进行试调查。问卷排好版后，可以先打印 10 份左右进行试调查。在进行试调查的时候，要认真对待，要同正式调查一样认真询问，从而发现疑问，记录下来，而且需要让参加正式调查的人员实践，被调查者也要符合调查涉及的要求标准。

试调查结束，发现的问题得到解决后，便可开始实施市场调查。在实施市场调查过程中，应严格按照市场调查方案来进行，各司其职，控制调查质量、调查进度、调查成本等。

任务实施

【任务名称】实施市场调查。

【任务目的】
1. 帮助学生掌握市场调查实施的步骤。
2. 掌握市场调查实施前的准备工作。
3. 提高学生的组织能力，以及培养学生的专业素养。

【任务要求】
根据本小组调查任务，做好市场调查实施前的准备工作。

【实施步骤】
1. 以小组为单位，根据所学知识，做好市场调查的准备工作。
2. 以小组为单位，正式开展市场调查。
3. 根据实施情况，由教师及学生共同评价，给出成绩。

【组织形式】
1. 全班分小组进行，每组8~12人，自愿组合，合理分工。
2. 以小组为单位完成相关实训要求。

【考核要点】
1. 市场调查实施的准备工作。
2. 市场调查实施的步骤。

【报告范例】

项目组负责人	
项目组成员	
项目名称	
宣传工作准备	
与调查者联系	
文件及物品准备	

任务训练

【知识训练】
简答题
1. 市场调查前需要做哪些准备工作？
2. 市场调查实施前进行宣传有哪些意义？

【技能训练】

假定你要到学校周边某小区开展一次入户调查,试着做好调查前的相关准备工作和宣传沟通工作。

任务四　市场调查活动的监控

任务导入

市场调查员将方案付诸实施,就意味着市场调查资料的收集工作正式开始。市场调查的组织与实施要做好三方面的监控:一是对市场调查员的监管;二是对市场调查进度的监控;三是对市场调查质量的监控。

知识准备

一、市场调查员的监管

(一) 市场调查员监管的必要性

调查员是调查的直接实施者,其表现是影响市场调查报告质量好坏的重要因素之一。如果调查员采集来的第一手资料错漏百出,将直接影响后期的数据分析和处理,最后得出来的结论也将一文不值。而在实际工作中,调查员本身的素质、条件、责任心等参差不齐,调查员的问卷来源不一定真实可靠,所以必须对调查员进行适当的监控,以保证调查问卷的质量。

对调查员监督管理的目的是要保证调查员能够按照培训的方法和技术来实施调查。要做好对调查员的监督管理,首先要了解调查员在调查过程中由于调查员本身的原因可能出现的问题;其次要掌握监管的各种方法手段。

(二) 在市场调查员方面容易出现的问题

在市场调查实践中,调查员方面常出现以下 10 个问题:

(1) 调查员自填问卷,而不是按要求去调查被调查者。
(2) 没有对指定的调查对象进行调查,而是对非指定的调查对象进行调查。
(3) 调查员自行修改已完成的问卷。
(4) 调查员没有按要求向被调查者提供礼品或礼金。
(5) 调查过程没有按调查要求进行,如调查员将本应由调查员边问边记录的问卷交由被调查者自填。
(6) 调查员在调查过程中带有倾向性。
(7) 有些问题答案选择太多,不符合规定的要求。
(8) 有些问题漏记或没有记录。
(9) 调查员为了获取更多报酬,片面追求问卷完成的份数,而放弃有些地址不太好找的调查对象,或放弃第一次碰巧没有找到的调查对象。
(10) 家庭成员的抽样没有按抽样要求进行。

(三) 调查员监管的方法

对调查员的监管一般利用下列 5 种手段来判断调查员访问的真实性，然后再根据每个调查员的任务完成质量，从经济上给予相应的奖励和惩罚。

1. 现场监督

在调查员进入现场调查时有督导跟随，以便随时进行监督并对不符合规定的行为进行指正。这种方法对于电话访谈、拦截访问、整群抽样调查比较适合。

2. 审查问卷

对调查员收集来的问卷进行检查，看问卷是否有质量问题，是否有遗漏；答案之间是否有前后矛盾问题；笔迹是否一样等。

3. 电话回访

根据调查员提供的电话号码，督导或专职访问人员进行电话回访。

4. 实地复访

如果电话回访找不到相关的被调查者，根据调查员提供的真实地址，由督导或专职访问人员进行实地复访。这种方法比电话回访真实可靠，但需要花很多的时间和精力。

在电话回访和实地复访过程中，通常要根据以下几个方面来判断调查员访问的真实性：一是电话能否打通或地址能否找到；二是家中是否有人接受访问；三是接受调查的问题是否跟该调查吻合；四是调查时间是否跟问卷记录时间相符；五是被调查者所描述的调查员形象是否与该调查员相符；六是访问过程是否按规定的程序和要求执行。

5. 评估调查员

及时对调查员进行评估，有利于他们了解自己的工作状况，同时也有利于调查机构组织建立更高质量的调查队伍。

二、市场调查进度的监控

调查进度的安排，直接影响调查的完成情况和调查工作的质量，而且调查进度表一经确认后，整个市场调查过程就必须严格按照这个进度表来执行，保证市场调查的所有工作在进度表规定的时间内完成。

调查进度与调查质量密切相关，切记要防止调查员为了赶进度，讲求经济效益，片面追求完成问卷的数量，而忽视调查的质量。为此，很有必要对调查员每天完成问卷的份数做出规定。进度的安排要综合考虑所有相关的因素。确定调查进度主要考虑的因素有客户的要求、兼职调查员和督导的数量和比例、调查员每天完成的工作量等。项目管理员必须了解项目是否能如期完成，如果调查中出现一些问题，导致项目可能会延期，项目管理员应分析问题产生的原因，并采取相应措施加快项目的进程，如增加调查员、对存在问题的调查员进行额外培训等。

三、市场调查质量的监控

市场调查质量的好坏，直接关系着市场调查的误差多少、市场调查分析及结果准确与否。而在市场调查过程中，需要监控的质量内容有成本、访谈质量和数据质量三个方面。

(一) 成本控制

市场调查成本控制是指在保证市场调查数据的质量和进度的前提下，通过对市场调查进行有效的计划、组织、控制和协调等活动，尽可能地降低成本费用，从而创造效益的一种管理活动。低成本、高效率也是市场调查质量高的表现。

在实际调查中，可以采取以下措施控制调查成本：

（1）制定岗位责任制及奖罚措施，以提高项目组人员的积极性。

（2）根据调查目标，确定调查地点和调查员，调查地点的确定要有代表性，不要进行重复性调查；兼职调查员数量的确定要合理，尽可能减少人工费用。

（3）在问卷设计阶段，设计纸张应控制在 1~2 页为宜。

（4）问卷的打印、运输、收发、保管等方面的环节，要尽量减少损耗，明确各环节负责人。

（二）访谈质量控制

市场调查访谈质量控制是指对调查员在访谈过程中的访谈技巧、表现行为、访谈过程等方面进行监控，以确保调查数据获得的真实性、准确性。

对调查员的访谈质量控制应着重关注以下几个方面：

（1）调查员自我介绍应恰当。

（2）调查员应该严格按照问卷的结构进行提问。

（3）问卷中需要追问的地方，调查员应该进行适当追问。

（4）在调查过程中，调查员应该保持中立。

（5）调查的工作记录应齐备。

（6）结束调查时的表现应合适。

评估访谈质量的工作可以通过督导员直接观测访问过程来完成，或者对现场的访问全程进行监控录像。在实际工作中，督导及项目负责人需要加强对调查员的培训，随时指导调查员，以便提高他们的访谈质量。

（三）数据质量控制

调查员是否按照市场调查方案执行调查活动，将严重影响市场调查的数据质量，因此，在市场调查工作中，应监管数据质量的有以下几个方面：

（1）调查员是否自作主张避免与那些他们认为不合适或难以接触的抽样单位打交道。

（2）当抽到的被调查者本人不在家时，调查员是否擅自更改样本，而不是回访。

（3）调查员是否擅自扩大抽样的范围，以为调查数量多多益善。

针对上述问题，督导员要每天记录调查员应该调查的数量和实际完成的数量、未找到被调查者的数量、被拒绝调查的数量等。抽取部分样本进行电话回访或实地回访，以确认调查的真实性。根据调查员提供的电话号码，由督导员或专职访问员进行电话回访。如果电话回访找不到有关的被调查者，根据调查员提供的真实地址进行实地复访。

此外，督导员或项目管理人员及时检查回收的问卷，查看是否所有的问题都有答案、是否存在不合格或不完整的答案、字迹是否清晰等。这也是对数据质量监管的重要内容。

小案例　　　　　　　　**友邦顾问公司的调查质量控制**

友邦顾问公司通过严格的项目流程控制与管理，保证了市场调查数据的客观性和准确性。其调查质量控制包括调查全程控制、访问过程控制和拒访率控制等。

1. 调查全程控制

调查全程控制即实施严格的全程质量控制措施。为确保调查项目能高质量完成，公司设有专业的质量审核员负责质量检查工作,一半消费者调查的复核比例为样本总量的10%~30%,集团消费者复核比例在30%~50%。他们对调查质量的控制是全程性的,如以下环节中的每个环节都有严格的管理制度,这些环节包括:调查设计—问卷设计—调查记录—调查数据—数据审核—数据接收—数据复核—数据汇总与录入—数据分析—报告大纲—报告撰写—客户报告会—客户接收。

2. 访问过程控制

友邦顾问公司市场研究项目管理实行项目经理负责制。项目经理接到部门经理转发下来的项目任务书时,即表明该项目正式确立,项目任务书是整个项目最主要的最有效的书面文件,项目经理将会参照项目任务书严格执行项目的操作流程。

计划书内容包括:抽样计划、进度计划、访问员计划、可能问题预估报告。计划书相关人员须人手一份,进度计划须复制一份给质量控制部。

(1) 抽样。抽样由项目经理负责。每个被调查地区的抽样由地区访问督导(或抽样员)根据抽样原则来完成,最终由项目经理来确认。

(2) 访问员的召集和确认。在接到任务书当天,应立即开始组织访问员,并进行技术培训。

(3) 工具准备。各种项目所需工具须在培训前全部准备好。所需工具包括:文件夹、问卷、项目进度计划表、调查样本框等。

(4) 模拟访问。
①模拟安排在培训后进行,主持模拟的督导必须参加培训并对问卷细节加以熟悉。
②模拟合理安排时间,不得短于正常问卷访问时间。
③模拟结束后必须把不合格的访问员剔除掉,并将模拟中出现的问题及时反馈到部门经理处。

(5) 问卷移交。
①每天回收的问卷必须在第二天上午10:30前一审后移交质量控制部负责督导。
②移交问卷须由专人负责,移交问卷时双方签名确认,不可他人代收签名。

(6) 项目控制。
①项目进行中,项目经理负有严密控制项目按计划进行的主要责任。发现出现偏差,必须马上追查偏差产生的原因,如果偏差会影响项目的进度与质量,须马上做出应急措施,并告知部门经理。
②复核工作由项目督导随机抽取30%进行电话复核;汇总交总部质量控制部。委托方可随时要求进行抽样复核。
③当质量控制部发现有人作弊时,须立即通知该访问员停止作业,并尽快回公司与质量控制部督导对质。
④当由于各种原因,发现项目必须延迟时,须立即报知部门经理做出决定。

(7) 审卷。
①一审应在访问员交卷时马上进行,做到需要补问的问卷可立即交访问员回去补问。
②审卷时需认真、仔细,审卷的准确率应不低于95%。
③审卷中发现不能解决的问题,须立即报知部门经理,由部门经理协助解决。

(8) 项目结束。
①收卷后一天内,项目督导必须完成各项目收尾工作,召开访问员小结会,召开督导小

结会，最后所有资料归档，项目结束。

②归档资料。

③按项目表现对访问员进行评价，评价后访问员表现须输入访问员管理库中。

3. 拒访率控制

友邦顾问公司富有成功的访问经验。通常来讲，他们采用如下方法降低拒访率：

(1) 良好的访问条件（中国科学技术协会成员单位，良好的社会背景与关系）。

(2) 合理的抽样设计。

(3) 特定的访问程序。

(4) 完备的培训体系。

(5) 专业人员的访问经验。

（资料来源：友邦顾问公司，http://www.up-point.com/sd/diaocha.html）

分析：

1. 友邦顾问公司所用的进行调查质量控制的方法包括调查全程控制、访问过程控制和拒访率控制，把质量控制落实到调查的每个环节。其他方法还有：对计划的执行进行控制；对调查问卷进行审核；审核抽样方法；对市场调查员进行控制。

2. 为了保证调查质量，调查员应该做到：认真参加培训；严格按照抽样方法进行抽样；按要求进行问卷调查，不能作弊；遇到问题要和督导进行沟通，需要补问的问卷要及时回去补问；项目结束后要进行总结，不断提高技能、改进工作。

任务实施

【任务名称】市场调查活动的监控。

【任务目的】

帮助学生掌握管理控制市场调查的方法；学生通过现场监督、电话回访、问卷审核等多种方式来保证市场调查作业的质量。

【任务要求】

1. 根据本小组调查任务，对本小组的市场调查费用、进度进行控制。

2. 利用审查问卷等方法，对调查项目的结果进行管理控制。

【实施步骤】

1. 以小组为单位，根据市场调查方案，小组自检进度及费用情况。

2. 根据组织实施方案，对调查结果进行管理控制。

3. 根据方案撰写实施情况，由教师及学生共同评价，给出成绩。

【组织形式】

1. 全班分小组进行，每组 8~12 人，自愿组合，合理分工。

2. 以小组为单位完成相关实训要求。

【考核要点】

1. 是否采用课堂介绍的方法对调查结果进行管理控制。

2. 是否对调查员进行监督和控制。

【报告范例】

项目负责人			
项目组成员			
项目名称			
对调查人员的监控方式及内容			
调查进度	原定计划		实际完成
调查成本	原定计划		实际完成

任务训练

【知识训练】

一、选择题

1. 下列选项中属于评估调查员范围的是（　　）。
   A. 时间和成本　　　　　　　　　B. 回答率
   C. 访谈质量　　　　　　　　　　D. 意见反馈

2. 下列选项中属于调查中作弊行为的是（　　）。
   A. 伪造样本　　　　　　　　　　B. 随意填写未完成的问卷
   C. 擅自改变访问形式　　　　　　D. 随意缩短访问时间

3. 下列选项中，属于市场调查现场执行后的控制的是（　　）。
   A. 项目小组座谈会法　　　　　　B. 抽取部分单位进行回访
   C. 检查问卷　　　　　　　　　　D. 召开项目例会

4. 调查员自作主张避免与那些他们认为不合适或难以接触的抽样单位打交道，属于（　　）行为。
   A. 没有按照抽样计划进行抽样调查　　B. 挑选被调查者行为
   C. 未完成调查任务　　　　　　　　　D. 篡改调查数据行为

二、简答题

1. 如何对市场调查员进行评估？
2. 如何对市场调查成本进行控制？

【技能训练】

错误的市场调查组织

2016年10月，某家电生产厂家进行了一次市场调查，调查目标：列举您会选择的电视机品牌。

该企业从市场调查部抽取了两组人员,设计了问卷,进行了街头拦截调查。收集到资料数据后,经整理分析发现:其中一组的结论是有15%的消费者选择该企业的电视机;另一组得出的结论却是36%的消费者表示该企业的产品将成为其购买的首选。巨大的差异让公司管理层非常恼火,为什么完全相同的调查抽样,会有如此矛盾的结果呢?公司决定聘请专业的调查公司来进行调查诊断,找出问题的真相。

专业调查公司的执行小组受聘和参与调查执行的访问人员进行交流,并很快提交了简短的诊断结论:第二组在进行调查执行过程中存在误导行为。首先,调查期间第二组的成员佩戴了公司统一发放的领带,而在领带上有本公司的标志,其标志足以让被访问者猜测出调查的主办方;其次,第二组在调查过程中,把选项的记录板(无提示问题)向被访问者出示,而本企业的名字处在其中的第一位。以上两个细节,向被访问者泄露了调查的主办方信息,影响了消费者的客观选择。

这家企业的老总训斥调查部门的主管:"如果按照你的数据,我要增加一倍的生产计划,最后的损失恐怕不止千万元。"

市场调查是直接指导营销实践的大事,对错是非可以得到市场的验证,只是人们往往忽视了市场调查本身带来的风险,一句"错误的数据不如没有数据",说出了众多中国企业家对数据的恐慌和无奈。

根据上述材料,回答以下问题。
1. 你觉得该家企业市场调查组织中存在什么问题?
2. 从该案例中,我们可以得出哪些启示?

项目知识结构图

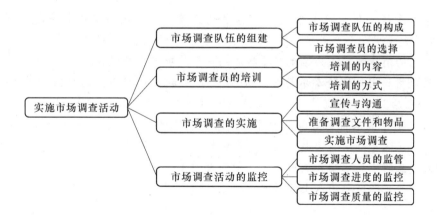

项目训练

【知识训练】
单项选择题
1. 在访问过程中,当被调查者谈论与主题无关的事时,调查员应( )转回正题。
   A. 间接　　　　　B. 策略　　　　　C. 立即　　　　　D. 不急于

2. 为保证调查工作的顺利开展和按时完成，调查者可制订（　　），对调查进程随时进行检查。

　A. 调查进度日程表　　　　　　B. 调查项目列表
　C. 计划表　　　　　　　　　　D. 时间安排表

3. 市场调查中最重要的因素是（　　）。

　A. 时间　　　　　　　　　　　B. 成本
　C. 调查员　　　　　　　　　　D. 调查对象

4. 下列选项中，不需要在调查前准备的有（　　）。

　A. 录音笔　　　　　　　　　　B. 介绍信
　C. 小礼品　　　　　　　　　　D. 金钱

5. 市场调查活动的质量控制包括（　　）控制和（　　）控制。

　A. 经费　　　　　　　　　　　B. 访谈质量
　C. 调查员　　　　　　　　　　D. 成本

【技能训练】

1. 某高职学院要进行一次毕业生顶岗实习情况调查，请你设计一份组织实施方案，方案内容包括调查队伍的组建、调查员的培训以及对调查项目的管理控制。

2. 对调查员的培训一般有讲课、模拟访问、督导访问三种方式，请同学们讨论这三种方式的优缺点，并提出改进的方法。

创业实训

学生记账软件

现如今，手机支付、网上银行体制越来越完善，人们花钱变得越来越简单。这也给"纯消费者"大学生人群造成了一些苦恼：花钱收不住、钱花在哪里完全没有印象。因此，如何控制自己的消费冲动成为学生需要解决的一个关键点。而现有的记账工具多为职场人士设计，界面风格和用户体验都不符合"90后"人群的使用习惯，用户很难养成记账习惯，一款能让"90后"学生群沉淀下来的记账APP成为一个最直接的需求点。

2015年，有一款来自上海财经大学的APP——露米记账，产品一上线就引起了很多人的注意。露米记账是一款专为大学生人群定制的个人财务管理APP，界面风格和功能细节都力求贴合大学生的审美意趣和使用需求，帮助大学生改善记账体验，进而更好地管理自身支出的应用。学生记账与职场人士记账的心理也有所不同，学生记账不仅有管理上的诉求，其实更需要的是一种生活的态度，因此露米从一开始就很注重吉祥物的设计，努力营造一种亲切、可爱的品牌形象。

缘何有此创业想法，还要从创始人周昇的一次记账经历说起。周昇当初有一段时间很缺钱用，为了节省开支，就拿Excel做了一张表记账，由于设置了很多的公式进行分析统计，记账体验很糟糕，就逐步放弃了。经调查，他发现这并不只是个别现象，37.45%的大学生曾记过账而最终放弃，于是就萌生了创业"露米记账"的念头。周昇说："与创业导师交流了想法并得到肯定，逐渐产生了一个商业化的解决方案。同时我找到了黄博杰、胡晶等志同道合的伙伴，大家一拍即合，开始了创业之旅。"

露米记账的具体功能：露米特有的校园绑定功能，能够自动导入校园卡消费记录，并且帮你智能分类和填写备注；露米记账配备了高灵敏的语音识别系统，可以区分出语句中的量词和形容词，只要对着手机说出消费条目，露米就能智能化自动生成账目并分类；露米还搭载了强大的统计分析功能，明细条目、柱形图、折线图、饼图，总有一款能让大学生在明丽的色彩中一目了然自己的消费趋势和结构变化。

当前国内有大量记账类的软件，如挖财、随手记、51信用卡管家等。不难发现，多数记账APP针对的是职场人士或家庭妇女，很难在细节上满足学生特殊的记账需求。而露米记账瞄准大学生细分市场，能更好地把握学生的消费和记账习惯，提供极致的用户体验。另外，露米在功能上做出两大核心创新：一方面是首创的"目标达成体系"；另一方面是露米记账对接高校财务系统，绑定校园卡后即可自动导入校园卡消费。

露米记账一上线就在上海财经大学校内引起不小的影响，仅一个月的时间累积用户逾1万个，周活跃用户大于3 000人，也被小米应用商店等推荐为理财类热门应用。据猎云网小编了解，当前露米记账仅支持上海财经大学和华东师范大学的学生使用。在未来的商业模式上，周昇认为，"如果露米记账能够吸引学生用户坚持使用，通过对大学生用户消费数据进行深入的分析和挖掘，露米将会成为连接商户和用户两边的平台，并且将这种连接的价值最终通过广告、露米券等多种灵活的形式转化为盈利。"

【实训任务】

露米记账软件准备了一份关于大学生记账情况的市场调查问卷，并有调查方案。现委托你组织本校的市场调查的实施，你将如何实施？

项目六

整理市场调查资料

项目导入

调查活动中,通过各种调查方法收集到了大量的原始资料,这些只是研究分析的基础,因为这些资料反映的是总体单位(个体)的状况,是分散凌乱的,不能完整系统地反映总体的情况。

调查人员还必须通过各种方法对收集到的资料加以整理、分析及统计运算,把庞大的、复杂的、零散的资料集中简化,使资料变成易于理解和解释的形式。简言之,资料整理就是通过一系列的操作将收集到的第一手或者第二手资料转变成数据结果,以便研究者了解其中的含义,使之成为更适用、价值更高的信息,为下一阶段的统计分析做准备。

学习目标

知识目标

☆ 掌握市场调查资料的接收与审核。
☆ 理解市场调查资料整理的重要性。
☆ 掌握市场调查数据的录入。
☆ 掌握市场调查资料的陈述。

技能目标

☆ 能根据市场调查要求,接收与审核调查资料。
☆ 能根据市场调查要求,确认数据资料。
☆ 能组织数据录入工作。
☆ 能够有效整理资料,并选择适当的陈述方法。

引导案例

在市场调查行业中,存在着第三方数据提供机构,其存在的最大价值在于公平、公正、可信。但是随着第三方公司越来越多,它们所拥有的企业客户也不断增多。在市场需求和行业竞争下,一种第三方公司与企业互为勾结的统计报告利益链条诞生了:企业需要什么数据,第三方公司就会提供什么数据。结果各类统计数据满天飞,同一对象频出不同的调查结果,第三方数据的公信度遭到质疑。

2010年,作为SaaS领域主要厂商的金蝶友商网日前向记者发了一封邮件,公开怀疑第三方机构易观国际数据"有问题"。

事情缘于易观国际数据最新公布的《2010年第二季度SaaS市场监测报告》,其中提到根据"交付价值"标准衡量,用友伟库网成为行业第一。对此,金蝶友商网认为,衡量SaaS产业的核心指标一直是注册用户数、付费用户数和销售额,易观国际数据以往也是采用这种业界通行的指标。而自2010年以来,易观国际数据开始使用"交付价值"来分析SaaS行业。这一概念到底是"交付本身的价格",还是"交付之后产生的价值",让业界莫名其妙。金蝶友商网同时拿出了一份支撑自己行业地位的数据:国际机构IDC 2009年3月发布的《服务大未来》趋势报告和计世资讯同年6月发布的《中国管理型SaaS市场报告》均显示,金蝶友商网以占据市场32.7%的份额排名第一。

在双方都有第三方证明的情况下,到底谁才是行业第一,公众已然失去了判断的能力,企业宣传自己、夸大自身实力无可厚非,可是象征着公平、公正的第三方数据为何在同一对象上出现分歧,却不得不令人质疑。

当越来越多的第三方数据无法服众时,第三方数据公司将不可避免地陷入一场信任危机,行业发展中诸多不为人知的造假行为越来越多地被人挖出来公之于众。

市场调查资料整理工作一定要遵守职业准则;否则,会大大影响分析结论的可信度,进而影响行业公信力。

任务一　市场调查资料的接收与审核

任务导入

收集数据资料的市场调查实施工作完成以后,呈现在调查人员面前的可能是一大堆填答完的调查问卷、调查表等调查资料,少则几百份,多则几千份。市场调查人员应该根据一定程序,认真回收、确认这些调查资料。在此基础上,按照特定的目的,运用恰当的技术对其做出分析,得出数据结论。

知识准备

一、回收、登记调查资料

随着实地调查工作的展开,项目管理控制部门应开始考虑安排调查问卷、调查表等调查资料的回收工作。调查资料的回收要有项目组专人负责,应加强责任制,保证调查的完整性与安全性。

(一)各调查点完成的调查资料分别编号存放

如果是一个大型项目,可能涉及多个调查地点,根据调查计划,随时会有不同的调查人员交回不同的调查资料。调查资料回收部门一定要细心、妥善地将各种调查资料及时进行编号,分门别类地存放或移交给研究部门。

(二) 填写调查资料登记表

为了加强对回收调查资料的管理,我们一般需要事先专门设计登记表,具体内容有以下几个方面:

(1) 调查地区及编号。
(2) 调查员的姓名及编号。
(3) 调查实施的时间、调查资料交付日期。
(4) 调查资料编号。
(5) 实发调查问卷或调查表数量、上交调查问卷或调查表数量、未答或拒答调查问卷或调查表数量、丢失调查问卷或调查表数量等。

(三) 做好标记

回收的调查资料应分别按照调查员和不同地区(或单位)放置,并醒目标明编号或注明调查员、地区和单位,以方便整理和查找。

二、审核调查资料

审核调查资料是资料整理工作的基础,通过对原始资料进行审查核实,可以避免调查资料的遗漏、错误或重复,保证调查资料准确、真实、完整和一致,达到调查资料整理的目的和要求。调查资料审核具体包括完整性审核、准确性审核、时效性审核与一致性审核。审核调查资料一般由具有丰富经验的资深审核员进行。

(一) 完整性审核

完整性审核包括检查应调查的总体单位是否齐全、调查项目(标志)的回答是否完整两个方面。调查问卷或调查表的所有问题都应有答案。答案缺失,可能是被调查者不能回答或不愿回答,也可能是调查人员遗忘所致。资料整理人员应决定是否接受该份问卷或调查表。如果接受,就应马上向原来的被调查者询问,请其填补问卷或调查的空白;或者询问调查人员有无遗漏,能否追忆被调查者的回答。否则,就应放弃该份问卷或调查表,以确保资料的可靠性。

在进行完整性审核时,应注意答案缺失有三种表现:其一是全部不回答;其二是部分不回答;其三是隐含不回答,如问卷调查中对所有问题都选"A"或都回答"是"。第一种和第二种容易发现,对第三种情况应仔细辨别,谨慎处理,一旦确认,一般将其视作无效问卷,做放弃处理。

(二) 准确性审核

准确性审核可以通过逻辑检查、比较审查和设置疑问框等方法进行。

逻辑检查法是分析标志、数据之间是否符合逻辑,有无矛盾或违背常理的地方,即进行合理性检查。如一般情况下,在审核中发现少年儿童年龄段居民的文化程度却填写大学以上,这即属于不合逻辑的情况。

比较审查法是利用指标数据之间的关系及规律进行审查,如地区居民户数不可能大于地区居民人数,地区居民总人数应等于城镇居民人数与农村居民人数之和,某产品全国的销售总额应等于其在各省、市、自治区的销售额之和等。

设置疑问框法则是利用指标之间存在一定的量值与比例关系,通过规定疑问框,审查数据是否有疑问。例如,规定某变量值不低于0.3,不高于0.8,如果数据在此范围之外,即属于有疑问数据,应立即抽取出来并进行审查。操作中应注意疑问框的设置不能相距过大,否则会遗漏有差错的数据;但也不能过小,这样会使大量正确数据被检查出来,增加审查的工作量。因此,疑问框的设计由经验丰富的专家负责,才能取得良好的效果。

(三) 时效性审核

时效性审核即检查各调查单位的资料在时间上是否符合本次调查的要求,其中包括接受的资料是否延迟、填写的资料是否为最新等,从而避免将失效、过时的信息资料用作决策的依据。

(四) 一致性审核

一致性审核即检查资料前后是否一致,避免自相矛盾。例如,在一次牙膏市场调查中,一位被调查者填写问卷时,在某一问题中回答说自己最喜爱某品牌的牙膏,但在回答另一个问题时说自己经常购买另一品牌的同类产品。显然该被调查者的答案是前后矛盾。对于这种情况,审核人员应决定是再向被调查者询问,还是将该份调查问卷作为无效问卷而剔除。

三、审核调查资料的方法

(一) 逻辑审核

这是根据调查项目指标之间的内在联系和实际情况对资料进行逻辑判断,看是否有不合情理或前后矛盾的情况。例如,产品成本的升降总是和占成本比中很大部分的主要原材料、燃料、动力等的消耗相关,若企业报送的资料中反映成本显著下降,而对主要原材料、燃料、动力等的消耗升高,这就存在矛盾,需要进一步查校。又如,一张调查表中年龄填写13岁,而婚姻状况却填"已婚",其中必有一项是错误的。总之,从回答的是否有逻辑,可以看出答案是否准确。

(二) 计算审核

这是对数据资料的计算技术和有关指标之间的相互关系进行审核,一般在整理过程中进行。主要看各数字在计算方法和计算结果上有无错误。常用的计算检查方法有加总法、对比法、平衡法等。例如,对400人的收支状况调查汇总见表6-1。

表6-1 400人的收支状况调查汇总

项目		人口数/人	比重/%
目前收支情况	结余较多	30	7.50
	略有结余	225	56.25
	收支平衡	120	30.00
	入不敷出	25	6.25
合计		400	100.00

人口数的合计为 400 人，如果合计大于或小于 400 人，说明汇总时有错误，必须重新查找。又如，一张表的进销存资料不平衡，其中一定有错误。有时各项有关数字之间虽然平衡，但数字不一定都准确，这就需要经验、知识和对有关情况的了解。对于从抽样调查来的数据，首先要注意样本的抽取是否遵守了随机原则。此外，有些资料使用不同剂量单位或价格计算，对此必须折合成标准单位或相同单位才能比较。

（三）经验审核

经验审核就是根据已有经验，判断数据是否真实、准确。例如，如果被调查者的年龄填写为 132 岁，根据经验判断，填写肯定有误。又如，某杂货店营业面积 400m^2，根据经验，这样的营业面积肯定与事实不符。

四、处理有问题的调查资料

（一）返回现场重新调查

此方法适用于规模较小、被调查者容易找到的情形。但是，调查时间、调查地点和调查方式可能发生变化，从而影响二次调查的数据结果。

（二）视为缺失值

无法退回的调查，在不能重新调查的情形下，可以将这些不满意的调查作为缺失值处理。如果不满意的调查资料数量较少而且这些调查资料中令人不满意的回答的比例也很小，涉及的变量不是关键变量，可采取此方法。

缺失值也称缺失数据，是由于被调查者对问题回答的表述含混不清、错误、未作回答，或者由于访问人员疏漏，未问问题，也未作记录而造成的数据奇异值或缺失。当缺失回答大于 10% 时，必须对其进行必要的处理。常用方法有用平均值替代、相关推测值替代和删除调查对象，如可以借助被调查者对其他问题的回答，推测缺失的答案可能是什么。

（三）视为无效调查资料

存在以下情况时，调查资料应被视作无效调查资料，可对其做放弃不用处理。

（1）回答令人不满意的调查资料占调查资料总数的比例在 10% 以上。

（2）样本量很大，丢弃资料后，仍然能保证一定数量的样本量。

（3）不满意调查资料与合格调查资料的被调查者在人口特征、关键变量等方面的分布没有显著差异。

（4）准备放弃的调查资料中令人不满意回答的比例较大。

（5）关键变量的回答缺失。

（6）在截止日期之后回收的调查资料，这类调查资料提供的答案信息很有可能是虚假信息。

（7）被调查者不符合抽样要求。例如，调查对象是 20~70 岁的成年人，因此，在这个范围之外的人所填写的调查资料都应视为无效。

任务实施

【任务名称】回收调查问卷实训。

【任务目的】
1. 掌握调查资料的回收、审核的方法。
2. 提高学生的组织能力,培养学生的专业素养。

【任务要求】
1. 根据本小组的调查任务,回收本小组的市场调查资料并做好登记工作。
2. 根据本小组的调查任务,对调查资料进行审核整理。

【实施步骤】
1. 各小组成员回收本小组的市场调查资料。
2. 由小组长统一安排组员将回收的市场调查资料进行登记整理,并形成表格。
3. 小组成员对所有调查资料进行审核,并对有问题的调查资料进行处理。
4. 教师对登记表及调查资料进行检查、评分。

【组织形式】
1. 全班分小组进行,每组8~10人,自愿组合,合理分工。
2. 以小组为单位完成相关实训要求。

【考核要点】
1. 市场调查资料的回收过程是否完整。
2. 市场调查资料的审核是否严谨。

【报告范例】

调查问卷登记表

调查员	调查时间	调查地点	问卷编号	实发问卷数	上交问卷数	未答问卷数	丢失问卷数	有效问卷数	无效问卷数

任务训练

【知识训练】

一、单项选择题

1. 下列选项中不属于调查资料回收工作的是(　　)。
   A. 按编号存放调查资料　　　　　　B. 填写调查资料登记表
   C. 做好标识　　　　　　　　　　　D. 审核调查资料

2. 检查应调查的总体单位是否齐全、调查项目标志的回答是否完整两个方面。它是对调查资料(　　)的审核。
   A. 完整性　　　　B. 准确性　　　　C. 时效性　　　　D. 一致性

3. 在一次牙膏市场调查中，一位被调查者填写调查问卷时，在某一问题中回答说自己最喜爱某品牌的牙膏，但在回答另一个问题时说自己经常购买另一品牌的同类产品。这份调查问卷违反了（　　）原则。

A. 完整性　　　B. 准确性　　　C. 时效性　　　D. 一致性

4. 当缺失回答大于（　　）时，必须对调查资料进行必要的处理。

A. 5%　　　B. 10%　　　C. 15%　　　D. 20%

5. 如果某调查的调查对象是20～50岁的成年人，而收集的一份调查问卷是由65岁的成年男人填写的，那么该份问卷（　　）。

A. 被视为无效问卷

B. 仍可使用

C. 有效，可做其他对比分析使用

D. 有效，单独放，再做整理

二、多项选择题

1. 对调查资料的审核包括审核调查资料的（　　）。

A. 完整性　　　B. 准确性　　　C. 时效性　　　D. 一致性

2. 处理有问题的调查资料方法有（　　）。

A. 返回调查现场　　　　　　　　B. 补充缺失值

C. 视为无效调查资料　　　　　　D. 和其他调查资料一起整理

3. 审核调查资料的方法包括（　　）。

A. 逻辑审核　　　B. 计算审核　　　C. 经验审核　　　D. 电脑审核

三、简答题

1. 如何审核调查资料？
2. 哪些调查资料可以被视为无效调查资料？

【技能训练】

假定史密斯是一位访问员，他进行了50份问卷调查，其中的10份调查问卷通过与被访者电话联系，对被访者一个有关态度的问题和两个有关人口统计特征的问题进行了确认。有一份问卷，被访者称其年龄属于30～40岁这个年龄段，但在调查问卷上标明的是20～30岁这个年龄段。在第二份问卷上，当被访者被问及"市政府面临的最重要问题是什么"时，访问员写的答案是："市政府急于提高税率。"但当对这份调查问卷确认后，被访者说："该城市的税率过高。"作为一名审核员，你认为该访问员是否诚实？是否可以认为这50份问卷均有效、均可以被接受？如果答案是否定的，你将如何做？

任务二　市场调查资料的整理

任务导入

在资料汇编阶段，往往需要录入大量的数据资料。首先需要对资料进行编码，然后将数据录入计算机。录入之后，对这些资料数据进行科学的分类、汇总整理，可以得到反映总体综合情况的统计资料，这些资料数据必须通过有效的方式得以陈述，其主要形式就是统计表和统计图。

> 知识准备

一、资料整理的含义

（一）资料整理的概念

市场调查资料整理是根据市场调查目的，运用科学的方法，对市场调查获得的最原始资料进行分类（分组）、汇总，使之系统化和条理化，并以集中、简明的方式反映市场现象总体情况的工作过程。简单地讲，调查资料整理就是通过一系列的操作将收集到的第一手或是第二手资料转变成为数据结果，以便研究者使用。在调查实践中，调查者整理的资料多为问卷资料。

（二）资料整理的内容

市场调查资料整理的基本内容包括以下三个方面：

1. 数据确认

数据确认是指对调查所收集到的原始数据或二手资料进行审核，查找问题、采取补救措施，确保数据质量。

2. 数据加工

数据加工是指对调查问卷或调查表提供的原始数据进行分类和汇总，或者对二手数据进行再分类和调整。

3. 数据陈述

数据陈述是指对加工整理后的调查数据用统计表、统计图、数据库、数据报告等形式表现出来。

（三）资料整理的意义

1. 资料整理是市场调查必要的环节

市场调查的根本目的是获取足够的市场信息，为正确的市场营销决策提供依据。从市场调查的过程可知，在市场信息收集与市场信息的使用之间，必然有一个市场信息的加工处理环节。这是因为运用各种方法，通过各种途径收集到的各类信息资料，尤其是各种第一手资料，大都处于无序的状态，很难直接运用，即使是第二手资料，也往往难以直接运用，必须经过必要的加工处理。对市场信息的加工处理，可以使收集到的信息资料统一化、系统化、实用化，从而方便使用。

2. 资料整理可以提高调查资料的价值

未经整理的信息资料由于比较杂乱、分散，其使用价值有限。资料整理是一个去伪存真、由此及彼、由表及里整合的过程，它能大大提高市场信息的浓缩度、清晰度和准确性，从而提升信息资料的价值。

3. 资料整理可以激发新信息的产生

在信息资料的处理过程中，通过调查人员的整理劳动和创造性思维，使已有的信息资料相互印证，从而有可能促使一些新信息产生。应用各种历史和现状信息佐证，推测和估计市场的未来状态，这种预测信息也是一种新的信息。

4. 资料整理可以纠正调查工作偏差

在市场调查工作的各个阶段、各个具体环节，都会出现计划不周或工作中的偏差等问题。比如，对市场调查问题的定义可能并不十分全面；对市场调查的设计可能忽视了某些工作；信息资料的收集可能存在遗漏或者收集方法的欠缺等。这些问题有可能在实施过程中，通过检查、监督、总结等活动被发现，并加以纠正。但是，很难避免有些问题不被人们所发现。在信息加工处理过程中，往往能发现一些问题，通过及时反馈，就能够采取措施，对存在的问题加以纠正，以避免造成更加不良的后果。

二、调查资料整理的原则

（一）目的性原则

市场调查资料的整理要服从于市场调查的目的要求，针对市场调研需要解决的问题，即用户管理决策的信息需求，有针对性地加工开发出以总括性数据与结构性（分类的）数据相结合的语法信息。

（二）核查性原则

为确保数据处理的质量，市场调查资料整理应注意事前、事中和事后都必须对数据质量进行核查，以求发现问题，查找差错，确保数据的准确性和可靠性，为进一步分析研究提供高质量的规范信息。

（三）系统化原则

市场调查资料的整理，不能停留在调查问卷或调查表数据的简单加工汇总上，应实行多方向、多层次的加工开发，以及调查项目之间的交叉开发，使加工开发的规范信息具有序列化，能最大限度地满足分析研究的需要。

（四）时效性原则

市场调查资料的整理是数据处理的过程，需耗费一定的时间，如果不提高加工整理的时效性，数据的实效性就会受到影响。因此，要利用计算机自动汇总技术、数据库技术等对数据进行及时加工处理，及时传输和反馈。

三、调查资料的汇总（编码、录入、分组）

汇总的主要任务是将市场调查的各种原始资料按照分组标志和编码设计进行统计汇总。一般来说汇总主要有手工汇总和计算机汇总。

（一）汇总分类

1. 手工汇总

手工汇总主要适合调查样本数量较少的情况。常见方法有问卷分类法、折叠法、划记法、卡片法等。

1) 问卷分类法

将全部问卷按照问项设计的顺序和分组处理的要求，依次以问项答案为依据进行问卷分类，分别清点有关问卷的份数，就可得到各个问题答案的选答次数。

2) 折叠法

将全部调查问卷中的同一问项及答案折叠起来，并一张一张地叠在一起，用别针或回形针别好，然后计点各个答案选择的次数，填入事先设计的分组表内。

3) 划记法

事先设计好空白的分组统计表，然后对所有问卷中的相同问项的不同答案一份一份地进行查看,并用划记法划记(常用"正"),全部问卷查看与划记完毕,即可统计出相同问项下的不同答案的次数,最后录到正式的分组统计表上。

4) 卡片法

利用摘录卡作为记录工具,对开放式问题的回答或深层访谈的回答进行过录或记录,然后再依据这些卡片进行"意见归纳处理"。

2. 计算机汇总

科学技术的发展和计算机的普及,给资料汇总带来了极大的便利。尤其是近几年计算机软件的应用,如:利用 Excel 可以对数据的某个指标进行计数、求和等,无论是速度还是准确度都有了显著提高。

计算机汇总通常要经过以下五个步骤:

(1) 选用或开发合适的数据处理软件。

(2) 编码。

(3) 数据录入。

(4) 逻辑检查。

(6) 汇总陈述。

(二) 调查资料的编码

在对数据资料初步审核完成并对不合格数据进行处理后,就可以开展编码工作了。编码是指按照某种规则,将每个问题的每种可能的答案分配一个计算机可识别的代码,通常是一个数字,并指出该数字在整个数据文件中所处的位置。

下面是一个问卷编码的例子(节选了部分内容):

问卷编码:015 (1~3)

1. 性别: (4)

男　　1　　□　　女　　2

2. 受教育状况: (5)

小学　　1　　□　　初中　　2

高中　　3　　□　　大学　　4

研究生　5　　□　　博士　　6

3. 年龄:_____(岁) (6~7)

问卷编码015表示完成的第15份问卷,1~3表示问卷编码在这个数据文件中位于1~3列的位置;性别字段显示在第4列,取值为1或2;受教育状况字段显示在第5列,取值范围为1、2、3、4、5、6;年龄字段显示在6~7列,以答案本身的数字作为编码。

假设有两份问卷的答案如下所示:

015:男,大学,36岁

226:女,高中,20岁

则两份答案的编码见表6-2。

表6-2　数据编码

项目	第1列	第2列	第3列	第4列	第5列	第6列	第7列
问卷015	0	1	5	1	4	3	6
问卷226	2	2	6	2	3	2	0

编码设计的内容包括问卷编码和问题编码。

1. 问卷编码

问卷编码可以包括调查人员代码、问卷编码、调查对象代码等，如某问卷编码为"10208005"，其中，第一列数字"1"代表"北京"，后面两列数字"02"代表"海淀区"，再后面两列数字"08"代表调查员编号，最后三列数字"005"代表这是调查员在海淀区成功完成的第5份问卷。需要注意的是，每份问卷编码值必须是唯一的。

2. 问题编码

由于问卷的问题分为封闭式问题和开放式问题，因而问题编码分为封闭式问题编码和开放式问题编码。

1）封闭式问题编码

由于封闭式问题可供选择的答案是事先设计好的，所以，在实地调查之前，就对每种问题及可供选择的答案进行了编码。封闭式问题编码分为单选题编码、多选题编码和等级顺序量表编码。

（1）单选题编码。

【例】

您的职业是：（　　）（55）

□　学生　　　　　　　1
□　上班族　　　　　　2
□　公务员　　　　　　3
□　自由职业者　　　　4
□　其他　　　　　　　5

这个问题的编码设置：分别用1、2、3、4、5、0表示学生、上班族、公务员、自由职业者、其他和无回答。55表示该字段处于第55列。

（2）多选题编码。

【例】

您最近一个月内购买过牙膏的品牌有：（55～61）

□　高露洁　　　　　　1
□　佳洁士　　　　　　2
□　中华　　　　　　　3
□　云南白药　　　　　4
□　黑人　　　　　　　5
□　冷酸灵　　　　　　6
□　其他　　　　　　　7

这个问题的编码设置：每个选项位于一列，依次位于第55～61列，分别用1、2、3、4、5、6、7表示选择了高露洁、佳洁士、中华、云南白药、黑人、冷酸灵或其他，用0表示为选择该选项，全为0表示无回答。如果被调查者选择的品牌有"中华""黑人""其他"，那么，该问题编码为"0030507"；如果本题无回答，则编码为"0000000"。

（3）等级顺序量表编码。

【例】

请按照您喜欢的程度对以下品牌的牙膏进行排序，最喜欢的排第一位，以此类推。(62~67)

　　□ 高露洁　　　　1　　　　□ 佳洁士　　　　2
　　□ 中华　　　　　3　　　　□ 云南白药　　　4
　　□ 黑人　　　　　5　　　　□ 冷酸灵　　　　6

这个问题的编码设置：分别用1、2、3、4、5、6表示高露洁、佳洁士、中华、云南白药、黑人、冷酸灵，0表示对该品牌的排名缺失，全为0表示该题无回答。62~67列表示排名顺序，62列表示最喜欢的品牌，63列为次喜欢的品牌，以此类推。例如，被调查者喜欢的品牌顺序是云南白药、黑人、中华、高露洁、佳洁士，但冷酸灵的排名缺失，则编码为"453120"。

小知识 21

制作编码的技巧

2）开放式问题编码

开放式问题编码一般要等到所有问卷都回收后再进行编码，对于开放式问题，回答可能多种多样，因此，对所有可能的答案类别，都应该编上一个号。在设计的过程中应注意以下几点：

（1）在样本量较小的情况下，可以查阅所有问卷对该问题的回答，在样本量较大的情况下，只要抽取部分问卷来查阅回答情况就可以了，但是尽量获取分布广泛的回答。

（2）仔细阅读每个被调查者对该特定问题的回答，每遇到一个新的答案类别就记录下来，同时记录各答案类别出现的次数。然后，对各答案类别进行整理，将不能编码或个数较少、可以不予考虑的那些答案归入"其他"项。

（3）每种答案类别也应该确定一个代码，规定其位数。

3. 编码表的制作

编码表是对每个代码的含义进行的说明，通常包括以下几项内容：代码所在的位置（列数）、变量名称及变量说明、编码说明及问答题顺序。我们通过下面一个例子来说明编码表的制作。

【例】

在对手机用户开展的市场调查中，问卷的部分问题如下。

您好，我是××学校的学生，为了解手机市场的现状，完善手机功能以及服务，我们进行了此次问卷调查，请您在相应的选项□内画"√"，资料的内容我们将完全保密，非常感谢您的合作。

问卷编号：

1. 您的性别：
☐ 男　　　　　　　　☐ 女

2. 您的年龄：（注：各选项范围不包括上限值）
☐ 10～20 岁　　☐ 20～30 岁　　☐ 30～40 岁　　☐ 40 岁以上

3. 您的职业是：
☐ 学生　　　　☐ 上班族　　　　☐ 公务员　　　　☐ 自由职业者
☐ 其他

4. 您的月收入：（注：各选项范围不包括上限值）
☐ 2 000 元以下　　☐ 2 000～3 500 元　　☐ 3 500～5 000 元　　☐ 5 000 元以上

5. 您认为手机在您生活中的重要性：
☐ 非常不重要　　☐ 不重要　　　　☐ 一般重要　　　　☐ 重要
☐ 非常重要

6. 您通过什么渠道了解新上市的手机：（可多选）
☐ 电视　　　　☐ 报纸　　　　☐ 宣传活动　　　　☐ 网络
☐ 朋友　　　　☐ 卖场海报　　☐ 其他

7. 请将下列手机品牌按照您的喜好排列，最喜爱者为 1 号，以次类推。
☐ 华为　　　　☐ 三星　　　　☐ 小米　　　　☐ HTC
☐ 苹果　　　　☐ OPPO　　　　☐ 黑莓　　　　☐ 魅族
☐ 联想

问题：根据以上问卷内容，制作一份编码表。

解：根据前面介绍的知识及以上问卷内容，我们制作的编码表见表 6-3。

表 6-3　编码表

列	变量名称及变量说明	编码说明	问答题顺序
1～3	问卷编码	从 001～100	—
4	被调查者性别	1—男；2—女；0—未回答	1
5	被调查者年龄	1—10～20 岁；2—20～30 岁；3—30～40 岁；4—40 岁以上	2
6	被调查者的职业	1—学生；2—上班族；3—公务员；4—自由职业者；5—其他	3
7	被调查者的月收入	1—2 000 元以下；2—2 000～3 500 元；3—3 500～5 000元；4—5 000 元以上	4
8	手机重要性	1—非常不重要；2—不重要；3—一般重要；4—重要；5—非常重要	5

续表

列	变量名称及变量说明	编码说明	问答题顺序
9~15	了解手机的渠道	1—电视；2—报纸；3—宣传活动；4—网络；5—朋友；6—卖场海报；7—其他 1~7表示选择不同渠道所对应的代码；若某一选项没有选择，则用0表示：0000000—未回答	6
16~24	手机品牌的喜好	1—华为；2—三星；3—小米；4—HTC；5—苹果；6—OPPO；7—黑莓；8—魅族；9—联想 排在第一列的为最优先考虑的因素，未排列的选项用0表示，000000000—未回答	7

（三）调查资料的录入

1. 数据录入

录入是将经过编码的数据资料输入计算机的存储设备（软盘、硬盘或闪存）中，这样便可供计算机统计分析了。数据的录入形式有两种：一种是以单独数据文件的形式录入和存在；另一种是直接录入专门的统计分析软件中（Excel、SPSS）。若采用计算机辅助数据收集方法，那么数据录入可以在数据收集的同时完成。以上述调查问卷为例，将这些调查信息输入 Excel 表格中，见图 6-1（假设收到 20 份调查问卷）。

问卷编号	性别	年龄	职业	月收入	手机重要性	了解手机的渠道	手机品牌的喜好
001	1	2	1	1	5	1034000	145623978
002	1	2	1	3	5	1000670	174532698
003	2	1	1	3	5	0000007	213659784
004	2	2	1	3	5	1200500	321985467
005	2	4	3	3	5	1034000	321568479
006	1	4	3	3	5	1030000	251348976
007	2	4	3	1	3	0030000	461537928
008	2	2	1	1	3	1004060	561320000
009	1	3	2	4	4	1200000	287419000
010	1	3	4	1	4	1000007	168924000
011	1	3	1	1	5	0030500	174589632
012	2	3	1	2	5	0204060	000000000
013	1	3	1	1	5	0004007	516489000
014	1	1	4	1	4	0230000	239654781
015	2	1	4	1	4	1200500	213456789
016	2	4	2	2	5	1004007	123456789
017	2	2	4	4	4	1030507	578432169
018	1	3	1	2	4	0200500	967854321
019	1	3	1	4	4	0034000	856743219
020	2	1	3	1	3	0030567	342156789

图 6-1 数据录入

2. 查错与核对

数据的录入可以通过键盘录入、机读卡、光电扫描和计算机控制的传感器分析完成，但最常用的还是键盘直接录入。在大量数据录入的过程中，不管组织如何严密、工作如何认真，差错总是可能发生，为此需要查错并进行核对。常用的方法有：

1）双机分别录入

双机分别录入即用两部计算机同时录入原始数据，然后将录入结果进行比较，完全相同的可视为录入正确，有不一致的地方，则认为是录入出现了差错，需要调出原始问卷进行核对。

2）部分复查

一般随机抽取20%左右的问卷进行复查。

3）一致性查错与逻辑查错

一致性查错主要考查变量的取值范围是否与所规定的范围一致。例如，"性别"的取值范围是1（男）、0（女）和9（未回答）。如果出现了2、3、4、5等其他代码，就说明超出了变量的正常取值范围，肯定有错。

逻辑查错是检查数据有无逻辑错误。一是样本结构上的逻辑错误。例如，年龄为20多岁的退休人员。二是回答内容上的逻辑错误。例如，不知道某个品牌的被调查者，在后面却选择了使用该品牌；回答不收看某个频道节目的被调查者在同一问卷上又选择了对该频道播出节目很感兴趣的答案。这些都是不符合逻辑的情况，需要审核。

（四）调查资料的分组

原始调查资料审核无误后，可对问卷或调查表中的问题及答案进行分组处理。分组处理的目的在于使原始数据分门别类，使资料综合化、条理化、层次化。

分组是根据调研需要，根据调查总体的某些特征将其区分为性质不同的类别或不同的组。也就是说，分组是按照一定标志将总体各单位区分为若干组的一种数据加工处理方法。所谓标志是调查单位所具有的属性或特征的名称。通过分组，把相同性质的现象归纳在一起，把不同性质的现象分开，从而反映出被研究对象的本质和特征，为后续工作打下良好的基础。

1. 选择分组标志

分组的关键在于选择和确定分组标志。分组标志有两类，即品质标志和数量标志。按品质标志分组，就是选择反映事物属性差异的标志作为分组标志，如消费者按性别、职业等分组，商品按主要用途分组，商店按经营类型分组，设备按种类分组等。按数量标志分组，就是选择反映事物数量差异的标志作为分组标志，比如消费者按年龄分组、商店按销售额分组、企业按规模分组等。

2. 确定分组界限

分组界限是组与组之间划分的界限。分组标志确定后，就需要确定分组界限。对于品质标志分组而言，性别、职业等分组界限就比较明确、简单。数量标志分组则须对组数、组限、组距等进行确定。

1) 确定组数

组数是分组的个数。当数量标志的变动范围很小,而且标志值的项数不多时,可直接将每个标志值都列为一组,形成单项数列。例如,某工程第一车间有 50 名工人,专门看护机器,最多的看 4 台,最少的看 1 台,按工人看管的机器台数对第一车间工人进行分组,见表 6 – 4。

表 6 – 4　第一车间工人看护机器统计

项目		工人数/名	百分比/%
看护机器数量/台	1	6	12
	2	19	38
	3	20	40
	4	5	10
合计		50	100

当数量标志的变动范围很大,而且标志值的项数有很多时,就可将一些临近的标志值合并在一组,以减少组的数量,形成组距数列,见表 6 – 5。

表 6 – 5　某市居民家庭人均年收入分布

项目		样本数/户	比重/%
项目	5 000 元以下	180	9
	5 000 ~ 10 000 元	220	11
	10 000 ~ 20 000 元	320	16
	20 000 ~ 30 000 元	500	25
	30 000 ~ 40 000 元	360	18
	40 000 ~ 50 000 元	260	13
	50 000 元以上	160	8
合计		2 000	100

2) 确定组限

组限是组距的两个端点,是组与组之间的分界值。组限有上限和下限两种。上限是每组中的最大值,下限是每组中的最小值。分组时某一标志值正好与组限值一致时,应遵循统计学中"上组限不在内"原则,将具有这一标志值的调查单位化归于下限的那一组。上限、下限都有的组叫作封闭组,只有下限或只有上限的组叫开口组。

3) 确定组距

组距是各组中最大值和最小值的差额。组距相等的叫等距分组,组距不相等的叫不等距分组。在进行分组过程中,不要遗漏任何原始资料的数据。组距尽可能取整数,并且尽量使用等距分组。如果问卷已经是分类进行提问的,尽量按照已有的分类进行排列。

小知识22

数据分组的原则

3. 资料分组的意义

(1) 通过分组,可以对各种市场现象的类型在本质上进行区分,可以识别各种类型的本质特征及其发展变化规律。

(2) 可以用来分析、研究市场现象之间的依存关系、因果关系,便于企业通过一些促销手段来改变目标人群的观点、态度,从而改变其行为。

(3) 通过分组能反映事物内部结构及比例关系,从而为企业寻找目标市场提供基础数据。科学的分组方法,一方面可以明显表明各组中频数的分布情况,从而使研究者对被调查者的结构情况有一个大体的了解;另一方面还可以使许多普通分组显示不出来的结论明显化,从而为企业寻找目标市场提供基础数据。

小案例

某公司通过市场调查了解当地用户对其某类产品的采购方式。发现各家公司的采购方式与各自公司规模大小、经营产品类别有密切相关。于是,在资料分析时,根据营业额把这几家公司划分为五类:营业额每年1 000万元以上;营业额每年500万~1 000万元;营业额每年250万~500万元;营业额每年100万~250万元;营业额每年100万元以下。

分类之后,市场调查人员只需分析五类规模大小各异的公司的共性,并将各类公司的特点进行比较,即可说明问题,而不必逐一进行相互比较。

四、调查资料的陈述

市场调查的目的在于了解总体的一般情况,而非单个调查对象的详细情形。通过编码之后,录入的数据就构成了一个数据矩阵。面对这样一个矩阵,调查人员的任务就是进行数据压缩,把隐藏在这些大量分散数据中的重要信息揭示出来。这些有用信息的揭示,是通过对原始数据进行统计分析,制作统计表、统计图等来实现的。

(一)统计表

1. 统计表的含义

统计表是以纵横交叉的线条所绘制的表格来陈述数据的一种形式。用统计表陈述数据资料有两大优点:一是能有条理地、系统地排列数据,使人们阅读时一目了然、印象深刻;二是能合理地、科学地组织数据,便于人们阅读时对照比较。

小知识 23

统计表的作用

2. 统计表的构成

统计表从形式上看，是由总标题、横行标题、纵栏标题、指标数值 4 个部分构成的，见表 6 – 6。

（1）总标题：统计表的名称，概括统计表的内容，写在表的上端中部。

（2）横行标题：横行的名称，即各组的名称，写在表的左方。

（3）纵栏标题：纵栏的名称，即指标或变量的名称，写在表的上方。

（4）指标数值：列在横行标题和纵栏标题交叉对应处。

表 6 – 6 婚姻、性别与时装购买选择分布情况

时装购买选择	男　性			女　性		
	小计	已婚	未婚	小计	已婚	未婚
高档时装	171	125	46	169	75	94
中档时装	219	164	55	203	135	68
低档时装	130	101	29	108	90	18
被调查者数量/人	520	390	130	480	300	180

统计表从内容上看，由主词和宾词两大部分构成。

主词是统计表所要说明的总体的各个构成部分或组别的名称，列在横行标题的位置。

宾词是统计表所要说明的统计指标或变量的名称和数值，宾词中的指标名称列在纵栏标题的位置。

有时为了编排的合理和使用的方便，主词和宾词的位置可以互换。

小知识 24

频数表

3. 统计表的注意事项

一个调查项目结束后，一般都需要制作大量的统计表，其中有些表格是要插放在调查报告之中的，但大部分是作为原始资料单独装订，按附录交付给客户的。统计表的制作一般应

注意以下 5 点：

(1) 每张表格都要有号码和标题，标题要简明扼要。
(2) 适当排列项目的顺序，一般应将最显著的放在前面，也可按照问卷中的顺序排列。
(3) 注明各种数据的单位，只有一种单位的表，可在标题中统一注明。
(4) 表格的层次不宜过多。
(5) 小数点、个位数、十位数等应上下对齐，一般应有合计。

（二）统计图

1. 统计图的含义

统计图，是以圆点的多少、直线长短、曲线起伏、条形长短、柱状高低、圆饼面积、体积大小、实物形象大小或多少、地图分布等图形来陈述调研数据。用统计图陈述调研数据具有"一图抵千字"的表达效果，因为图形能给人以深刻而明确的印象，能揭示现象发展变化的结构、趋势、相互关系和变化规律，便于表达、宣传、讲演、广告和辅助统计分析。但统计图能包含的统计项目较少，且只能显示出调查数据的概数，故统计图常配合统计表、市场调研报告使用。

2. 统计图的种类

统计图的类别很多，常用的有条形图、直方图、折线图、饼形图、环形图和统计地图等。

1) 条形图

条形图是以若干等宽且平行的长条或圆柱的长短来表示品质属性数列中各组频数或频率大小的图形。通常以横轴代表不同的组别，纵轴代表各组的频数或频率（图 6-2）；有时亦可用纵轴代表各组，横轴代表频数或频率（图 6-3）。

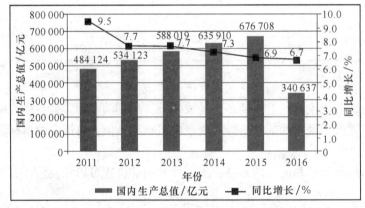

图 6-2　2011—2016 年中国国内生产总值及增长速度

2) 直方图

直方图是以若干等宽的直方长条的长短来表示各组的频数或频率的大小。常用于表现组距数列的次数分布或频率分布。离散型变量组距的直方图中的长条应间断，连续变量组距数列的直方图中的长条应连接起来（图 6-4）。

3) 折线图

折线图是以折线的上升或下降来表示统计数量的增减变化的统计图。折线图用折线的起伏表示数据的增减变化情况，不仅可以表示数量的多少，而且可以反映数据的增减变化情况（图 6-5）。

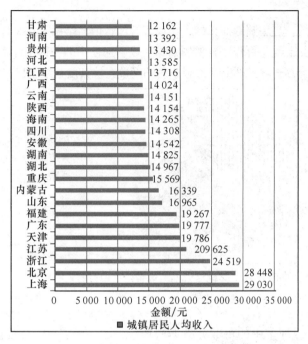

图6-3　2016年上半年我国部分省、区、市城镇居民收入

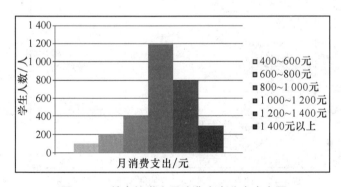

图6-4　某高校学生月消费支出分布直方图

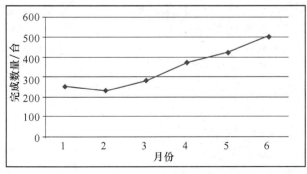

图6-5　某企业2013年生产完成情况

4）饼形图

饼形图也称圆形图，是用圆形面积的大小代表总体数值。常用于在总体分组的情况下，反映总体的结构、各组所占比重（百分比）资料。这也是普遍使用的一种统计图。绘制方法是根据构成总体的各组成部分所占比重，求出其占圆心角的度数，按其度数绘制出扇形面积（图6-6）。

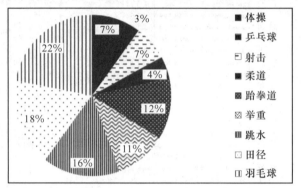

图6-6 某地区人们对体育运动项目的爱好程度

5）环形图

环形图是将总体或样本中的每部分数据用环形中的一段表示。环形图亦可绘制多个总体或样本的数据系列。每个总体或样本的数据系列为一个环（图6-7）。

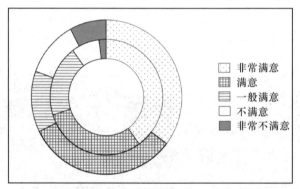

图6-7 消费者对某连锁店的服务满意度评价分布

6）统计地图

统计地图是以地图为底本，利用点、线条、面积、数据、象形、标志等来表现各区域某种统计指标数据的大小及其在地理上的分布情形，又称空间数列图（图6-8）。根据所利用的图形不同，统计地图可分为数据地图、点地图、面地图、象形地图、线路地图、标志地图等。

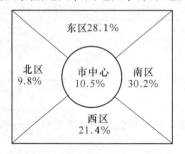

图6-8 某市居民购房区域选择

3. 统计图的注意事项

在制作统计图时，要注意以下 5 点：

（1）每张图都要有号码和标题，标题要简明扼要。

（2）图标说明要简洁。

（3）图形清楚简明，数据和作图的笔墨之间的比例要恰当，避免太少或太多的标注、斜线、竖线、横线等。

（4）作图时最好既使用颜色，又使用文字说明，颜色的选择要有逻辑性，突出重要的部分。

（5）一般应说明数据的来源。

任务实施

【任务名称】整理调查资料。

【任务目的】

数据整理不复杂

1. 在从事市场调查资料分组、录入、展示等活动的同时，体验统计与生活的联系，全面了解整理市场调查资料的基本内容和流程，培养学生处理数据的能力。

2. 学生在实训结束时，应具备市场调查资料整理的基本技能，对调查资料能选择合适的分组和科学的编码方案，会用 Excel 进行数据的录入并能用图表的形式对数据进行显示。

3. 通过经历市场调查资料的整理过程，培养学生的应用意识和实践能力，在小组学习的活动中学会与人合作。

【任务要求】

1. 根据本小组的调查任务，将本小组搜集好的市场调查资料进行分组、编码、录入、汇总。

2. 将整理好的数据录入 Excel，生成统计图和统计表。

【实施步骤】

1. 制作编码表，将收集来的市场调查资料进行编码。

2. 分工合作，对调查资料进行录入。

3. 确定本次调查所需的重要数据，利用计算机进行数据汇总。

4. 将关键数据录入 Excel，制作出统计图和统计表。

【组织形式】

1. 全班分小组进行，每组 8~12 人，自愿组合，合理分工。

2. 以小组为单位完成相关实训要求。

【考核要点】

1. 市场调查问卷的分组和编码是否科学。

2. 市场调查资料的录入与汇总是否准确。

3. 市场调查资料的表现形式是否得当。

> 任务训练

【知识训练】

一、选择题

1. 下列选项中不可以作为分组标志的是（　　）。
   A. 年龄　　　　　　　　　　　　B. 性别
   C. 收入　　　　　　　　　　　　D. 建议

2. 调查资料的陈述可以采用以下（　　）方式。
   A. 数据表　　　　　　　　　　　B. 统计表
   C. 统计图　　　　　　　　　　　D. 文字描述

3. 调查资料手工汇总可用的方法有（　　）。
   A. 问卷分类法　　　　　　　　　B. 折叠法
   C. 划记法　　　　　　　　　　　D. 卡片法

二、简答题

开放式问题如何做编码工作？

【技能训练】

下面是一份已填好的调查问卷，请对问题进行编码。

有关图书阅读的调查问卷

1. 您的月收入大概多少？
   □ 2 000 元以下　　☑ 2 000～3 500 元　　□ 3 500～5 000 元　　□ 5 000 元以上

2. 您购书的主要目的是什么？
   ☑ 学习、考试需要　　□ 了解时尚热点　　□ 休闲娱乐
   □ 个人爱好、收藏　　□ 其他＿＿＿＿

3. 您购书考虑的因素主要是什么？（请排序）
   （3）内容　　　　（2）价格　　　　（6）包装
   （1）实用　　　　（4）知名作家的作品　　（5）热门畅销书

4. 您较能接受的图书价格为多少？
   □ 20 元以下　　☑ 20～40 元　　□ 40～60 元
   □ 60 元以上

5. 您购书的地点一般是哪里？（可多选）
   ☑ 新华书店　　□ 商家图书展销　　□ 书刊市场
   □ 图书大厦　　□ 其他＿＿＿＿

6. 您对商家进行图书展销的看法是什么？
   □ 方便、实惠，很好
   ☑ 无所谓，视其内容、价格而定
   □ 没兴趣，宁愿到正规书店去买

7. 您最近一次购书的时间是（上周）；花费（32.8）元。

8. 您平均每个月的购书支出占月消费的比例是（10%）。

9. 您的年龄（28），性别（男），学历（大专），电话（18888888888）。

任务三 线上调查资料的整理

任务导入

线上调查指的是通过网络进行有系统、有计划、有组织地收集、调查、记录、整理、分析与产品、劳务有关的市场信息，客观地测定及评价现有市场及潜在市场，具有及时性、客观可靠性、共享性、便捷性、经济性、互动性、充分性和无时空地域限制性，调查效率较高。但网上调查问卷收到的反馈纷繁复杂，多重选择答案，可信度较低，还具有大量无效的反馈意见。因此，必须对线上调查资料进行整理，进一步优化数据，提高可信度。

知识准备

一、线上资料的审核与删除

网络调查具有一些独有的特征，收集调查反馈信息后，对信息进行审核处理是关键的第一步。我们需要去伪存真、去粗取精，对回收的调查资料认真审核与处理，保证调查的准确性与统一性，保障线上问卷调查质量。

通过回收线上问卷，我们初步掌握相关的问卷信息；接下来，我们需要对数据进行审核，去除杂乱无章、毫无价值的数据，这是数据分析的关键一步，必须确保筛选出符合实际的、具有价值的重要信息进行分析。

目前针对线上调查已建立完整的信息过滤系统，确保数据符合标准，下面以问卷星系统为例来说明（图6-9）。

图6-9 浏览原始数据详情页面

可通过对每栏内容进行详细查看，确认答案是否符合要求，去除不真实、不规范、不符合要求的答卷（图6-10）；可以单份进行删除（图6-11），也可以按条件筛选，然后批量删除（图6-12）。删除的答卷如果想恢复使用，可以在无效答卷中恢复。

恢复为有效答卷，同删除答卷一样，既可单份恢复，也可以按条件筛选后恢复（图6-13）。

(1) 先点击"无效答卷"，进入无效答卷页面。
(2) 点击"恢复"按钮，将无效答卷恢复为有效答卷。

图 6-10 把鼠标放在任何一栏，点击即可查看每栏详情

图 6-11 单份删除

图 6-12 批量删除：先按条件筛选出数据，再批量删除

图 6-13 恢复为有效答卷

小知识 25

下载原始答卷到 SPSS 分析

二、线上调查资料的整理

(一) 数据分组

分组是根据调查目的和所研究现象的本质特征,将现象按照一定的标志分成不同的组别。

分组原则:
(1) 根据调查的目的来选择分组标志。
(2) 选择最终能反映事物本质特征的标志。
(3) 根据经济发展变化及历史条件选择分组标志。

分组的作用:
(1) 划分市场现象的类型。
(2) 表明市场现象的内部结构。
(3) 反映现象间的依存关系。

问卷星分组操作流程:

在问卷星使用分类统计功能可以以问卷中任何一道或多道选择题的选项、填写者 IP 所在省份或城市、答卷来源渠道为依据进行分类,从而得到每类答卷的统计报告,如图 6-14 所示。

1. 以部门、年龄、性别等问卷中包含的选择题为自变量进行统计分析

(1) 以性别为自变量进行分类统计可以得到:女性员工满意度报表、男性员工满意度报表。

图 6-14 分析统计功能

(2) 以部门为自变量进行分类统计可以得到：市场部员工满意度报表、销售部员工满意度报表。

(3) 以性别和部门为自变量进行分类统计可以得到：市场部女性员工满意度报表、销售部男性员工满意度报表。

2. 根据地区来源统计分析

(1) 以填写者 IP 所在地区为自变量进行分类统计可以得到：广东省报表、长沙市报表。

(2) 以来源渠道为自变量进行分类统计可以得到：Flash 报表、链接报表。

(二) 数据图表制作

收集问卷以后，将调查方案要求的数据转换成图表形式，使得数据更为直观易懂，方便后续分析。以问卷星为例，其可分为默认调查报告和自定义调查报告两种。回收答卷之后，系统会自动进行分析统计，进入"分析&下载""统计&分析"能查看和下载调查报告，如图 6-15 ~ 图 6-17 所示。

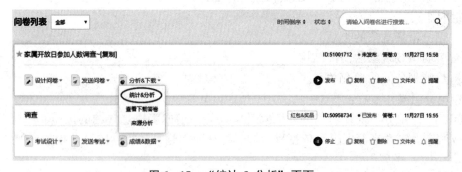

图 6-15 "统计 & 分析"页面

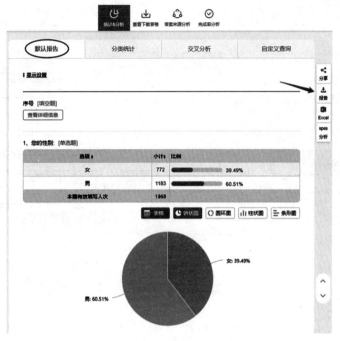

图 6-16 默认调查报告

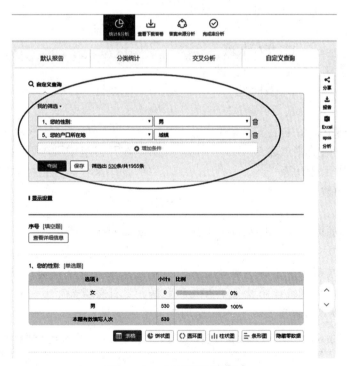

图 6-17 自定义调查报告

项目知识结构图

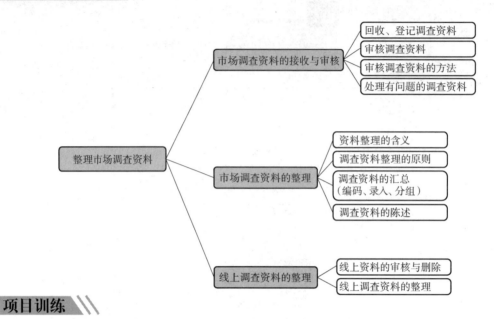

项目训练

【知识训练】

一、选择题

1. 从形式上看,统计表由( )构成。
   A. 总标题　　　B. 主词　　　　C. 纵栏标题
   D. 横行标题　　E. 指标数值

2. 统计资料审核主要是审核资料的( )。
   A. 准确性　　　B. 及时性　　　C. 完整性
   D. 代表性　　　E. 科学性

3. 在组距数列中,组中值( )。
   A. 是上限与下限的中点数　　　　B. 在开口组中可参照相邻组来确定
   C. 在开口组中无法计算　　　　　D. 是用来代表各组标志值的一般水平
   E. 就是组平均数

二、简答题

数据资料审核的内容有哪些?对于不合格的数据该如何处理?

【技能训练】

假定某家电经销商为了了解消费者空调购买行为,从某市城镇居民家庭中抽取了 1 000 户进行问卷调查,并从市统计局搜集了有关的数据,资料整理如下。

(1) 近 10 年城镇居民可支配收入、空调拥有量等数据资料,见表 6-7。

表 6-7　近 10 年城镇居民可支配收入、空调拥有量等数据资料

年份	可支配收入/ (元·人$^{-1}$)	消费性支出/ (元·人$^{-1}$)	耐用品支出/ (元·人$^{-1}$)	空调拥有量/ (台·百户$^{-1}$)
2000	1 592	1 294	88	108.1
2001	1 783	1 446	105	110.8

续表

年份	可支配收入/ (元·人$^{-1}$)	消费性支出/ (元·人$^{-1}$)	耐用品支出/ (元·人$^{-1}$)	空调拥有量/ (台·百户$^{-1}$)
2002	2 168	1 732	128	114.2
2003	2 817	2 194	168	117.1
2004	3 886	3 138	245	119.5
2005	4 705	3 886	269	121.0
2006	5 052	4 098	332	122.8
2007	5 029	4 137	352	125.1
2008	5 435	4 482	394	128.1
2009	5 818	4 800	486	132.3

(2) 2009 年年末不同收入家庭每百户空调拥有量，见表 6-8。

表 6-8　不同收入家庭每百户空调拥有量　　　　　　　　　　　台

收入水平	最低收入	低收入	中等偏下	中等收入	中等偏上	高收入	最高收入
拥有量	88.46	116.35	119.32	123.32	140.12	145.32	151.32

(3) 调查的 1 000 户居民家庭中，计划近三年内购买空调的户数分别为 53 户、89 户、58 户（1 000 户中有 868 户拥有空调 1 316 台，132 户没有空调）。

(4) 计划购买空调的 200 户家庭关注空调服务、质量、促销、价格、其他要素的分别为 28 户、144 户、4 户、20 户、4 户。

(5) 买空调的 200 户，准备购买单冷机的 23 户，冷暖机的 170 户，到时再决定的 7 户；准备购买窗式机的 39 户，柜机的 43 户，壁挂机的 118 户。

(6) 计划购买空调的 200 户，空调信息来源的渠道分别为报纸刊物 90 户，电视 87 户，销售现场 8 户，朋友同事告知 6 户，销售人员促销 3 户，户外广告 4 户，网络广告 2 户。

(7) 计划购买空调的 200 户，考虑购买空调的地点分别为：专卖店 77 户；大型电器商场 94 户，综合性商场 82 户，家电连锁店 56 户，厂家直销店 48 户（有同时选择多个地点的情形）。

(8) 计划购买空调的 200 户，考虑购买的时间选择分别为：夏季 86 户，冬季 60 户，厂家促销期 42 户，春季和秋季 12 户。

(9) 计划购买空调的 200 户，空调功率的选择分别为：1 匹以下 7 户，1 匹 41 户，1.5 匹 48 户，2 匹 35 户，2.5 匹 12 户，3 匹以上的 23 户，到时视情况而定的 34 户。

(10) 计划购买空调的 200 户，空调价位的选择分别为：2 000 元以下的 12 户，2 000～3 000 元的 56 户，3 000～4 000 元的 45 户，4 000～5 000 元的 36 户，5 000 元以上的 30 户，到购买时再定的 21 户。

(11) 居民家庭对空调评价的态度分布：非常欢迎的 482 户，无所谓的 106 户，不欢迎的 5 户。

(12) 居民家庭对绿色环保空调的看法：符合空调发展方向的 252 户，符合消费需求的 312 户，空调的必需要求 127 户，厂家炒作 112 户，不知道的 197 户。

(13) 居民家庭对变频空调的看法：符合空调发展方向的 169 户，符合消费者需求的 294 户，空调的必需要求 140 户，厂家炒作 99 户，不知道的 298 户。

(14) 居民家庭对静音空调的看法：符合空调发展方向的 239 户，符合消费者需求的 391 户，空调的必需要求 210 户，厂家炒作 52 户，不知道的 108 户。

(15) 居民家庭认为厂家宣传推广对购买决策很有影响的 170 户，有影响的 280 户，一般的 235 户，无影响的 15 户。

分析提示：

(1) 你认为上述调查数据加工处理有何特点，有哪些缺陷？在实际工作中，应怎样弥补这些缺陷？

(2) 根据这些数据，你认为可制作哪些形式的统计表和统计图？

(3) 若再次做同类调查，你能设计出更为完善的调查问卷和数据整理方案吗？

创业实训

校园的众包 C2C 模式

快应是广州爱特安为旗下一款校园"任务/活动"响应器，主要提供 O2O 模式下的 C2C 众包服务，同时可承载校园社交、商家对接等服务。据了解，创始人邓兴裕曾连续创业，如"点点生活"等，对互联网行业的发展也有自己独到的见解。他认为，"未来，O2O 模式下的 C2C 众包服务对接将会是一轮趋势，快应作为第一波进驻校园的平台，将会以最快的速度去摸索商业模式和调整产品战略，做到实实在在解决学生的真实问题，真正做到：有求必应，一呼百应！"

具体来看，快应的学生用户可以充当"快应人"和"发起者"双重身份。如用户 A 需要帮忙取快递，附近的用户 B 就可以收到任务的推送，若用户 B 选择接任务，就可以通过快应快速联系到用户 A，告知对方这个任务能接。在执行任务的过程中，用户 A 能实时查看用户 B 的位置，将快递送到用户 A 手上后，用户 B 率先点击"完成任务"并输入用户 A 告知的快应码，才算是完成一次任务并获得赏金，若用户 A 率先点击则不用快应码。与此同时，用户也可以发布"任务/活动"。基于 LBS 地理定位系统，快应将任务信息钉在相应的地点，地点周围的人能得到此条消息的推送，而范围外的人则需要手动查看任务。

这样看来，快应的应用场景不只是大学生代拿快递、带饭、代请假等，通过信息推送的原理可以延伸到企业或商家发布活动信息。以前企业想要在学校办活动，大都会通过社团、学生会等组织承办，从找相关负责人、协商承办再到全校宣传，过程耗时、低效而且投入成本也会比较大。快应就是想要帮助企业进行便捷有效地推广，增加学生的参与度。

【实训任务】

1. 请为该项目设计一份调查问卷，调查该项目在你所在学校的市场需求。
2. 将收集来的调查问卷进行整理，统计数据。
3. 对于上述创业案例，你有何启发？

项目七

分析市场调查资料

项目导入

在市场调查活动中，市场调查资料通过整理后，初步实现了综合化、系列化和层次化，为揭示和描述市场现象特征、问题和原因提供了信息基础。为了从这些数据中找出结论，就必须对其进行进一步的分析。

市场调查资料分析的本质是对已整理的数据和资料进行深加工，从数据导向结论，从结论导向对策，使调查者从定量认识过渡到更高的定性认识，从感性认识上升到理性认识，从而有效地回答和揭示原来确定的市场调查的问题，实现市场调查的目的和要求，满足管理决策的信息需求。

学习目标

知识目标
☆了解市场调查资料分析的意义。
☆掌握市场调查资料定性分析的方法。
☆掌握市场调查资料定量分析的方法。

技能目标
☆能根据项目要求定性分析数据资料。
☆能根据项目要求定量分析数据资料。
☆能组织市场调查资料分析工作。

引导案例

雅典城郊外，常常可以看到一位60多岁的老人，身边跟随着10多位青年，他们或是在树林里逍遥自在地漫步交谈，或是坐在山谷溪旁的大石块上热烈地讨论问题。

"老师，您再讲讲三段论，大前提、小前提、结论……"

老人捋了捋胡须，缓缓地说道："我们希腊人有个很有趣的谚语。如果你的钱包在你的口袋里，而你的钱又在你的钱包里，那么，你的钱肯定在你的口袋里，这不正是一个非常完整的三段论吗……"

雅典人都知道，那是亚里士多德正在给他的徒弟吕克昂学园高级班的学生上课呢。

亚里士多德17岁进入当时著名的柏拉图学园，学习了20年。在学园里，他经常和柏拉图争论。他不同意柏拉图把真实存在看成"人的理念"的唯心观点。他提出这样的问题：树就是树，由种子长成，结出果实。离开实实在在的树，仅仅是头脑中的树的概念又有什么意义呢？他认为，客观存在的物质世界是永恒的，不是靠什么观念产生的。这就是较早的定性分析方法。

而把定量分析作为一种分析问题的基础思维方式始于伽利略。作为近代科学的奠基者，伽利略第一次把定量分析在自己的研究之中全面展开。他抛弃了前人只对事物原因和结果进行主观臆测成分居多的分析，而代之以实验、数学符号、公式，可以这样说：伽利略追求描述的决定是关于科学方法论的最深刻、最有成效的变革。它的重要性，就在于把科学置于科学的保护之下。

定性分析与定量分析应该是统一的，相互补充的。定性分析是定量分析的基本前提，没有定性的定量是一种盲目的、毫无价值的定量。定量分析使定性分析更加科学、准确，可以促使定性分析得出广泛而深入的结论。

任务一　认识市场调查资料分析

任务导入

调查数据资料图表化仅仅是对调查数据资料做了简单处理，初步实现了综合化、系列化和层次化，为揭示和描述市场现象特征、问题和原因提供了信息基础。对这些调查数据资料进行具体、深入的分析，才能使这些资料说明一定问题、有实际意义，最终应用于市场调查活动实际。

知识准备

一、市场调查资料分析的含义

市场调查资料的分析是指根据市场调查的目的，运用多种方法对市场调查活动中收集、整理的各种资料进行对比分析，得出调查结论，进行对策研究，为撰写市场调查报告做准备的工作过程。简言之，市场调查资料分析就是通过对已整理的数据进行深加工，从数据导向结论，从结论导向对策，使调查者从定量认识过渡到更高的定性认识，从而有效地回答原定的市场调查问题。

市场调查资料是反映市场客观事实的，然而这些资料并不能直接显现一定的规律性，需要对其进行分析总结，寻找客观事物发展的规律性。因此在调查收集资料的基础上，既要对资料进行静态分析，同时也要对资料进行动态分析，只有这样，才能达到调查研究的目的。

二、市场调查资料分析的原则

（一）针对性原则

针对性是指要采用与调查目的、调查资料性质、现有资源相适应的分析方法，对调查资料进行分析。任何一种分析方法，都有其独特的优点和不足，有其独特的使用范围和分析问题的角度。某一种情况可能就需要某一种或几种特定的统计分析方法，所以分析人员就需要对各种分析方法的特点和作用有准确的把握，将多种与调查目的相匹配的方法组合应用，形成最准确、最恰当的方法系统，取长补短，相互配合，从而得出全面、准确的结论。

（二）完整性原则

完整性是指对调查资料进行多角度全面的分析，以反映和把握调查资料的总体特征。它不是对资料进行局部的分析，而是全面考察各种相关因素的现状和趋势，分析现象之间的关系。

（三）客观性原则

客观性是指必须以客观事实和调查的资料为依据进行分析，不能受到外来因素或内部主观倾向的影响，否则，就会使前面各个阶段的努力化为乌有，而且更重要的是，会误导企业决策者做出背离实际的决策，使企业陷入困境。

（四）动态性原则

动态性是指对调查资料的分析，不但要分析把握其现状，更要分析把握其变化趋势。要注意分析各相关因素的变化特点，用发展的观点、动态的方法来把握问题，从而正确地引导企业的发展。在具体操作中，要主动掌握并合理运用科学的分析方法，得出符合市场变动趋势的分析结论。

小知识 26

市场调查资料分析的规则

三、市场调查资料分析的内容

市场调查资料分析时，要有步骤、有条不紊地组织和进行工作，并反复核对全部有关资料，从一切资料来源到每份表格上所引用的每个数据，均应反复核对，尽量避免差错，尽量减少主观上的假设和推断。

市场调查资料分析主要包括背景分析、状态分析、因果分析和对策研究。

(1) 背景分析，即了解问题的由来和背景，把握分析研究的目的和方向。

(2) 状态分析，即描述和评价现象的各方面的数量表现，概括现象的各种特征。

(3) 因果分析，即找出影响事物变化的内因和外因，揭示问题的原因。

(4) 对策研究，即针对调查结论和启示、问题与原因，提出解决问题的对策。

需要指出的是，市场调查资料分析的深度和广度取决于调研的目的和要求，某些较为简单的市场调查项目只要求掌握市场的基本情况，调查者也可以只进行状态分析，因果性分析和对策研究可以不考虑。

四、市场调查资料分析的程序

市场调查资料分析的程序见图7-1。

(1) 明确调研问题。明确调研问题有利于有针对性地开展市场调查资料的分析。

(2) 界定分析内容。分析内容的界定决定市场调查资料分析的深度和广度。

(3) 提取数据。分析时应从数据库或数据汇编中提取已加工整理的数据,再做一次审核,提取的数据应列表陈述或辅之以图形,以显示数据特征。

(4) 选择分析方法。

(5) 对比研究。

(6) 概括结论。

(7) 综合集成。综合集成是指各种子项目和分析构面的对比研究和概括结论完成之后,应将全部分析表格、分析结论集中起来,进行综合处理。主要包括分析过程的质量评审、分析图表的编辑整理、各个子项目分析结论的评价、调研问题的总结论(总观点)的归纳、概括等。

(8) 撰写分析报告。

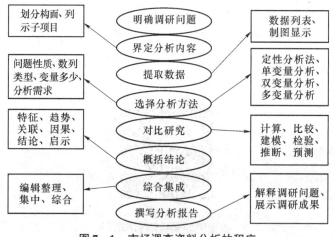

图7-1 市场调查资料分析的程序

五、市场调查资料分析的方法

(一) 定性分析法与定量分析法

1. 定性分析法

定性分析法从事物"质"的方面入手,利用经验判断、辩证思维、逻辑思维、创造性思维等思维方法进行判断和推理。定性分析法主要是界定事物的大小、变化的方向、发展的快慢、产品的优劣、态度的好坏、问题的性质等方面。

2. 定量分析法

定量分析法是指从事物的数量特征方面入手,运用一定的数据处理技术进行数量分析,从而挖掘出数量中所包含的事物本身的特性及规律性的分析方法,即从数据对比中得出分析结论和启示。

定性分析与定量分析

（二）静态分析法与动态分析法

1. 静态分析法

市场调查资料静态分析法，是从现有的调查资料出发，对客观存在的数据现象、特征及其规律性进行分析研究的一种方法。

2. 动态分析法

市场调查资料动态分析法，是用发展的观点分析研究市场现象发展变化的过程、趋势及其规律性的一种分析方法。

任务实施

【任务名称】认识市场调查资料分析。

【任务目的】

1. 帮助学生认识市场调查资料分析。
2. 让学生理解市场调查资料分析的意义。
3. 提高学生的组织能力，培养学生的专业素养。

【任务要求】

根据小组调查项目和已整理的市场调查资料，按照市场调查分析的程序，完成市场调查分析的准备工作，如确定分析内容、提取数据等。

【实施步骤】

1. 以小组为单位，讨论市场调查分析的前提要素。
2. 由小组长总结讨论，形成报告。
3. 教师和学生共同评估，给出成绩。

【组织形式】

1. 全班分小组进行，每组8~12人，自愿组合，合理分工。
2. 以小组为单位完成相关实训要求。

【考核要点】

1. 市场调查分析的意义。
2. 市场调查分析的内容。

【报告范例】

调查项目	
调查小组负责人	
调查小组成员	
调查目的和问题	

续表

分析内容	
数据提取	

任务训练

【知识训练】

一、选择题

1. 对已整理的数据进行深加工,从数据导向结论,从结论导向对策,使调查者从定量认识过渡到更高的定性认识,从而有效地回答原定的市场调查问题,称为( )。
   A. 市场调查资料分析   B. 调查资料定性分析
   C. 调查资料定量分析   D. 调查资料动态分析

2. 对数据进行理性深加工,从数据导向结论的分析方法是( )。
   A. 调查资料发展趋势分析   B. 调查资料定性分析
   C. 调查资料定量分析   D. 调查资料动态分析

3. 市场调查资料的分析内容包括( )。
   A. 背景分析   B. 状态分析
   C. 因果分析   D. 对策研究

4. 在市场调查资料分析的过程中,在明确调查目标、界定完分析内容后,需要进行的步骤是( )。
   A. 提取数据   B. 选择分析方法
   C. 对比研究   D. 分析概括

5. ( )是指各种子项目和分析层面的对比研究和概括结论完成之后,应将全部分析表格、分析结论集中起来,再进行综合处理。
   A. 分析概括   B. 概括结论
   C. 对比研究   D. 综合集成

二、简答题

1. 简述市场调查分析的程序。
2. 市场调查分析需要遵循哪些原则?

【技能训练】

海量数据中的商业机遇

"可能感兴趣的人""猜你喜欢……""购买此商品的人还购买了……"在刷微博、网上购物时,经常会在相应的位置上见到如上提示。这些看似简单的用户体验背后,其实正孕育着被誉为"新油田"的大数据产业。

美国互联网数据中心指出,互联网上的数据每年将增长50%,每两年便可以翻一番,而目前世界上90%以上的数据是最近几年才产生的。这些数据又并非单纯指人们在互联网上发布的信息,全世界的工业设备、汽车、电表上有着无数的数码传感器,随时测量和传递着有关位置、运用、振动、温度、湿度乃至空气中化学物质的变化,也产生了海量的数据信息。

大数据技术的战略意义不仅在于掌握庞大的数据信息,而在于对这些有意义的数据进行专业化处理。换言之,如果把大数据比作一种产业,那么这种产业实现盈利的关键在于提高对数据的"加工能力",通过"加工"实现数据的增值。

虽然大数据目前在国内还处于初级阶段,但是商业价值已经显现出来。首先,手中握有数据的公司站在金矿上,基于数据交易即可获得很好的效益;其次,基于数据挖掘会有很多商业模式诞生,定位角度不同,或侧重数据分析,如帮企业做内部数据挖掘,或侧重优化,如帮企业更精准找到用户,降低营销成本,提高企业销售率,增加利润。

阅读材料,回答以下问题。
1. 大数据时代的到来会给数据整理分析带来哪些影响?
2. 大数据时代对于企业的意义有哪些?

任务二 市场调查资料的定性分析

任务导入

定性分析方法是分析市场调查资料,得到对调查对象本质、趋势及规律等方面的认识,如市场的大小、变化的方向、发展的快慢、产品的优劣、态度的好坏、问题的性质等。定性分析方法的依据是科学的逻辑判断及推理。

知识准备

一、定性分析的概念

任何事物都有质的属性和量的属性两个方面,市场现象也不例外。"定性",顾名思义,就是确定研究对象是否具有某种性质的一种分析方法,主要解决"有没有""是不是"的问题。定性分析就是要确定数据资料的性质,是通过对组成事物或现象"质"的有关因素进行理论分析和科学阐述的一种方法。定性分析的理念早在古希腊时代就有了充分的展示,那个时候的一批著名学者在研究之中都会对所研究的自然世界给予物理解释。

市场调查资料定性分析常用来确定市场的发展态势与市场发展的性质,主要用于市场探究性分析。例如，亚里士多德研究过许多的自然现象，但在他厚厚的著作中发现不了一个数学公式，他对每种现象都是描述性质的，对发现的每个自然定理都是性质定义。

定性分析是与定量分析相对而言的，是对不能量化的现象进行系统化理性认识的分析，其方法一般是科学的哲学观点，其结论是对事物的本质、趋势及规律等方面的认识。

二、定性分析的特点

（一）定性分析注重整体发展的分析

定性分析的目的在于把握市场质的规律性，因此必须立足于对研究市场的整体分析，获得对目标市场对象的完整透视。

与定量分析不同，定性分析在内容上关注市场的发展过程以及相互关系，并立足于从哲学、心理学、伦理学、历史学、社会学、经济学、政治学、人类学、语言学等层面上进行探讨，从而整体、发展、综合地把握目标市场质的特性，也只有将目标市场作为一个发展的整体加以分析，才有可能揭示市场调查资料各组成部分之间内在的关系、过程及与其他方面的联系，透过现象看到本质，说明目标市场变化发展的真正原因。

（二）定性分析的对象是质的描述性资料

定性分析是以反映市场质的规定性的描述性资料为研究对象。这些资料通常以书面文字或图片等形式表现，而不是精确的数据形式；在各种自然场合，以定性研究的方法，如通过参与客观和深入访谈得来的资料，带有很大程度的模糊性和不确定性；定性分析的资料来自小的样本以及特殊的个案，而不是随机选择的样本。正因为如此，定性分析有自己独特的分析方法，且需要大量的资料来进行补充。

（三）定性分析的研究程序具有一定弹性

在分析程序上，定性分析也不同于定量分析。定量分析有一个标准化程序，使用数学方法做出一个量的刻画，用数学语言表示事物的状态、关系和过程，在此基础上加以推导、演算和分析以形成对问题的解释和判断，逻辑上具有严密性和可靠性。而定性分析是一个不太严格的研究程序，前一步搜集资料的数量与质量往往决定下一步应该怎么做，原因是调查对象作为一个不断变化的主体所具有的变动性，使定性分析过程常常出现变动，具有很大的灵活性。

（四）定性分析的方法是对搜集资料进行归纳的逻辑分析

归纳分析有一个不同于演绎分析的一般程序。演绎分析是先有一个假设，然后搜集能检验假设的资料或者事实，将事实与假设加以比较分析，最后得出结果。而归纳分析是先列出事实材料，将这些资料与事实加以归类，然后从中得到一些启示，抽象概括出概念和原理。这是一种自下而上的分析路径。定性分析的客观性基于对所研究对象是否有丰富的、合乎实际的材料，它不仅可以从各个不同的事物经验中找出共同的联系，而且也可以从许多不同的观察事例中找出共同的特点，同时研究事物的特例，找出相异之处及其原因。

（五）定性分析关注市场背景

定性分析是一种价值研究，一方面很容易受到研究者和被研究者主观因素的影响，如主体的能动性、独立性和创造性、若干差异的存在、较强的主观体验色彩等，从而影响分析的客观性；另一方面，市场调查对象的表现状况又总是与特定的情境相关联，离开这一特定情境，一定的市场现象就不会发生，这就是背景的敏感性。因此定性分析方法注重对背景的分析。

三、定性分析的方法

（一）对比分析

对比分析的具体操作思路：将被比较的事物和现象进行对比，找出异同点，从而分清事物和现象的特征及其相互联系。在市场调查实践中，把两个或两类问题的调查资料相对比，确定它们之间的相同点和不同点。市场调查现象不是孤立存在的，而是和其他事物存在着或多或少的联系，并且相互影响，而对比分析有助于找出市场现象的本质属性和非本质属性。

对比分析法可以在同类对象间进行，也可以在异类对象间进行，要分析可比性；对比分析应该是多层次的，例如，在调查洗衣机销售情况时，通过对普通洗衣机的销售分析，得出结论，可以用来推断全自动洗衣机的销售变化规律及特点。

（二）推理分析

推理分析的操作思路：由一般性的前提推导出个别性结论。

市场调查中的推理分析，就是把市场调查资料的整体分解为各个因素、各个方面，形成分类资料，并通过对这些分类资料进行研究，分别把握市场特征和本质，然后将这些通过分类研究得到的认识连接起来，形成对市场调查资料整体和综合性认识的逻辑方法。使用时需要注意，推理的前提要正确，推理的过程要合理，而且要有创造性思维。

> **小案例**
>
> 早在 20 世纪 60 年代，日本丰田汽车公司就对世界上主要汽车生产国生产的汽车型号、能源消耗的情况进行过市场调查。结果，调查发现各国生产的汽车油耗普遍较高，而石油是不可再生资源。于是他们意识到：一旦发生能源危机，小排量、低油耗汽车一定畅销。他们很快在调查的基础上做出决策，上马低油耗车型的生产项目。结果，1973 年石油危机爆发，丰田公司生产的低油耗车型大举进入美国市场，占据了很大的市场份额。在国内强大的压力下，一向标榜贸易自由的美国政府被迫向日本政府施加压力，要求限制向美国的汽车出口。

（三）归纳分析

归纳分析的操作思路：由具体、个别或特殊的事例推导出一般性规律及特征。

在市场调查所收集的资料之中，应用归纳法可以概括出一些理论观点。归纳分析法是市场调查分析应用最广泛的一种方法，具体操作可以分为完全归纳、简单枚举和科学归纳。

1. 完全归纳

根据调查问题中每个对象的某种特征属性，概括出该类问题的全部对象整体所拥有的本质属性。应用完全归纳法要求分析者准确掌握某类问题全部对象的具体数量，而且还要调查每个对象，了解它们是否具有所调查的特征。但在实际应用中，调查者往往很难满足这些条件。因此，完全归纳法的使用范围受到一定的限制。

2. 简单枚举

根据目前调查所掌握的某类问题的一些对象具有的特征，而且没有个别不同的情况，来归纳出该类问题整体所具有的特征。这种方法是建立在应用人员经验的基础上的，操作简单易行。但简单枚举法的归纳可能会出现偶然性，要想提高结论的可靠性，分析考察的对象就应该尽量多一些。

3. 科学归纳

根据某类问题中的部分对象与某种特征之间的必然联系，归纳出该类问题所有对象都拥有的某种特征。这种方法应用起来很复杂，但很科学。

例如，某个空调市场的调查表明，所调查的300个空调用户中有200个用户在调查中表明将来更换空调时，很大可能或绝对会购买海尔空调。根据这一发现，得出这样的结论：大部分（67%）空调用户在更换空调时会购买海尔空调。

定性分析方法的划分可参见图7-2。

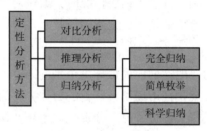

图7-2 定性分析方法的划分

任务实施

【任务名称】了解市场调查资料分析。

【任务目的】

1. 帮助学生理解市场调查资料分析的意义。
2. 让学生具备市场调查定性分析的能力。
3. 提高学生的组织能力，培养学生的专业素养。

【任务要求】

根据本小组的调查任务和整理后的调查资料，尝试进行定性分析。

【实施步骤】

1. 以小组为单位，运用所学知识，对本小组的调查项目进行定性分析。
2. 由小组长将讨论结果形成报告。
3. 教师和学生共同评估给出成绩。

【组织形式】

1. 全班分小组进行，每组8~10人，自愿组合，合理分工。
2. 以小组为单位完成相关实训要求。

【考核要点】

1. 市场调查分析的意义。
2. 市场调查定性分析的方法与操作。

【报告范例】

调查项目	
调查小组负责人	
调查小组成员	
调查结果陈述	
分析内容（关键变量）	
分析方法说明	
分析结果	

任务训练

【知识训练】

一、单项选择题

1. 把两个或两类问题的调查资料相对比，确定它们之间的相同点和不同点，这种分析方法属于（　　）。
   A. 对比分析　　　　　　　　　　B. 推理分析
   C. 归纳分析　　　　　　　　　　D. 简单枚举

2. 由具体、个别或特殊的事例推导出一般性规律及特征，这种分析方法属于（　　）。
   A. 对比分析　　　　　　　　　　B. 推理分析
   C. 归纳分析　　　　　　　　　　D. 简单枚举

3. 亚里士多德研究过许多的自然现象，但在他厚厚的著作中发现不了一个数学公式，他对每种现象都是描述性质的，对发现的每个自然定理都是性质定义。他运用的是（　　）。
   A. 对比分析　　　　　　　　　　B. 推理分析
   C. 定性分析　　　　　　　　　　D. 定量分析

二、多项选择题

1. 下列选项中，属于定性分析方法的有（　　）。
   A. 对比分析　　　　　　　　　　B. 推理分析
   C. 归纳分析　　　　　　　　　　D. 描述分析

2. 归纳分析的具体操作包括（　　）。
　A. 对比归纳　　　　B. 完全归纳　　　　　C. 简单枚举　　　　　D. 科学归纳
3. 下列说法符合定性分析特点的有（　　）。
　A. 注重整体发展的分析
　B. 研究程序具有一定弹性
　C. 对搜集资料进行归纳的逻辑分析
　D. 分析主观因素的影响及对背景的敏感性

三、简答题
1. 简要说明定性分析的特点。
2. 简述定性分析的方法。

【技能训练】
请讨论定性分析适用于哪些市场调查内容的分析。

任务三　市场调查资料的定量分析

任务导入

通过对调查数据的统计和计算分析，得到已定的结果，这个结果可以用来描述和评价调查现象的数量特征和规模。通俗地讲，描述性分析就是为市场调查活动收集到的数据资料拍一张平面照，看看这些数据资料表面究竟是怎样的，又能说明什么问题。

知识准备

一、定量分析的概念

定量分析是指从事物的数量特征方面入手，运用一定的数据处理技术进行数量分析，从而挖掘出数量中所包含的事物本身的特性及规律性的分析方法，即从数据对比中得出分析结论和启示。

二、定量分析的特点

（一）定量分析的对象是量的描述性资料

定量分析是以反映事物量的规定性的描述性资料为研究对象。这些资料通常以精确的数据形式来表现。不同于定性分析，定量分析是对收集的数据通过数学建模的方式进行分析，再挖掘数量中所包含的事物的特性和规律，所以需要以大量的数据为前提，而且这些数据绝大多数是随机选择的样本数据。

（二）定量分析的程序具有标准化特点

在分析程序上，定量分析有一个标准化程序，使用数学方法做出一个量的刻画，用数学语言表示事物的状态、关系和过程，在此基础上加以推导、演算和分析以形成对问题的解释和判断，逻辑上具有严密性和可靠性。

(三) 定量分析关注的是数据的客观事实

定量分析是一种对现有数据的纯客观性分析,客观分析数据之间存在的关联,不同于定性分析,它在分析过程中不存在主观因素的判断和推断。

三、定量分析的方法

(一) 根据研究目的划分

根据研究目的,可以把统计分析分成描述性统计分析和推论性统计分析。

1. 描述性统计分析

描述性统计分析主要着重于对数量水平或其他特征的描述,可能是通过某一具体指标反映某一方面的特征,也可能通过若干变量描述它们的相互关系。因此比较关心测量的准确性,对数据的准确性、可靠性和推测度的选择有一定要求。其结果重于数量描述,但不具有推断性质。

市场资料分析中最常用的描述性统计分析,主要包括对调查数据的相对程度分析、集中趋势分析、离散程度分析和动态分析等。

2. 推论性统计分析

推论性统计分析主要用于推断总体、解释事物、检验理论等,因而对变量的选择、测度的决定、资料的时间空间范围有严格限制,必须符合严格的假设条件,其结果不仅可用于描述数量关系,还可以推断总体、进行预测、揭示原因、检验理论等。

(二) 根据设计变量的数量划分

根据设计变量的数量,可以把统计分析分为单变量统计分析和双变量统计分析。

1. 单变量统计分析

单变量统计分析即通过某一变量数据的计算,对其数量水平或其他特征进行概括,或对总体进行推断。

2. 双变量统计分析

双变量统计分析即分析两个变量之间的联系。测量程度不同,使用的分析方法也不同。定量分析方法的划分可参见图7-3。

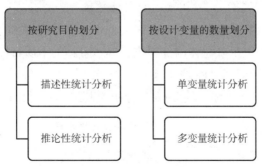

图7-3 定量分析方法的划分

四、相对程度分析

相对程度分析是统计分析的重要方法,是反映现象之间数量关系的重要手段。它通过对比的方法反映现象之间的联系程度,表明现象的发展过程,还可以使那些利用总量指标不能直接对比的现象具有可比的基础,因而在市场调查资料分析中经常使用。

市场资料分析中常用的相对指标,主要有计划完成相对指标、结构相对指标、比例相对指标、比较相对指标和强度相对指标等,可参见图7-4。

图7-4 相对程度分析

1. 计划完成相对指标

计划完成相对指标,也称计划完成程度指标或计划完成百分数,是指将一定时期内社会经济现象的实际完成数与计划完成数对比而得到的相对数。其计算公式为:

$$\text{计划完成相对指标} = \frac{\text{实际完成数}}{\text{同期计划数}} \times 100\%$$

计算结果一般用百分数或成数表示。

计划完成相对指标主要用于检查计划的完成情况。

【例】某商贸企业某年商品销售额计划指标为2 000万元,当年该企业的实际商品销售额为2 200万元,则:

$$\text{计划完成相对指标} = \frac{2\ 200}{2\ 000} \times 100\% = 110\%$$

计算结果表明,该商贸企业超出计划10%完成了当年的商品销售额任务。

2. 结构相对指标

结构相对指标,也称结构相对数,是指将总体各组(或部分)总量与总体总量对比求得的比重或比率,用来表明总体内部的构成情况。其计算公式为:

$$\text{结构相对指标} = \frac{\text{各组(或部分)总量}}{\text{总体总量}} \times 100\%$$

计算结果一般用百分数或成数表示,各组(或部分)比重总和等于100%或1。

结构相对指标从静态上反映总体内部构成,揭示事物的本质特征,其动态变化可以反映事物的结构发展变化趋势和规律性。

【例】某高校人员按工作岗位分组的人员分布及其结构相对指标见表7-1。

表7-1 某高校人员比重计算

人员分类 (甲)	人数/人 (1)	比重/% (2) = (1)/∑(1)
教师	450	50.00
干部	300	33.33
工人	150	16.67
合计	900	100.00

由表 7-1 可知，该高校职工总数中，教师占总人数的 50%，干部（即行政管理人员）占总人数的 33.33%，工人占总人数的 16.67%，至于这一结构是否合理，应根据学校的性质和任务来评价。

3. 比例相对指标

比例相对指标，也称比例相对数，是由总体内部不同部分数值之间对比求得的比率，可以反映总体各组成部分之间数量联系程度和比例关系。其计算公式为：

$$比例相对指标 = \frac{总体中某一部分数值}{总体中另一部分数值}$$

计算结果可以用百分数表示，也可以用几比几的形式表示，有时用 $1:m:n$ 的连比形式反映总体中若干部分之间的比例关系，如基本建设投资额中工业、农业、教育投资的比例。为了能清楚地反映各部分之间的数量关系，用来连比的级数不宜过多。

【例】某地区某年年末人口数为 100 万人，其中男性 51.4 万人，女性 48.6 万人，该地区男女性别比例如果以女性为 100，则男性人口数是女性的 105.8%，男女性别比约等于 106:100。

比例相对指标同结构相对指标有着密切的联系，比例相对指标也是一种结构比例，但二者对比的方法不同。结构相对指标表现为一种包含关系，分子是分母的一部分；比例相对指标的分子和分母是一种并列关系，因而分子、分母可以互换。在实际工作中，往往把结构相对指标和比例相对指标结合起来应用，既可以分析总体各部分构成比例的协调程度，也可以研究总体的结构是否合理。

4. 比较相对指标

比较相对指标，也称比较相对数，是指不同总体同类现象指标数值之比。它表明同类现象在不同空间的数量对比关系，可以说明同类现象在不同地区、不同单位之间发展的差异程度。其计算公式为：

$$比较相对指标 = \frac{甲地某类指标数值}{乙地同类指标数值}$$

比较相对指标既可以用百分数表示，也可以用倍数（系数）表示。

【例】某月份甲商贸企业人均劳动生产率为 1 400 元，乙商贸企业为 1 800 元，则甲企业为乙企业的 77.8%，乙企业为甲企业的 1.29 倍。说明乙企业的劳动生产率高于甲企业。

比较相对指标用以比较的指标既可以是总量指标，也可以是相对指标或平均指标。不论采用哪种指标对比，都必须注意分子指标与分母指标的可比性，即指标含义、计算方法、计算口径、计量单位、所属时间必须一致。

5. 强度相对指标

强度相对指标，又称强度指标或强度相对数，是指同一时期内两个性质不同而有一定联系的总量指标对比得到的相对数，它反映现象的强度、密度和普遍程度。其计算公式为：

$$强度相对指标 = \frac{某一总量指标数值}{另一有联系且不同类的总量指标数值}$$

【例】我国第六次人口普查的全国总人口为 137 054 万人，按 960 万平方千米土地面积计算，则：

$$我国人口密度 = \frac{137\ 054}{960} = 142.76(万人／平方千米)$$

强度相对指标与其他相对指标相比，是一种特殊的相对指标。因为前4种相对指标均为同类现象的指标对比，而强度相对指标是有联系的两个总体的不同类现象的指标对比。在一般情况下，强度相对指标是一个有名数指标，由分子与分母的单位组成复合单位，如全员劳动生产率的计量单位为"元/人"，人口密度的计量单位为"人/平方千米"；也有单名数的情况，如商品流转速度用"次"或"天"表示；还有用百分数或千分数来表示的，如商品流通费用率用"%"表示，人口出生率用"‰"表示等。

五、集中趋势分析

对市场调查数据分布的数量规律性中的集中趋势进行分析，是对被调查总体的特征进行准确描述的重要前提。市场调查数据集中趋势分析的对象，包括数据的均值（各类平均数）、众数和中位数，可参见图7-5。

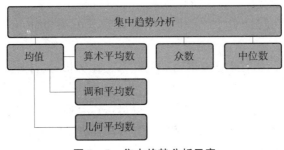

图7-5 集中趋势分析示意

（一）均值

均值是剔除数据偶然性和随机性的一个特征值，反映了一些数据必然性的特点。利用均值，可以将处在不同地区、不同单位的某现象进行空间对比分析，以反映一般水平的变化趋势或规律；可以分析现象间的依存关系等，从而拓宽分析的范围。

均值一般包括算术平均数、调和平均数和几何平均数3种，其中算术平均数是最简单、最基本的形式。

1. 算术平均数

算术平均数基本形式是总体单位某一数量标志值之和（总体标志总量）除以总体单位数，用来说明总体单位某一标志的一般水平。其计算公式为：

$$算术平均数 = \frac{总体标志总量}{总体单位数}$$

【例】某企业2016年12月职工人数为340人，其工资总额为1 242 000元，则该企业职工月平均工资为：

$$月平均工资 = \frac{1\ 242\ 000}{340} = 3\ 653(元／人)$$

由于掌握的数据资料和计算的复杂程度不同，算术平均数又可以分为简单算术平均数和加权算术平均数两种。

（1）简单算术平均数。

如果没有直接掌握算术平均数基本计算公式所需要的分子和分母资料，掌握的只是总体各单位的标志值，则可以用简单算术平均数计算算术平均数。其计算公式为：

$$\bar{x} = \frac{x_1 + x_2 + \cdots + x_n}{n} = \frac{\sum x}{n}$$

【例】从某地区抽取10个家庭,得知其每月用水费用情况是(单位:元):27,29,25,28,30,35,37,38,18,22。则:这10个家庭的月平均用水费用为:

$$\bar{x} = (27 + 29 + 25 + 28 + 30 + 35 + 37 + 38 + 18 + 22) \div 10 = 28.9 \text{(元)}$$

(2)加权算术平均数。

加权算术平均数的计算公式为:

$$\bar{x} = \frac{x_1 f_1 + x_2 f_2 + \cdots + x_n f_n}{f_1 + f_2 + \cdots + f_n} = \frac{\sum xf}{\sum f}$$

计算加权算术平均数时有两种情况:一是依据单项式变量数列计算;二是依据组距式变量数列计算。在单项式变量数列情况下,已知各组的变量值(x)和各组的次数(f),且各组的次数又不相等时,可以直接用加权算术平均数计算公式计算其算术平均数;在组距式变量数列情况下,算术平均数的计算方法与单项式变量数列基本相同,不同的是,要先计算出各组的组中值作为某一组变量的代表值(x)来进行计算。

【例】某企业工人工资情况见表7-2。

表7-2 工人平均工资

月工资/元	人数 f/人	组中值 x	总工资 xf/元
3 000 以下	10	2 500	25 000
3 000 ~ 4 000	20	3 500	70 000
4 000 ~ 5 000	50	4 500	225 000
5 000 ~ 6 000	40	5 500	220 000
6 000 以上	10	6 500	65 000
合计	130	—	605 000

则,该企业职工平均工资为:

$$\bar{x} = \frac{x_1 f_1 + x_2 f_2 + \cdots + x_n f_n}{f_1 + f_2 + \cdots + f_n} = \frac{\sum xf}{\sum f} = \frac{605\ 000}{130} = 4\ 653.85 \text{(元)}$$

2. 调和平均数

调和平均数是根据各个标志值的倒数计算出来的平均指标,所以又称倒数平均数。调和平均数也有简单调和平均数与加权调和平均数两种。

(1)简单调和平均数。

如果掌握的资料是未分组的总体各单位的标志值和标志总量,则用简单调和平均数计算平均指标。其计算公式为:

$$H = \frac{n}{\frac{1}{x_1} + \frac{1}{x_2} + \cdots + \frac{1}{x_n}} = \frac{n}{\sum \frac{1}{x}}$$

【例】 在市场上购买某种商品，甲级每千克 1.0 元，乙级每千克 0.9 元，丙级每千克 0.7 元，现各花 1 元买每级商品，则平均每千克的价格为：

$$H = \frac{n}{\frac{1}{x_1} + \frac{1}{x_2} + \cdots + \frac{1}{x_n}} = \frac{n}{\sum \frac{1}{x}} = \frac{3}{\frac{1}{1} + \frac{1}{0.9} + \frac{1}{0.7}} = 0.85(元)$$

(2) 加权调和平均数。

如果掌握的资料是各组的标志值和标志总量，而未掌握各组单位数，则用加权调和平均数计算平均指标。其计算公式为：

$$H = \frac{m_1 + m_2 + \cdots + m_n}{\frac{m_1}{x_1} + \frac{m_2}{x_2} + \cdots + \frac{m_n}{x_n}} = \frac{\sum m}{\sum \frac{m}{x}}$$

【例】 某公司所属的 4 个企业某月销售计划完成情况见表 7-3。

表 7-3 计划完成情况

企业	计划完成程度 (x)/%	实际销售额 (m)/万元	计划销售额 (m/x)/万元
甲	90	18	20
乙	100	30	30
丙	110	55	50
丁	120	48	40
合计	—	151	140

则，全公司平均计划完成程度为：

$$H = \frac{m_1 + m_2 + \cdots + m_n}{\frac{m_1}{x_1} + \frac{m_2}{x_2} + \cdots + \frac{m_n}{x_n}} = \frac{\sum m}{\sum \frac{m}{x}} = \frac{151}{140} = 1.0786 = 107.86\%$$

3. 几何平均数

几何平均数是 n 个变量值的乘积开 n 次方根，也是反映集中趋势的一种计算方法，常用于计算平均发展速度或平均比率。

几何平均数也有两种计算方法，分别为简单几何平均法和加权几何平均法。

(1) 简单几何平均法的计算公式为：

$$G = \sqrt[n]{x_1 \times x_2 \times \cdots \times x_n} = \sqrt[n]{\prod x}$$

(2) 加权几何平均法的计算公式为：

$$G = \sqrt[f_1+f_2+\cdots+f_n]{x_1^{f_1} \times x_2^{f_2} \times \cdots \times x_n^{f_n}} = \sqrt[\sum f]{\prod x^f}$$

【例】 某企业从金融机构按复利贷款，当贷款利率为 6.93% 时贷款 1 年，当贷款利率为 6.39% 时贷款 2 年，当贷款利率为 5.85% 时贷款 3 年，试求该企业近 6 年的平均利率。

根据公式代入：

$$G = \sqrt[f_1+f_2+\cdots+f_n]{x_1^{f_1} \times x_2^{f_2} \times \cdots \times x_n^{f_n}} = \sqrt[\sum f]{\prod x^f}$$

$$= \sqrt[1+2+3]{1.069\ 3^1 \times 1.063\ 9^2 \times 1.058\ 5^3}$$
$$= 1.062\ 1$$
$$= 106.21\%$$

则该企业近 6 年的平均利率为 6.21%。

(二) 众数

众数是总体中出现次数最多单位的标志值, 也是测定数据集中趋势的一种方法。它克服了平均数指标会受数据中极端值影响的缺陷。从分析的角度看, 众数反映了数据中最大多数的数据的代表值, 可以使我们在实际工作中抓住事物的主要矛盾, 有针对性地解决问题, 但若出现了双众数现象, 则可能说明调查总体不具有同质性, 资料可能来源于两个不同的总体。这类结果既可以用来检查方案设计中的总体一致性问题, 也可以用来帮助验证数据的可靠性。

【例】某制鞋企业对某地区女士的鞋码进行了一次调查, 抽取的样本量为 200 人, 调查结果见表 7-4。

表 7-4 某地区女士鞋码样本

鞋码/码	34	35	36	37	38	39	其他
人数/次数	9	20	45	79	32	10	5

解: 从表 7-4 中可以看出, 选择 37 码的人数最多, 共 79 人, 所以可以确定 37 码就是众数, 它表明该地区女士大多穿 37 码的鞋, 因而企业可以多制作一些。

(三) 中位数

中位数的确定可以以未分组资料为基础, 也可由分组资料得到。它同样不受资料中少数极端值大小的影响。在某些情况下, 用中位数反映现象的一般水平比算术平均数更具有代表性, 尤其对于两极分化严重的数据, 更是如此。

中位数的算法有两种。

1. 总数个数是奇数

按从小到大或从大到小的顺序排列, 取中间的那个数。例如, 求 "2, 3, 4, 5, 6" 的中位数。这个数列共有 5 项, 所以:

$$中位数位置 = \frac{n+1}{2} = \frac{5+1}{2} = 3$$

即位于第三位的数字 "4" 就是中位数。

2. 总数个数是偶数

按从小到大或从大到小的顺序排列, 取中间那两个数的平均数。例如, 求 "2, 4, 5, 7, 9, 15" 的中位数。这个数列共有 6 项, 中位数位置落在第三项和第四项之间, 所以, 中位数等于处于这两个位置数字的平均数, 即 6。

小知识 27

算术平均数、中位数和众数的关系

均值、众数和中位数都是反映总体一般水平的平均指标，彼此之间存在着一定的关系，使用时要根据不同的调查数据类型，采用不同的指标分析，以期能把被调查总体数据的集中趋势最准确地描述出来。

六、离散程度分析

对一组数据规律性的研究，集中趋势是数据重要数量特征的一个方面，离散程度则是数据数量特征的另一方面。集中趋势反映的是数据的一般水平，我们用均值等一个数值来代表全部数据。但若要较全面地掌握这组数据的数量规律，还需要计算反映数据差异程度的数值，如极差、平均差、方差与标准差、离散系数等，可参见图 7-6。

图 7-6 离散程度分析示意

（一）极差

极差（也称全距）是数据中两个极端之间的差额，一般用 R 表示。其计算公式为：

$$R = 最大标志值 - 最小标志值$$

一般来说，极差越大，平均值的代表性越小；极差越小，平均值的代表性越大。所以，极差可以一般性地检验平均值的代表性大小。

极差测定离散程度很简单，而且容易理解和掌握。但极差只涉及极大和极小两个标志值，不是根据全部标志值计算的，容易受极端值的影响，不能充分反映标志值变化的影响，所以在应用时有较大的局限性。

【例】某品牌专卖店的两个分支机构在 2016 年 8—12 月的销售额如下（单位：万元）。

分支机构一：20，30，35，55，60

分支机构二：36，38，40，42，44

解：

从上述数据可以看出，两个分支机构的平均销售额都是 40 万元，但是哪一组的销售额比较集中呢？如果用极差来衡量，则有：

$$R_1 = 60 - 20 = 40(万元)$$
$$R_2 = 44 - 36 = 8(万元)$$

这说明第一组数据偏离中心的程度远大于第二组数据。

(二) 平均差

平均差是总体各单位标志值与其算术平均数离差绝对值的算术平均数。它能够反映总体各单位标志值的离散程度，但由于总体中各单位的标志值与其算术平均数的离差之和恒等于零，即 $\sum(x-\bar{x})=0$，故对离差取绝对值。

平均差与平均数代表性的关系，与极差基本一致。不同的是，平均差的计算由于涉及了总体中的全部数据，因而能更综合地反映总体数据的离散程度。

平均差一般用 $A \cdot D$ 表示，由于掌握的资料不同，平均差的计算分为两种情况。

1. 简单平均法

在资料未分组的条件下，可以采用简单平均法计算平均差。其计算公式为：

$$A \cdot D = \frac{\sum |x - \bar{x}|}{n}$$

【例】有一组学生的数学成绩为

$$60, 70, 80, 90, 100$$

则，平均成绩为：

$$\bar{x} = \frac{\sum x}{n} = \frac{60+70+80+90+100}{5} = 80(\text{分})$$

其平均差为：

$$A \cdot D = \frac{\sum |x - \bar{x}|}{n}$$

$$= \frac{|60-80|+|70-80|+|80-80|+|90-80|+|100-80|}{5}$$

$$= 12(\text{分})$$

2. 加权平均法

在资料分组的条件下，可以采用加权平均法计算平均差。其计算公式为：

$$A \cdot D = \frac{\sum |x - \bar{x}| f}{\sum f}$$

【例】某车间 200 个工人按日产量分组编成分配数列，计算平均差，见表 7-5。

表 7-5 工人日产量平均差计算

日产量 /kg	工人人数 x /人	组中值 f /kg	xf	$x - \bar{x}$	$\|x - \bar{x}\|$	$\|x - \bar{x}\| f$
20~30	10	25	250	-17	17	170
30~40	70	35	2 450	-7	7	490
40~50	90	45	4 050	3	3	270
50~60	30	55	1 650	13	13	390
合计	200	—	8 400	—	—	1 320

则，算术平均数为：

$$\bar{x} = \frac{\sum xf}{\sum f} = \frac{8\,400}{200} = 42(\text{kg})$$

平均差为:

$$A \cdot D = \frac{\sum |x - \bar{x}| f}{\sum f} = \frac{1\,320}{200} = 6.6(\text{kg})$$

(三) 方差与标准差

方差是各变量值与其平均值差平方的平均数,方差越大表示差异越大。标准差是方差的平方根。这两个指标都是反映总体中所有单位标志值对平均数的离差关系,是测定数据离散程度最重要的指标,其数值大小与平均数代表性的大小是反方向变化的。

方差一般用 σ^2 表示,标准差一般用 σ 表示。根据资料是否分组,标准差的计算分为两种情况。

1. 简单平均法

在资料未分组的条件下,可以采用简单平均法计算标准差。其计算公式为:

$$\sigma = \sqrt{\frac{\sum (x - \bar{x})^2}{n}}$$

【例】有一组学生的数学成绩为

$$60, 70, 80, 90, 100$$

则,平均成绩为:

$$\bar{x} = \frac{\sum x}{n} = \frac{60 + 70 + 80 + 90 + 100}{5} = 80(\text{分})$$

其标准差为:

$$\sigma = \sqrt{\frac{\sum (x - \bar{x})^2}{n}}$$

$$= \sqrt{\frac{(60-80)^2 + (70-80)^2 + (80-80)^2 + (90-80)^2 + (100-80)^2}{5}}$$

$$= 14.14(\text{分})$$

2. 加权平均法

在资料分组的条件下,可以采用加权平均法计算标准差。其计算公式为:

$$\sigma = \sqrt{\frac{\sum (x - \bar{x})^2 f}{\sum f}}$$

【例】某车间 200 个工人按日产量分组编成分配数列,计算标准差,见表 7-6。

表 7-6 工人日产量标准差计算

日产量/kg	工人人数 x/人	组中值 f/kg	xf	$x - \bar{x}$	$(x - \bar{x})^2$	$(x - \bar{x})^2 f$
20~30	10	25	250	-17	289	2 890
30~40	70	35	2 450	-7	49	3 430
40~50	90	45	4 050	3	9	810
50~60	30	55	1 650	13	169	5 070
合计	200	—	8 400	—	—	12 200

则，算术平均数为：

$$\bar{x} = \frac{\sum xf}{\sum f} = \frac{8\,400}{200} = 42(\text{kg})$$

标准差为：

$$\sigma = \sqrt{\frac{\sum (x-\bar{x})^2 f}{\sum f}} = \sqrt{\frac{12\,200}{200}} = 7.8(\text{kg})$$

（四）离散系数

以上所介绍的极差、平均差和标准差等标志变异程度指标，都与平均指标有相同的计量单位，是反映标志变动程度的绝对指标，其数值的大小不仅受标志值之间差异程度的影响，而且还受标志水平高低的影响。因此，在比较两个数列的标志变动度、衡量其平均指标的代表性时，如果两个总体或数列的性质不同，计量单位不同或平均水平不同，就不能采用前述极差、平均差和标准差等某一标志变异程度指标来直接比较其离差的大小，而应分析标志变异的相对指标，即离散系数。

离散系数是极差、平均差和标准差与其算术平均数的对比值，分别称为极差系数、平均差系数和标准差系数。其计算公式分别为：

(1) 极差系数：

$$V_R = \frac{R}{\bar{x}} \times 100\%$$

(2) 平均差系数：

$$V_{A\cdot D} = \frac{A\cdot D}{\bar{x}} \times 100\%$$

(3) 标准差系数：

$$V_\sigma = \frac{\sigma}{\bar{x}} \times 100\%$$

实际工作中，标准差系数应用最为广泛。

七、动态分析

（一）动态分析的概念

动态分析，是从发展的观点出发来分析和研究市场现象发展变化的过程、趋势及其规律性的一种分析方法。

小知识 28

动态数列

（二）动态分析的指标

动态分析的具体指标可参见图7-7。

图7-7 动态分析具体指标示意

1. 发展水平

发展水平是指某一市场现象在各个时期达到的实际水平，即动态数列中的每项具体指标数值，又称发展量。

2. 平均发展水平

平均发展水平，又称序时平均数或动态平均数，是将动态数列中各时期或时点上的指标加以平均而得的平均数。这种平均数是将某种事物在时间上变动的差异平均化，用以说明一段时期内的一般水平。

小知识29
序时平均数和一般平均数

序时平均数可根据绝对数动态数列计算，也可根据相对数动态数列或平均数动态数列计算。但根据绝对数动态数列计算序时平均数是最基本的方法。后两者动态数列的序时平均数的计算，可分别计算分子和分母数列的序时平均数，然后以之对比，即可求得。

这里主要说明根据绝对数动态数列计算序时平均数的方法。由于绝对数动态数列有时期数列和时点数列之分，计算序时平均数的方法也不一样，故分别加以说明。

（1）由时期数列计算序时平均数。由时期数列计算序时平均数，只需采用简单算术平均法，以时期项数除以时期数列中各个指标数值之和。

（2）由时点数列计算序时平均数。时点数是瞬间数，一般是期初数或期末数，在间隔相等的情况下，假定研究现象在时点间隔间变动是均匀的，因而先将两个相邻时点数相加后除以2，即得这两个时点间的序时平均数，然后再用简单平均法求出整个时间的序时平均数；在间隔不相等的情况下，先对每两现象的数量变化求出简单算术平均数，然后再以时间间隔为权数，计算加权序时平均数。

3. 增长量

增长量是指某一市场现象在一定时期增长或减少的绝对量。它是报告期发展水平减基期发展水平之差。这个差数可以是正数，也可以是负数。正数表示增加，负数表示减少。计算增长量，由于采用的基期不同，可分为逐期增长量和累积增长量。

（1）逐期增长量是报告期发展水平减前一期发展水平之差，说明报告期发展水平比前一期发展水平增加（或减少）的绝对量。

（2）累积增长量，是报告期发展水平减固定基期发展水平之差，说明报告期发展水平比固定基期发展水平增加（或减少）的绝对量。

逐期增长量之和等于累积增长量。

4. 平均增长量

平均增长量是时间序列逐期增长量的序时平均数。它表明某市场现象在一定时期内平均每期增长的数量。它可将各个逐期增长量相加后，被逐期增长量的个数来除，即采用简单算术平均法即可求得；也可将累积增长量被时间数列项数减1来除求得。

5. 发展速度

发展速度是说明市场现象发展快慢程度的动态相对数。它是报告期水平对基期水平之比，表示报告期为基期水平的百分之几或多少倍。发展速度大于100%（或1）表示上升；小于100%（或1）表示下降。由于基期水平可以是最初水平，也可以是前一期水平，所以发展速度有两种，即环比发展速度和定基发展速度。

（1）环比发展速度是报告期发展水平与前一期发展水平之比，说明报告期发展水平为前一期发展水平的百分之几或多少倍。

（2）定基发展速度是报告期水平与固定基期水平之比，说明报告期水平为固定期水平的百分之几或多少倍。

环比发展速度的连乘积等于定基发展速度。

6. 平均发展速度

平均发展速度是动态数列中各期环比发展速度的序时平均数。它说明在一定时期内发展速度的一般水平。平均发展速度的计算方法有几何法和方程法。

（1）几何法，又称水平法，是将一段时间内各期环比发展速度的连乘积再开 n 次方根。

（2）方程法，又称累计法，其基本思路是从最初水平出发，各期均按平均速度发展，n 期后计算出的各期水平之和应等于实际的各期水平之和。

7. 增长速度

增长速度是说明市场现象增长快慢程度的动态相对数。它是报告期比基期的增长量与基期水平之比，表示报告期水平比基期水平增长了百分之几或多少倍。增长速度可以是正数，也可以是负数。正数表示增长，负数表示降低。增长速度根据采用的基期不同，可分为环比增长速度和定基增长速度。

（1）环比增长速度是报告期比前一期的增长量与前一期水平之比，表明报告期比前一期水平增长了百分之几或多少倍。

（2）定基增长速度是报告期比固定基期的增长量，与固定基期水平之比，表明报告期水平比固定基期水平增长了的百分之几或多少倍。

环比增长速度与定基增长速度无直接关系，即环比增长速度的连乘积不等于定基增长速度。但增长速度与发展速度却有一定关系，即发展速度减1或100%等于增长速度。

8. 平均增长速度

平均增长速度是动态数列中各期环比增长速度的序时平均数。因为定基增长速度不等于全期各环比增长速度的连乘积，故它不能根据各环比增长速度进行直接计算，但可以利用平均增长速度等于平均发展速度减1（或100%）进行间接计算。

八、因素分析

因素分析就是从数量方面研究总体现象在变动中各因素的作用、影响方向和程度的分析方法。在因素分析中往往采用抽象方法，固定一些因素，而分别计算另一些因素的影响方向和程度。各个因素对总体变动的影响可以用相对数表示，也可以用绝对数表示，这些相对数与绝对数之间、绝对数与绝对数之间保持着内在联系，形成有机的指标体系。

小知识30

因素分析法

因素分析法包括指数因素分析法、差额因素分析法、并列因素分析法等几种方法（图7-8）。

图7-8　因素分析的具体方法示意

1. 指数因素分析法

指数因素分析法是因素分析法的一种重要方法。所谓指数，是表示社会经济现象数量对比关系的一种相对数，它有广义和狭义之分。广义的指数是指同类现象不同数值对比的相对数量；狭义的指数是指许多不能直接相加的要素组成的复杂现象总体数量综合变动的相对数。

进行指数因素分析，首先必须解决同度量因素问题。同度量因素就是将不能相加的指标值变为能够相加的指标值的因素。例如：市场上繁多的不同计量单位的商品不能直接相加对比，但如果分别用商品数量乘以对应的商品价格，得到的金额就可以相加进行对比了。因此商品价格就是各类商品的同度量因素。

2. 差额因素分析法

差额因素分析法是利用变动的绝对数差额来分析对问题变动影响的方向和程度。例如：

职工工资总额指数 = 工人人数指数 × 固定构成指数 × 结构影响指数

职工工资总额变动的绝对额 = 由于工人人数变动而引起的工资总额变动 +

在职工构成不变的情况下工资总额变动 +

由于职工构成变动引起的工资总额变动

3. 并列因素分析法

总体现象的变动还可以用并列因素分析法分析变动原因。例如，汽车劳动单位成本就受原材料、燃料、工资、修理费、管理费等多种因素的影响。

拓展阅读 4   **分析期货商品的供求状况**

九、回归分析

（一）回归分析的含义

回归分析是确定两种或两种以上变量间相互依赖的定量关系的一种统计分析方法。在回归分析中，把变量分为两类：一类是因变量，它们通常是实际问题中所关心的一类指标，通常用 Y 表示；而影响因变量取值的另一类变量称为自变量，用 X 来表示。

回归分析是应用极其广泛的数据分析方法之一。它基于观测数据建立变量间适当的依赖关系来分析数据内在规律，并可用于预报、控制等问题。

拓展阅读 5   **函数关系和相关关系**

（二）回归分析的分类

（1）回归分析按照涉及的变量的多少，分为一元回归分析和多元回归分析。

（2）在线性回归中，按照因变量的多少，可分为简单回归分析和多重回归分析。

（3）按照自变量和因变量之间的关系类型，可分为线性回归分析和非线性回归分析。

如果在回归分析中，只包括一个自变量和一个因变量，且二者的关系可用一条直线近似表示，这种回归分析称为一元线性回归分析。如果回归分析中包括两个或两个以上的自变量，且自变量之间存在线性相关，则称为多元线性回归分析。

（三）回归分析的程序

（1）从一组数据出发，确定某些变量之间的定量关系式，即建立数学模型并估计其中的未知参数。估计参数的常用方法是最小二乘法。

(2) 对这些关系式的可信程度进行检验。

(3) 在许多自变量共同影响着一个因变量的关系中,判断哪个(或哪些)自变量的影响是显著的,哪个(或哪些)自变量的影响是不显著的,将影响显著的自变量代入模型中,而剔除影响不显著的变量,通常用逐步回归、向前回归和向后回归等方法。

(4) 利用所求的关系式对某一市场现象进行预测或控制。回归分析的应用是非常广泛的,统计软件包使各种回归方法计算十分方便(图7-9)。

图7-9 回归分析的具体程序示意

任务实施

【任务名称】定量分析实训。

【任务目的】

1. 帮助学生理解市场调查资料定量分析的概念和内容。
2. 使学生具备简单市场调查定量分析的能力。
3. 提高学生的组织能力,培养学生的专业素养。

【任务要求】

根据本小组的调查任务和整理后的调查资料,尝试进行定量分析。

【实施步骤】

1. 以小组为单位,运用所学知识,针对本小组的调查项目,找出需要做定量分析的关键变量。
2. 小组成员讨论,对这些数据进行定量分析,其中包括数据的相对程度、集中程度、离散程度、动态分析、因素分析和回归分析等。
3. 由小组长将讨论结果记录以备用。
4. 教师和学生共同评估,给出成绩。

【组织形式】

1. 全班分小组进行,每组8~12人,自愿组合,合理分工。
2. 以小组为单位完成相关实训要求。

【考核要点】

市场调查定量分析的方法与计算。

【报告范例】

调查项目	
调查小组负责人	
调查小组成员	
调查结果陈述	

续表

分析内容	
相对程度分析	
集中程度分析	
离散程度分析	
动态分析	

任务训练

【知识训练】

一、选择题

1. 平均数反映了（　　）。
   A. 总体分布的集中趋势　　　　　　B. 总体中总体单位分布的集中趋势
   C. 总体分布的离散趋势　　　　　　D. 总体变动的趋势
2. 离散程度指标中，最容易受极端值影响的是（　　）。
   A. 极差　　　　　　　　　　　　　B. 平均差
   C. 标准差　　　　　　　　　　　　D. 标准差系数
3. 有一个学生考试成绩为70分，在统计分组中，这个变量值应归入（　　）。
   A. 60～70分　　　　　　　　　　　B. 70～80分
   C. 60～70分或70～80分　　　　　　D. 作为上限的那一组
4. 对于不同水平的总体不能直接用标准差比较其标志变动度，这时需分别计算各自的（　　）来比较。
   A. 标准差系数　　　　　　　　　　B. 平均差
   C. 全距　　　　　　　　　　　　　D. 均方差

二、简答题

请简要阐述数据的相对程度分析。

【技能训练】

某厂甲、乙两个工人班组,每班组有 8 名工人,每个班组每个工人的月生产量记录如下(单位:吨):

甲班组:20、40、60、70、80、100、120、70;

乙班组:67、68、69、70、71、72、73、70。

1. 计算甲、乙两组工人平均产量。

2. 计算全距、方差、标准差、标准差系数,比较甲、乙两组的平均产量的代表性,及数据的方差分析、相关分析和回归分析。

项目知识结构图

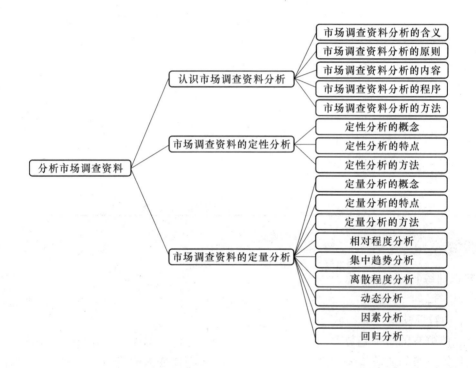

项目训练

【知识训练】

选择题

1. 为了使市场调查得到的数据反映出规律,我们需要通过( )。

A. 市场分析 B. 定量分析

C. 定性分析 D. 市场预测

2. 市场调查资料分析的原则有( )。

A. 针对性 B. 客观性

C. 动态性 D. 完整性

3. 确定两种或两种以上变量间相互依赖的定量关系的一种统计分析方法的是（ ）。
   A. 相关分析　　　　　　　　　B. 回归分析
   C. 动态分析　　　　　　　　　D. 因素分析
4. 相关分析是研究（ ）。
   A. 变量之间的数量关系　　　　B. 变量之间的变动关系
   C. 变量之间的相互关系的密切程度　　D. 变量之间的因果关系
5. 下列（ ）为相关关系。
   A. 家庭收入与消费支出关系　　B. 圆的面积与它的半径关系
   C. 广告支出与商品销售额关系　D. 单位产品成本与利润关系

【技能训练】

2013 年手机银行调查报告

近年来，手机银行在手机网民中的扩散已基本完成，随着手机银行业务的成熟，高收入人群必然会成为手机银行业务的核心客户，并促进手机银行业务的繁荣。下面是关于手机银行使用情况的调查。

1. 各家手机银行使用情况（图 7-10）

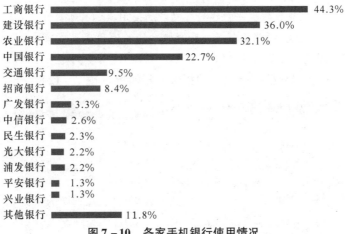

图 7-10　各家手机银行使用情况

（1）在手机银行用户中，工商银行手机银行的使用率最高，达 44.3%；其次是建设银行，为 36.0%。这一排名与 2011 年 2 月的调查结果基本保持一致。但是，值得注意的是，经过近两年的发展，工商银行手机银行的使用率相比 2011 年 2 月的调查结果（35.1%）有了大幅提升，而建设银行手机银行的使用率仅有小幅增长，两者的差距悬殊，工商银行手机银行的优势日益明显。

（2）农业银行手机银行的使用率居第三名，为 32.1%，比 2011 年 2 月的调查结果（28.1%）有一定的增长。工商银行、建设银行、农业银行这三家手机银行在整个市场中的优势地位得到进一步加强，他们的用户占全体用户的比例从 2011 年 2 月的 80.4% 增至现在的 84.6%。

（3）虽然中国银行手机银行的使用率仅居第四名，为 22.7%，但相比 2011 年的数据，中国银行手机银行的使用率在这两年中有非常显著的提升，在不断拉大与第五名差距的同时，努力缩小与行业领跑者的差距。此外，四大银行手机银行的用户占到了全体用户的

88.4%。手机银行业务初步形成了以工商银行为首、四大银行为主的竞争格局。可以预见，在未来一段时间内，这一竞争格局将得以维持。

2. 用户经常使用的手机银行功能分布情况（图7-11）

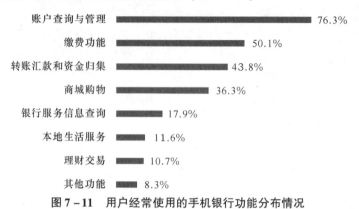

图7-11 用户经常使用的手机银行功能分布情况

调查显示，在手机银行众多功能中，用户最经常使用的是手机银行账户查询与管理功能，使用比例达76.3%；其次是缴费功能、转账汇款和资金归集功能，分别为50.1%和43.8%。商城购物功能的使用比例也较高，超过三分之一。

相比2011年2月的调查数据，手机银行各功能的使用率都有所提高，其中以账户查询与管理功能使用率的增长幅度最大，转账汇款功能和缴费功能的使用率也略有增长。随着手机银行业务的发展和成熟，可以预见，查询功能、缴费功能、转账功能将受到越来越多用户的青睐。

3. 不同人群经常使用手机银行功能的指数分析情况（图7-12）

	账号查询与管理	转账汇款和资金归集	缴费功能	理财交易	商城购物	本地生活服务	银行服务信息查询
行政/事业单位国企干部	108.9	133.4	98.4	158.0	84.8	146.1	163.1
行政/事业单位国企职工	98.6	90.9	109.6	90.9	87.8	146.1	163.1
行政/事业单位三资/民营/私营	102.8	107.4	86.2	201.4	113.5	152.3	65.6
企业中高级主管	106.1	102.4	101.9	120.7	91.9	111.6	110.1
三资/民营/私营企业职员	106.9	133.4	98.4	158.0	84.8	146.1	163.1
个体经营者、自由职业者	97.0	105.2	115.5	127.3	89.5	146.1	163.1
在校学生	92.9	68.1	93.5	41.8	121.3	146.1	163.1
专业技术人员	107.1	121.7	116.5	77.9	119.4	146.1	163.1
农民/进城务工人员	98.9	100.7	93.6	67.3	111.7	77.8	90.5

图7-12 不同人群经常使用手机银行功能的指数分析情况

（1）对不同人群经常使用手机银行功能的指数分析表明，在校学生、农民/进城务工人员更倾向于商城购物，很少使用理财交易功能。该群体往往以年轻人为主，收入较低，甚至无经济收入，对理财功能需求低，但是青睐网络购物，因此经常使用商城购物功能。

(2) 行政/事业单位国企干部更倾向于使用手机银行的转账汇款和资金归集功能、理财交易、本地生活服务和银行服务信息查询功能。总的来说，该群体以中年人为主，收入较高，较少使用网络购物，但对转账、理财、生活服务等功能的需求旺盛，因此使用这些功能的倾向性非常明显。作为优质用户，他们应该是手机银行业务的重要目标人群。

(3) 企业中高级主管更倾向于理财交易和本地生活服务功能。他们往往身居要职，工作繁忙，经济收入高，因此对理财业务有较大的需求。此外，三资/民营/私营企业职员、个体经营者、自由职业者也更倾向于理财交易功能。如果各大银行想大力推广手机银行理财产品，上述人群将是宝贵的潜在客户。

(4) 专业技术人员倾向于转账汇款、缴费、商城购物、本地生活服务和银行服务信息查询功能，而对理财交易的使用倾向较低。该群体一般都受到过良好的教育，对新事物接受度高。

4. 不同手机银行版本使用情况（图 7-13）

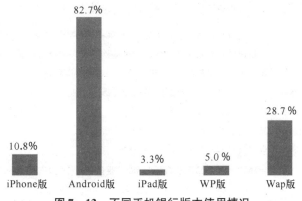

图 7-13 不同手机银行版本使用情况

从图 7-13 可以看出，在手机银行用户中，Android 版手机银行的使用率占据绝对优势，高达 82.7%；其次是 Wap 版，其使用率不足三成。在 iPhone 手机掀起"街机"风潮之际，iPhone 版手机银行的使用率仅占大约一成。

5. 手机银行用户开始使用手机银行的时间分布情况（图 7-14）

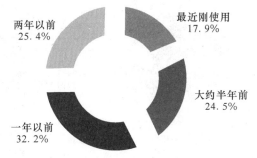

图 7-14 手机银行用户开始使用手机银行的时间分布情况

从图 7-14 可以看出，17.9% 的用户最近刚开始使用手机银行，而 24.5% 的人在大约半年前开始使用，五成多用户至少在一年以前就开始使用手机银行了。

6. 手机银行用户使用手机银行的频率分布情况（图 7–15）

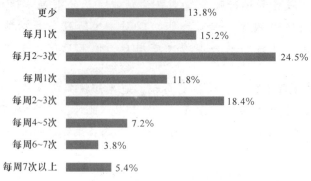

图 7–15　手机银行用户使用手机银行的频率分布情况

从图 7–15 可以看出，在手机银行用户中，46.6% 的人每周至少使用 1 次手机银行。仅 13.8% 的人很少使用手机银行。相比之下，约一成的用户每周使用手机银行的次数在 6 次以上。

7. 用户最初开通手机银行业务的原因分布情况（图 7–16）

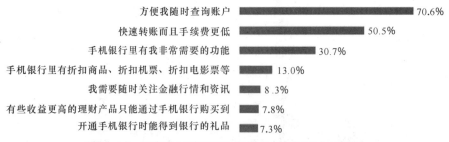

图 7–16　用户最初开通手机银行业务的原因分布情况

在开通手机银行业务的诸多原因中，"方便我随时查询账户"是最主要的原因，70.6% 的用户最初因此开通了手机银行。其次是"快速转账而且手续费更低"，该原因所占比例超过了五成。相比之下，最初开通手机银行是因为银行礼品的用户仅占 7.3%。由此可见，用户开通手机银行的最初动机仍然是功能导向的。手机银行因其能够便捷、快速地查询账户和转账而受到了青睐。

8. 用户开通手机银行时是否为该银行的用户分布情况（图 7–17）

图 7–17　用户开通手机银行时是否为该银行的用户分布情况

从图 7–17 可以看出，在手机银行用户中，绝大多数人开通手机银行时就已经是该银行的用户，这一比例高达 93.6%。在开通手机银行时就已经是这家银行的用户的人群中，有 82.0% 的人开通了这家银行的网上银行，仅 11.6% 的人没有开通网上银行。

相比之下，仅 6.4% 的人在开通手机银行时还不是这家银行的用户。

9. 用户了解手机银行的途径分布情况（图 7 – 18）

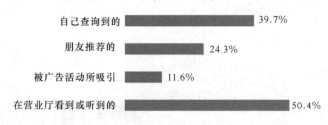

图 7 – 18　用户了解手机银行的途径分布情况

从图 7 – 18 可以看出，约一半的用户是在营业厅看到或听到有关手机银行的介绍的，约四成的用户是自己查询到的。朋友的推荐占了近四分之一，说明口碑营销在手机银行的推广过程中也起了重要的作用。相比之下，通过广告活动来了解手机银行的用户仅占 11.6%。

10. 用户开通手机银行的途径分布情况（图 7 – 19）

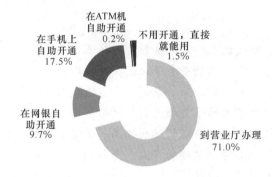

图 7 – 19　用户开通手机银行的途径分布情况

调查显示，在开通手机银行的用户中，超过七成的用户是直接到营业厅开通手机银行的。有 17.5% 的用户是在手机上自助开通的，有约一成的用户是在网银上自助开通的。此外，还有 1.5% 的用户不用开通，直接就能用手机银行。这一调查结果与用户了解手机银行的途径基本一致。由此可见，到营业厅办理仍然是用户开通手机银行的主要方式，但由于通过手机或网上银行开通手机银行业务具有很大的便利性，也受到了用户的青睐。

（资料来源：http://bank.hexun.com/2013 – 07 – 02/155715034_ 2.html）

请仔细阅读上述市场调查分析资料，你觉得这份关于手机银行使用情况的分析有何可取或不足之处？

创业实训

在线教育是当下比较流行的新型教育模式，其巨大的市场前景已显现出来，而在线教育在大学生群体的市场如何，市场需求又有何特点，需要我们进行市场调查。假设你是一家专注大学生在线教育的创业公司，现要开发一款在线教育的 APP，在设计 APP 产品之前，需要对大学生的在线教育需求做比较详细的了解，并分析其需求的特点和趋势。为此，请开展一次市场调查并做市场分析，提出合理的市场建议。

撰写市场调查报告

项目导入

在市场调查活动中,在对调查得到的资料进行筛选加工、整理分析的基础上,调查人员还应该撰写市场调查报告,将市场调查成果记述和反映出来。

在市场调查过程中,运用多种方法收集到的丰富的数据资料,经过市场调查资料分析之后,为得到相关结论提供了基本的依据和素材。然而,要将整个市场调查研究的成果提交给决策者,使市场调查真正起到解决市场问题的作用,则需要撰写成文的市场调查报告。

市场调查报告是市场调查活动过程的产品,是一项市场调查项目最终成果的主要表现,也是市场调查过程的历史记录和总结。

学习目标

知识目标

☆明确市场调查报告的结构与内容。
☆掌握市场调查报告的编写要求。
☆掌握市场调查报告的撰写技巧与注意事项。

技能目标

☆能根据项目的要求编写市场调查报告。
☆能组织市场调查报告编写与提交工作。

引导案例

案例导读:在经历了充分的市场调查之后,调查人员往往希望将所收集的大量数据信息及分析结果尽可能详细地写到调查报告中。殊不知,这样会造成信息资料堆砌,使使用者掌握不到内容的重点,从而感到无所适从。

案例详情:纽约地区的调查人员约翰·斯皮尔伯格受该地区一家最大的糖果制造商委

托，进行了大约6个月的艰苦调查后，精心准备了一篇长达250页的市场调查报告（包括图表和统计数据）。在向公司3名最高决策者口头汇报时，他信心百倍，自以为他的报告中有许多重大发现，包括若干个可开发的新细分市场和若干条产品理念方面的创新。

然而，在听了一个小时的充满事实、数据与图表的汇报后，糖果公司的总经理站起来说道："打住吧，伙伴！我听了一个多小时枯燥无聊的数字，完全给搞糊涂了，我想我并不需要一份比词典还厚的报告。明天早晨8点以前务必把一份5页纸的摘要放到我办公桌上。"说完就离开了房间。此时，约翰才知道由于自己没有正确处理好调查报告的篇幅而得到了整个职业生涯中一次失败的教训。

任务一　认识市场调查报告

任务导入

市场调查报告是整个调查任务活动的成果体现，如果调研者不能把诸多的调研资料组织成一份清晰的、高质量的市场调查报告，就不能与决策者或用户进行有效的信息沟通，决策者或用户就不能采取有效的行动。为了编写出一份高质量的市场调查报告，在编写之前，要对市场调查报告有充分的认识。

知识准备

一、市场调查报告的概念和特点

市场调查报告，是指用书面表达的方式反映市场调查过程和调查结果的一种分析报告，它是市场调查成果的集中体现。市场调查报告既可以书面方式向管理者或用户报告调查的结果，也可作为口头汇报和沟通调查结果的依据，亦可制作成多媒体演示课件，向决策者或用户进行演示、解说和沟通。

市场调查报告具有以下四个方面的特点。

（一）针对性

针对性包括选题上的针对性和阅读对象的明确性两个方面。首先，调查报告应明确调查的目的，并围绕该目的选择数据资料进行分析论述；其次，调查报告还必须明确阅读对象。阅读对象不同，他们所关心的内容侧重点也不同。如果调查报告的阅读对象是公司总经理，那么，他关心的是调查结论和建议部分，而不是大量的数据分析；如果阅读对象是市场研究人员，那么，他更关心调查所采用的方式、方法、数据来源及结论的推断过程等。

（二）新颖性

新颖性是指调查报告应从全新的视角去发现问题，要根据市场活动的新动向、新问题等提出新观点。

小案例

美国有一个生产牙膏的公司，营业额连续10年保持10%～20%的增长率。然而，进入第 11 年、第 12 年和第 13 年时，营业额就停滞下来。公司一位年轻的经理提出一个建议，将现有的牙膏开口扩大 1 mm，以增加牙膏的挤出量，总裁立即采纳了该建议。这个决定使该公司第 14 年的营业额增加了 32%。

（三）时效性

市场信息瞬息万变，经营者的机遇也是稍纵即逝。如果市场调查滞后，就会失去其存在的意义。因此，市场调查要尽快完成，市场调查报告也应将调查中有价值的内容迅速、及时地总结出来，以供经营决策者参考，从而在竞争中取胜。

（四）科学性

市场调查报告不仅是单纯报告市场客观情况，还要通过对事实的分析研究，寻找市场发展变化规律。这就需要撰写者掌握科学的分析方法，以得出科学的结论，并在此基础上推理提出解决问题的方法、意见等。

二、市场调查报告的意义

（一）是调查成果的集中体现

调查机构通过调查收集市场信息，并对信息资料进行整理和分析，做出符合实际的结论和建议，最终必须形成某种形式的报告，提交给市场调查活动的组织者或委托者。因此，调查报告是市场调查成果的集中体现。

（二）能透过市场现象揭示市场发展的规律

通过大量的数据资料进行分析，掌握数据之间的隐含关系，能够了解数据信息资料所蕴含的市场特征、规律和趋势，以便更好地指导企业的营销活动。

（三）为管理和决策部门提供准确、可靠的信息

市场调查报告能在对信息资料进行分析的基础上形成决策者需要的结论和建议，因而，决策者在研究产品或服务的营销策略时，往往要以调查报告为参考，否则可能会导致营销决策的失败。

（四）可作为二手文献资料被反复使用

当一项市场调查活动完成之后，市场调查报告就成为该项目的历史数据。作为历史资料，它有可能被重复使用，帮助企业研究其他市场问题，从而降低市场调查的成本。

三、市场调查报告撰写的基本要求

（一）调查报告力求客观真实、实事求是

调查报告必须符合客观实际，引用的材料、数据必须是真实可靠的。要用事实说话，反对弄虚作假。

（二）调查报告要做到调查资料和观点相统一

市场调查报告是以调查资料为依据的，即调查报告中所有观点、结论都有大量的调查资料为根据。在撰写过程中，要善于用资料说明观点，用观点概括资料，二者相互统一。切忌调查资料与观点相分离。

（三）调查报告要突出市场调查的目的

任何市场调查都是为了解决某一问题，或者为了说明某一问题。因此，撰写市场调查报告时，必须做到目的明确、有的放矢、围绕市场调查的目的进行论述。

（四）调查报告的语言要简明、准确、易懂

调查报告是给人看的，无论是厂长、经理，还是其他一般的读者，他们大多不喜欢冗长乏味、呆板的语言，也不精通调查的专业术语。因此，撰写调查报告时语言要力求简明、准确、通俗易懂。

四、市场调查报告的种类

调查报告依据不同标准可分为多种类型，依据不同的调查对象的范围和关系可分为概况型调查报告和专题型调查报告；依据不同的研究目的可分为理论型调查报告和实际型调查报告；依据不同的调研的性质可分为叙述型调查报告和分析型调查报告；依据不同的表达形式可分为文字报告与口头报告。下面对前4种类型进行详细说明。

（一）概况型调查报告

概况型调查报告是围绕调查对象的基本状况而撰写的全貌表述。其主要用途是较详尽地记录调查结果，较系统地陈述调查资料，以弄清调查对象发生和发展的基本状况，使人们对调查对象有个全面的了解。

（二）专题型调查报告

专题型调查报告是围绕某一专题而撰写的。这些专题可以是典型经验、新生事物、历史事件或存在问题等。专题型调查报告名目繁多，范围很广，实用性很强。专题型调查报告的主要用途是研究具体问题，及时反馈情况，揭露事物某一侧面矛盾。根据调查分析结果提出建议和对策。其特点是：主题鲜明、针对性强、材料具体、数据准确、说服力强。

（三）理论型调查报告

如果调查分析的目的是提出、证明或补充某个经济理论观点，其报告就为理论型调查报告。其特点是注重理论研究和陈述，讲求分析问题的立场和方法。

（四）实际型调查报告

实际型调查报告是针对某市场现象和有影响的问题，或对某方案提出意见和建议而撰写的。其不仅具有"专题型调查报告"的特点，还具有调查报告的建议是结合实际、有分量、有新意的，提出的建议是依靠调查取得的全部资料和数据的特点，言之有理，论之有据。

五、市场调查报告的结构

市场调查报告的结构一般是由题目、目录、摘要、引言、正文、结论和建议、附件等几部分组成的。

（一）题目

题目包括市场调查题目、报告日期、委托方、调查方等，一般应打印在扉页上。题目是画龙点睛之笔，好的题目，一名既立，境界全出。题目必须准确揭示报告的主题思想，做到题文相符。

题目要简单明了，高度概括，具有较强的吸引力。一般是通过题目把被调查单位、调查内容明确而具体地表达出来，如《关于江西省居民收支、消费及储蓄情况的调查报告》；有的调查报告还采用正、副标题形式，一般正标题表达调查的主题，副标题则具体表明调查的单位和问题，如《南昌人的梦中家园——南昌市居民住宅选择的调查报告》。

（二）目录

如果调查报告的内容、页数较多，为了方便读者阅读，应当使用目录或索引来列出报告的主要章节和附录，并注明标题、有关章节号码及页码。一般来说，目录的篇幅不宜超过一页。例如：

目　录

一、摘要 ……………………………………………………………………………… 1
二、调查概况 ………………………………………………………………………… 2
　　1. 研究背景和目的 …………………………………………………………… 3
　　2. 研究内容 …………………………………………………………………… 5
三、研究方法 ………………………………………………………………………… 6
四、调查结果分析 …………………………………………………………………… 8
　　1. ××××××××× ………………………………………………………… 10
　　2. ××××××××× ………………………………………………………… 12
　　3. ××××××××× ………………………………………………………… 15
五、结论和建议 ……………………………………………………………………… 18
附录一、调查问卷 …………………………………………………………………… 19
附录二、抽样设计方案 ……………………………………………………………… 21
附录三、调查原始数据统计 ………………………………………………………… 22

（三）摘要

摘要是市场调查报告的内容提要，是对调查成果及结论的综述。由于有些决策人员日常工作繁忙，往往对调查的细节没有什么兴趣，只关系调查项目的核心内容，因此他们会通过阅读摘要快速地了解调查的结果。

摘要主要包括以下内容：市场调查的目的、调查对象、内容与方法、调查的结论及建议等。一般来说，摘要必须回答"研究什么""怎么研究""得到了什么结果""结果说明了什么"等问题。

摘要的书写有以下要求：内容应简洁清楚、高度概括，语言文字应通俗、精练，尽量避免使用过于专业或技术性的术语。

小案例　　**移动互联网商业模式的市场调查报告（摘要）**

现代信息技术的飞速发展正在改变我们的社会，移动通信的迅猛增长和互联网的普及是信息领域里最重要的两件大事，将两者结合到一起是人们的梦想，有着广阔动人的市场前景。

同有线互联网相比，移动互联网借助移动通信的发展成果，已经拥有大量的移动网络终端和成熟的用户基础，欧美和日韩的移动互联网早已起步多时，同这些国家相比，我国移动互联网产业还有相当大的差距，为什么会有如此大的差距？

移动互联合作供应商业模式是日韩移动互联网能够寻梦发展的关键，日本的I—Mode、韩国 SK 电信的 NATE 发展经验表明，要推动移动数据业务的健康发展，必须构建密切协作的产业价值链和能使各方获益的商业运作模式。

本文通过对全球移动互联网发展状况的深入分析，指出中国移动互联网未来发展的促进与制约因素，预测了中国移动互联网未来发展趋势，并对我国移动互联网向 3G 演进面临的问题、时机与策略做出了判断。

本文通过对移动互联网产业链的深入考察，全面解析了中国移动互联网产业链的现状与变化趋势；对各产业链各环节进行了深入分析，探讨了其商业模式，同时以国内外移动互联网商业模式的比较找出了适合我们发展的答案，找出了各环节之间的相互作用。

本文通过对互联网商业模式的研究，同时结合与移动互联网的相关性研究，找出了成功的成熟的互联网的商业模式，给移动互联网的发展提供了启示。

（四）引言

引言主要是介绍调查报告的基本内容和轮廓。它可以包括以下 4 项内容中的全部或其中几项。

（1）介绍某研究领域的背景、目前的水平及发展状况等。

（2）对相关领域的文献进行回顾和综述，包括前人的调查研究成果、已经解决的问题，并适当加以评价或比较。

（3）提出目前尚未解决的问题或急需解决的问题以及解决这些问题的新方法、新思路，从而引出调查课题的目的与意义。

（4）概括调查报告的主要内容或勾勒其大体轮廓。

值得注意的是，上述 4 项内容所占的篇幅存在较大的差异性。一般来说，对研究背景、发展状况、文献综述、研究意义等内容应做详细的介绍，而研究目的及内容可以比较简短，研究结果可以省略。这一点与摘要不同，摘要中的目的、内容、方法、结果、结论等内容所占篇幅大体相同，而且摘要必须把主要研究结果列出来。

小案例

"12345，有事找政府"。"12345 热线"是政府职能部门为民众开通的一条集咨询、投诉举报、建议于一体的聚民意、听民心的热线，是政府便民、利民、亲民、惠民的重要渠道。那么便民渠道是否能达到听民声、察民情、解民忧、集民智的预期效果呢？2015 年，零点首次公开发布了"12345 热线"全国各地市排名。2016 年上半年，零点再次对全国 31 个省（市）的 332 条"12345 热线"的服务质量进行了监测。

（五）正文

正文是市场调查分析报告的主要部分。正文部分必须准确阐明全部有关论据，包括问题的提出到引出的结论、论证的全部过程、分析研究问题的方法。正文部分还应当有可供市场活动的决策者进行独立思考的全部调查结果和必要的市场信息，以及对这些情况和内容的分析、评论。

正文部分通常包含以下两方面内容。

1. 介绍调查方案的执行情况

（1）调查地区：说明调查是在哪个区域内进行的，以及选择该区域的理由。

（2）调查对象：说明是从什么样的对象中抽取样本进行调查。

（3）样本容量：选取的样本总数，以及确定样本容量时考虑的因素。

（4）样本的结构：根据什么样的抽样方法抽取样本、抽取后样本结构如何、是否具有代表性。

（5）资料收集的方法：调查是采用拦截访问法还是电话访问法，是观察法还是实验法或是文案调查法等。

（6）实施过程及问题处理：调查如何实施、遇到什么问题、如何处理等。

（7）访问员介绍：对访问员的资格、条件以及训练情况也须进行简要介绍。

（8）资料处理方法及工具：用什么样的工具、方法对资料进行整理、分析和统计处理等。

（9）访问完成情况：介绍访问完成率，说明未完成部分及访问无效的原因。对调查结果的介绍要尽量简洁，把方法及采用原因说清楚即可。

2. 分析预测

分析预测即对调查所获取的大量数据进行审核、整理、统计和分析。这部分内容需要考虑以下两方面因素：一是客观、全面分析市场调查所获得的材料和数据；二是合理安排内容的结构，做到层次清楚、条理分明。

分析预测常见的结构方式有以下三种：

（1）以调查问题为主线进行逐个分析，把调查问题按其性质分成几个部分来阐述。

（2）按事物发生、发展过程来写。

（3）通过文字和统计表、统计图等表达。

（六）结论和建议

结论和建议是撰写综合的分析报告的主要目的。这部分包括对引言和正文部分所提出的主要内容的总结，提出如何利用已证明和正文部分所提出的主要内容的总结，提出如何利用已证明为有效的措施和解决某一具体问题可供选择的方案与建议。结论和建议与正文部分的论述要紧密对应，不可以提出无论据的结论，也不要没有结论性意见的论证。

（七）附件

附件是将一些比较重要的原始资料、调查问卷、统计数据和图表、参考资料等作为附件集中附在报告的后面，是调查报告正文包含不了或没有提及，但与正文有关必须附加说明的部分。它是对正文报告的补充或更详尽的说明。附件一般包括以下内容：

（1）访问提纲。

（2）调查问卷。

（3）有关抽样细节的补充说明。

（4）工作进度安排。

（5）原始资料的来源。

（6）调查获取的原始数据图表。

市场调查报告范本

关于调查报告的结构并没有统一的规定，以上只是介绍了调查报告的典型格式。实际上，调查报告的格式可以根据委托者或决策者的需求进行调整。

> 任务实施

【任务名称】了解市场调查报告。
【任务目的】
1. 让学生掌握市场调查报告的撰写格式和内容。
2. 提高学生阅读和分析市场调查报告的能力。
3. 为下个撰写市场调查报告任务做准备。
【任务要求】
1. 各小组找出与本小组调研内容相关的市场调查报告。
2. 仔细阅读市场调查报告，研究其内容、格式等。
【实施步骤】
1. 根据任务要求搜集市场调查报告。
2. 小组成员讨论分析该份市场调查报告的内容及格式。
3. 组员根据讨论结果写出报告，并提交组长。
4. 组长在小组成员充分讨论的基础上，总结完成小组报告。
5. 小组之间进行交流，每个小组推荐1人进行介绍。
6. 由教师对学生所提交的调查报告和现场介绍的情况进行评估打分。
【组织形式】
1. 全班分小组进行，每组8~10人，自愿组合，合理分工。
2. 以小组和个人结合的形式完成相关实训要求。
【考核要点】
1. 市场调查报告的格式。
2. 市场调查报告的内容。
【报告范例】

项目负责人	
项目组成员	
市场调查报告名称	
主要调查内容	
结构说明	
心得体会	

任务训练

【知识训练】

一、单项选择题

1. 市场调查报告需遵循（　　）特点。
   A. 针对性　　　　　　　　　　B. 新颖性
   C. 时效性　　　　　　　　　　D. 科学性
2. 下列选项中，在写市场调查报告概要时可以不包括（　　）。
   A. 调查目的　　　　　　　　　B. 调查对象
   C. 调查结论　　　　　　　　　D. 调查背景
3. 附件中，可以包括（　　）。
   A. 访问提纲　　　　　　　　　B. 调查问卷
   C. 工作进度安排　　　　　　　D. 原始资料的来源

二、简答题

简要说明市场调查报告的格式。

任务二　市场调查报告的撰写

任务导入

撰写市场调查报告是体现调查质量的关键环节，如果调查报告写得拙劣，即使是最好的调查材料也会黯然失色，所以为了给成果平添一番色彩，必须学习调查报告的撰写技巧与注意事项。

知识准备

一、市场调查报告的撰写步骤

（一）谋篇构思

（1）从感性认识上升到理性认识。谋篇构思是根据思维运动的基本规律，从感性认识上升到理性认识的过程。通过收集的资料，即调查中获得的实际数据资料及各方面背景材料，初步认识客观事物。

（2）确立主题思想。在认识客观事物的基础上，确立主题思想。

（3）确立观点，列出论点、论据。确定主题后，对收集的大量资料，经过分析研究，逐渐消化、吸收，形成概念，再通过判断、推理，把感性认识上升为理性认识，最后列出论点、论据，得出结论。

在做出结论时，应注意以下几个问题：

①一切有关实际情况及调查资料是否考虑到了。

②是否有相反结论足以说明调查事实。

③立场是否公正客观、前后一致。

(4) 安排文章层次结构。在完成上述几步后,构思基本上就有框架了。在此基础上,考虑文章正文的大致结构与内容,安排文章层次段落。层次一般分为三层,即基本情况介绍、综合分析、结论与建议。

(二) 获取数据资料

市场调查报告的撰写必须根据数据资料进行分析,即介绍情况要以数据为依据,反映问题要用数据做定量分析,提建议、措施同样要用数据来论证其可行性与效益。

选取数据资料后,还要运用得法,运用资料的过程就是一个用资料说明观点、揭示主题的过程。在写作时,要努力做到用资料说明观点,用观点论证主题,详略得当,主次分明,使观点与数据资料协调统一,以便更好地突出主题。

(三) 撰写初稿

根据撰写提纲的要求,由单独一人或数人分工负责撰写,各部分的写作格式、文字数量、图表和数据要协调、统一控制。

(四) 定稿

写出初稿,征得各方意见进行修改后,就可以定稿。在定稿阶段,一定要坚持对事客观、服从真理、不屈服于权力和金钱的态度,使最终报告较完善、较准确地反映市场活动的客观规律。市场调查报告的撰写步骤可参见图8-1。

图8-1 市场调查报告的撰写步骤

二、撰写市场调查报告的技巧

要撰写出一份好的市场调查与预测报告,还需掌握相应的撰写技巧,主要体现在叙述技巧、说明技巧、议论技巧和语言运用技巧四个方面。

(一) 叙述技巧

市场调查报告的叙述主要用于开头部分(如摘要和正文的开头),通过叙述事情的来龙去脉来表明市场调查的目的、过程和结果。常用的叙述技巧有:

(1) 概括叙述,即将市场调查的过程和情况概略地陈述,不需要对细节详加铺陈。这是一种浓缩型的快节奏叙述,文字简略,说明市场调查报告的主要内容。

(2) 按时间顺序叙述,即按时间顺序交代调查与预测的目的、对象和经过,前后连贯。如开头部分叙述事情的前因后果、正文部分叙述市场的历史与现状。

(3) 叙述主体均省略,即叙述主体在市场调查与预测报告开头部分出现后,在后面的叙述中省略并不会导致误解,如市场调查报告的主体通常是报告撰写者,叙述中用第一人称即可。

(二) 说明技巧

1. 数字说明

营销调查报告是对企业营销实践与环境分析的文件,其可靠程度是决策者首先要考虑的。报告书的内容不能留下查无凭据之隙,任何一个分析点都要有材料依据,而数字就是最好的依据,即用数字来揭示事物之间的数量关系。在报告中利用各种绝对数和相对数来进行比较对照是绝对不可少的,这也是市场调查报告的主要特征。要注意的是,各种数字最好都有出处以证明其可靠性。

> **小案例** 数字说明的技巧
>
> (1) 使用汉字和阿拉伯数字应统一。凡是可以用阿拉伯数字的地方均应使用阿拉伯数字。具体地,计数与计量(如50~100、15%等)、公历世纪与年代、时间(如20世纪80年代,2006年6月1日等)均用阿拉伯数字,星期几用汉字。
>
> (2) 为了让统计数字更加鲜明生动、通俗易懂,可将数字进行横向和纵向的比较形成强烈的反差,或把太大、不易理解的数字适当地化小(如将某企业年产876 000台换算成每小时生产100台),或将太小的、不易引起报告使用者关注的数字推算变大(如产品A的成本降低0.5元/件,如果单价保持不变,则当年销售量为100万件时,即可增加销售收入50万元)。

2. 分类说明

分类说明就是根据主题的要求,将资料按一定的标准分为若干类,分别说明。如将调查搜集的资料按地理位置和经济发展水平进行分类,每类设一小标题,并进行进一步说明。

3. 图表说明

在进行数字说明时,为防止在报告中到处都是数字,通常用图形和表格来说明数字。运用图表有助于阅读者理解市场调查报告的内容,同时,图表还能提高页面的美观性。图表的主要优点在于有很强的直观效果,因此,用图表进行比较分析、概括归纳、辅助说明等非常有效。图表的另一优点是能调节阅读者的情绪,从而有利于阅读者对市场调查报告的深刻理解。

4. 举例说明

举例说明指举出具体的、典型的事例来说明市场发展变化情况,通过大量、真实的调查材料来证明报告的分析观点。在市场调查中会遇到大量的事例,可从中选择具有代表性的例子。要利用这些有力的材料使人感到调查报告的充实、真实,才能增强说服力。

5. 理论说明

要想提高市场调查报告内容的说服力,并使阅读者接受,就要为市场调查报告的分析观点寻找理论依据。事实证明,这是一个事半功倍的有效办法。理论依据要有对应关系,纯粹的理论堆砌不仅不能提高报告的说服力,反而会给人脱离实际的感觉。

(三) 议论技巧

1. 归纳论证

运用归纳法将市场调查与预测过程中掌握的若干具体的事实进行分析论证,得出结论。

2. 局部论证

将市场调查与预测的项目分成若干部分，然后对每部分分别进行论证。由于市场调查与预测报告不同于议论文，不可能形成全篇论证，只是在情况分析和对未来预测中做出局部论证。如对市场情况从几个方面进行分析，每方面形成一个论证过程，用数据等资料做论据去证明其结论，形成局部论证。

（四）语言运用技巧

市场调查报告不是文学作品，而是一种说明性文体，有着自己的语言风格。其常用的语言技巧有以下两种。

1. 用词技巧

市场调查报告中用得比较多的是数词和专业词（如"市场竞争""价格策略""市场细分"等），撰写者应该灵活适当地使用。除了前面提到报告用词要生动活泼和通俗易懂外，还应该严谨和简洁，切忌使用"大概""也许""差不多"之类给人产生不确切感、不严谨的词语。

2. 句式技巧

市场调查报告以陈述句为主，陈述市场调查与预测的过程和市场发展趋势，表示肯定或否定的判断，在建议部分会使用祈使句表示某种期望。

此外，从整体上说，撰写者还要注意语言表达的连贯性和逻辑性。

三、撰写市场调查报告时需要注意的问题

一篇高质量的调查报告，除了符合调查报告一般的格式以及很强的逻辑性结构外，写作手法是多样的，但其中必须注意以下两点。

（一）调查报告不是流水账或数据的堆积

市场调查报告需要概括评价整个调查活动的过程，但绝不是将调查方案、质量控制方案等原始的文件重抄一遍，而是要说明这些方案执行落实的情况，特别是实际完成的情况对于调查结果的影响，需要认真分析清楚，这样才有利于读者分析调查报告的真实性与可信程度。

在市场调查报告中，资料数据显得很重要，占有很大比重。用准确数据证明事实真相往往比长篇大论更令人信服。但是运用数据要适当，过多堆砌数字常使人感到眼花缭乱，不得要领。正如在理论分析中所指出的，数据本身并不能说明什么，其意义在于为理论分析提供客观依据。因而，市场调查报告必须以明确的观点统帅资料数据，通过定性与定量分析的结合，达到透过现象看本质、认识市场现象发展变化的目的。

（二）市场调查报告必须真实、准确

以实事求是的科学态度，准确而又全面地总结和反映研究结果，是写好市场调查报告的最重要原则。

市场调查报告的真实性首先表现在结论来自客观的事实。从事实出发，而不是从某人的观点出发，先入为主地做出主观判断。调查前所设计的理论模型或先行的工作假设，都应毫

无例外地接受调查资料的检验。凡是与事实不符的观点，都应该坚决舍弃；凡是暂时还拿不准的，应如实写明，或放在附录中加以讨论。

市场调查报告的真实性还表现在采用准确的数据。只有建立在精确论据上的论点才真实可信。因此，调查报告所提供的事实材料，必须经过认真核实，数据应当经过反复检验。

市场调查报告的真实性还表现在如实地指出本次调查结果的局限性，指明调查结果适用的范围，以及在调查过程中曾出现的失误或可能存在的各种误差，如抽样误差、调查误差等。承认调查中存在误差并不会降低报告的质量。相反，坚持实事求是的态度，可以提高报告的可信度，增强读者的信任感。最重要的是真实的市场调查报告可以为调查结果的应用提供可靠的参考依据。

总之，市场调查报告是一次调查活动的最终产品，是全部调查人员劳动的结晶，理应认真完成。市场调查报告应该真实，应该易于理解和阅读，文字精练，文风朴实，再现所调查市场现象在市场运行中的真实状态和客观规律性。

任务实施

【任务名称】撰写市场调查报告。

【任务目的】
1. 让学生掌握市场调查报告撰写的格式和内容。
2. 让学生体验调查报告撰写的技巧。
3. 提高学生的文字表达能力，进而提高学生的综合素质。

【任务要求】
1. 各小组根据前面所做的调查项目，在已完成的调查资料的收集与数据的分析成果基础上，撰写该项目的调查报告。
2. 作业完成时间：在调查实施完成后 7 天内上交。
3. 作业以 Word 和 PPT 等形式提交给教师。

【实施步骤】
1. 以小组为单位，做好市场调查报告前的准备工作。
2. 组长将共用的市场调查数据分析资料汇总，并向组员讲解。
3. 每位组员根据所提供的资料进行市场调查报告撰写。
4. 组长听取小组成员调查报告结果，并汇总撰写小组的市场调查报告和演示文稿。
5. 小组之间进行交流，每个小组推荐 1 人进行介绍。
6. 由教师对学生所提交调查报告和现场介绍的情况进行评估打分。

【实施形式】
以小组为单位，分工协作，在老师的指导下完成。

【考核要点】
1. 市场调查报告的结构是否符合要求。
2. 市场调查报告的完整性。
3. 在撰写市场调查报告时的技巧应用。
4. 学习小组的团队合作能力。

【报告范例】

市场调查报告

标题		
摘要		
引言		
正文	调查目的	
	调查内容	
	调查方式说明	
	调查方法说明	
	调查概况	
	调查分析	
结论和建议		
附录		

任务训练

【知识训练】

一、选择题

1. 对市场调查报告的叙述不正确的有（　　）。

A. 叙述时应尽量概括

B. 可以按市场调查实施过程的时间叙述

C. 可以省去调查主体

D. 应该用第三人称叙述报告

2. （　　）即运用归纳法将市场调查与预测过程中掌握的若干具体的事实进行分析论证，得出结论。

A. 叙述　　　　　　B. 归纳论证　　　　　　C. 局部论证　　　　　　D. 结论

3. 在做出结论时，应注意的问题有（　　）。

A. 一切有关实际情况及调查资料是否都考虑到了

  B. 是否有相反结论足以说明调查事实
  C. 立场是否公正客观，前后一致
  D. 数据是否真实可靠
二、简答题
1. 简述市场调查报告的撰写有哪些方面。
2. 简述市场调查报告的说明技巧有哪些。

【技能训练】

请小组与小组间交换各自的市场调查报告，根据所学知识，指出报告中存在的问题。

任务三　口头报告

任务导入

  市场调研员通常需要通过口头的形式展示调研成果，而市场调查报告因其内容的特殊性而区别于其他的公开演讲。因此，了解如何进行一次有效的市场调查口头报告显得尤为重要。一次成功的口头报告能够将书面报告的内容有效地传达给听众，赋予报告"第二次生命"。

知识准备

一、口头报告的步骤

（一）计划与准备

1. 听众分析

  口头报告最基本的目的就是将调查信息传达给听众，并获取期望的回应。口头报告是否成功就取决于报告者对听众反应的预见能力。调查员要想达成对预期听众的分析，必须解决以下三个问题：

  ➢ 我要对谁作报告？
  ➢ 他们为什么想要听取我的报告？
  ➢ 通过我的报告，我想让我的听众知道、相信或者做什么？

  通过回答这三个问题，调查员就可以确定演讲的内容、重点以及报告的方法。例如，人数较多的听众可能意味着一次更为正式的报告；在听众最关心的部分进行更为细致、详细的讲解能够更好地吸引听众的注意力；在需要说服听众的部分提供更有力的支撑材料等。

2. 确定演讲内容

  演讲需要有一个组织结构。如果演讲内容没有一个框架，演讲者很难组织报告的具体内容并有效传达给听众。因此，演讲者首先需要搭建一个完整的口头报告的框架，梳理需要报告的要点，再填充具体内容。整个框架也需要在演讲的开头展示给听众，使听众能够更好地跟上演讲的节奏。

  在填充具体内容的时候，要注意详略得当，将更多的精力放在听众最关心的问题上。例如，调查实施的过程稍加叙述即可，而调查的结论及对策可以着重介绍。

3. 确定演讲方式

口头报告的演讲方式可以分为机械背诵、阅读手稿、提纲演讲以及即兴演讲。

机械背诵是一个冒险且耗时的方式，在演讲过程中发生的任何遗忘都可能造成灾难，背诵也使演讲者的语调听起来呆滞且没有感染力。机械背诵阻碍了演讲者与听众之间建立融洽的关系，使演讲者无法根据听众的反馈及时调整演讲策略，因此一般并不建议采用。

阅读手稿同样不建议采用，手稿的逐字阅读会让听众感到乏味而没有生气。在阅读手稿时，演讲者会将注意力集中在手稿上，脱离了听众，这样的方式显然不适合进行研究报告。

提纲演讲，指提前编写大纲及草稿，在演讲过程中通过演示文档或手卡的形式提列演讲要点，具体内容则由演讲者现场发挥的演讲方式。这种方式以听众为中心，它允许演讲者与听众自然、灵活地对话，并不断调整演讲策略。显然，这是组织演讲的最佳方式。

而即兴演讲则完全不需要任何准备，这意味着它对演讲者的能力和心理素质有着非常高的要求。对于研究报告来说，即兴演讲的风险很高。

（二）练习与演练

1. 尽早反复练习

一次成功的口头研究报告离不开反复的练习，多次演练能使演讲者熟悉演讲要点及内容，提升自信心，避免现场出现失误。演练应该尽早进行，使演讲者有充足的时间对演讲内容和方式进行不断调整优化。

2. 计时演练

很多情况下，口头报告的时间有限，因此演讲者在演练阶段需要对完整的报告过程至少计时三次，以加强对时间的把握与控制，确保自己能在规定时间范围内完成整个报告。

3. 场地测试

场地测试涉及对设施、设备的详细管理及操作。需要准备和测试的内容包括报告厅、座位、电力、灯、投影仪、控件、音响系统、视频、网络、黑板等各个方面。演讲者需要提前熟悉报告需要使用的设施设备的操作方法，并在临近报告正式开始前再次检查。

4. 录像回看

为了达到更好的现场效果，在多次练习后，演讲者可以使用摄录设备记录下完整的报告演练过程并进行回放观看。通过观看自己的报告现场，可以很大程度上帮助自己找到演讲过程中的问题，并进行改进。

（三）正式报告

1. 注意语速

在正式的口头报告中，演讲者可能会由于紧张而卡壳或语速过快，影响演讲效果，因此语速的把控显得尤为重要。一般来讲，演讲的语速应在每分钟 200 字左右，这意味着一次 20 分钟的口头报告包含 4 000 字左右的信息。但这并非绝对，在不同的情境氛围中，演讲者可根据情况调整语速的快慢。

2. 眼神交流

与听众进行眼神交流能够提升演讲者的感染力和说服力，帮助演讲者调控现场、掌控全局。眼神交流具体方法可分为环视法、点视法和虚视法。

➢ 环视法：指演讲者讲话时有意识地环顾每位听众，从前往后，从左至右。这种方式可以了解听众情绪，掌握现场状况，传达演讲者情绪。

> 点视法：指演讲者直接将视线投向听众中的某一区域或某一个人，并配以手势和表情。这种方式能更大程度地调动所注视的听众的积极性，获取更强烈的反馈。

> 虚视法：指演讲者目光散成一片，不集中在某一点上，通常将视线散在听众的中部或后部。这种方式主要是为了营造交流感，弥补因为环视和点视造成部分听众感觉受到冷落的缺陷。大型演讲场合经常采用这种方式。

3. 肢体语言

在口头报告过程中，演讲者应搭配合适的肢体语言。面带微笑、恰当的手势、适宜的位置变换、稳健的步伐等都能使报告更有活力与感染力，更容易获取听众的正面反馈。

口头报告的步骤可见图8-2。

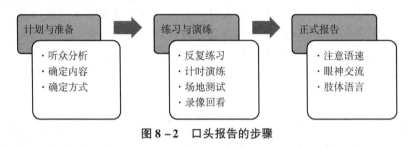

图8-2 口头报告的步骤

二、口头报告的技巧

（一）强有力的支撑材料

支撑材料是研究报告组织框架上的枝叶。确定报告的框架结构后，报告者的工作重点就需要放在提供支撑材料上，以证明报告者的结论，说服听众。在研究报告中，这不仅意味着实际收集的数据及其解释，还应包含证实该数据的事例或演示。支撑材料可以引起人们的兴趣，阐明并强调演讲者的要点，并提供得出结论和对策的证据。没有佐证材料，口头陈述无非是一系列没有证据的观点。

强有力的支撑材料应该具备以下特性。

> 相关性：材料应与其支持的观点相关，并与主题保持一致。
> 适当性：材料应满足听众的需求和风格，并适合演讲场合。
> 可信性：材料必须准确、真实，符合道德原则并客观呈现。
> 时效性：材料必须是及时的、有效的。
> 多样性：材料应以不同形式呈现，避免单一形式。
> 简洁性：材料的统计数据应以易于理解的方式传达。

（二）直观的数据展示

人类接收的信息中有80%是通过眼睛获取的，因此研究报告中的数据不能仅仅通过演讲者口头陈述。但枯燥的数据资料很难吸引听众的注意力和兴趣，特别是面对文字性的数据，听众需要花费更多的时间和精力去消化、吸收、思考，这就使得听众更容易感到疲倦和厌烦。

因此，在口头报告中，演讲者需要对数据资料进行整理，提升其可视化。一个很好的方法是采用各种类型的统计图或统计表的方式呈现数据，使数据更直观，更容易被听众获取。

统计图（包括折线图、饼形图、条形图等）的选择应能体现数据的特点，并尽量多元化，激发听众新鲜感。统计图中的图形元素可以更富有趣味性，例如，一幅关于喜爱比萨人群的年龄比例的条形图，可以用比萨的图片代替条形图中的柱形。颜色对比明显的统计图能刺激听众的眼球，加深其印象。

（三）克服焦虑

在观众面前或在摄像机前进行讲话会引起部分人群的焦虑或恐惧情绪，面对听众进行调研的口头报告同样会使部分演讲者产生这样的情绪。无疑，焦虑与恐惧会给报告效果带来负面影响，负面影响的轻重取决于该情绪的强弱。在极端情况下，过分放大的恐惧会使演讲彻底失败。对于这一部分人群，克服焦虑非常关键。

克服焦虑的建议包括以下几点：

（1）不断对自己进行积极的心理暗示，强调自己拥有足够的能力。
（2）避免设想演讲失败的可能性，想象成功的报告过程。
（3）牢记演讲在整个人生中是无关紧要的，将其看得微不足道。
（4）不断练习，进行充足的准备。
（5）可以通过运动的方式舒缓压力。
（6）如果可以，正式报告前与一些听众成员交谈，以建立信心并与听众建立融洽的关系。
（7）在演讲过程中，保持镇静，可进行缓慢的深呼吸。

任务实施

【任务名称】任务名称：市场调查口头报告
【任务目的】
1. 通过本项目的训练，让学生掌握市场调查口头报告的步骤。
2. 通过本项目的训练，让学生体验进行口头报告的技巧。
3. 提高学生的语言表达能力，进而提高学生的综合素质。
【任务要求】
1. 各小组根据已完成的书面调查报告，使用 PPT 辅助进行一次口头报告。
2. 报告时间：下一次课堂上，每组 15 分钟展示时间。
3. 口头报告完成后将 PPT 提交给老师。
【实施步骤】
1. 组内讨论确定口头报告提纲。
2. 组长为小组成员进行分工，确定每位组员负责的要点。
3. 每位组员按照分工准备具体报告内容及演示文稿。
4. 组长听取小组成员准备成果，并组织组员进行汇总、演练。
5. 各小组在课堂上进行展示。
6. 老师对展示情况进行评估打分。
【实施形式】
以小组为单位，分工协作，在老师的指导下完成。
【考核要点】
1. 报告内容是否完整、有说服力。

2. PPT 制作得是否美观。
3. 现场展示能力,包括仪容仪表、语速、音量、与听众的交流、演讲方式等方面。
4. 小组成员之间的配合协作能力。

任务训练

【知识训练】

一、选择题

1. 组织演讲的最佳方式是( )。

A. 机械背诵 B. 阅读手稿

C. 提纲演讲 D. 即兴演讲

2. 以下对市场调查口头报告的叙述正确的有( )。

A. 尽量采用统计图表的方式展示数据资料

B. 演讲时应保持固定位置不动

C. 对于任何结论都要提供令人信服的支撑材料

D. 与听众提前对话有利于克服焦虑

二、简答题

市场调查口头报告的步骤是什么?

应如何克服口头报告前的焦虑情绪?

【技能训练】

请各小组对其他组的口头报告进行评价,并给出建议或意见。

项目知识结构图

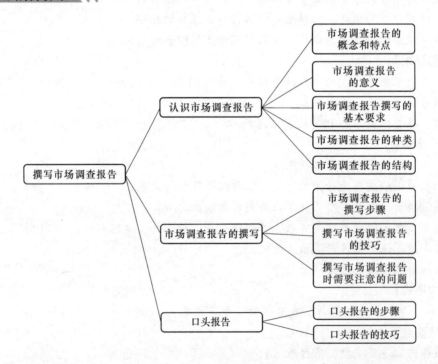

项目训练

【知识训练】

一、单项选择题

1. 完成市场调查报告时,应在( )部分指明报告的主题。
   A. 标题　　　　　B. 目录表　　　　C. 概要　　　　D. 正文
2. 市场调查报告主要是指( )。
   A. 基础部分　　　　　　　　　　　B. 供管理人员使用的报告
   C. 专题报告　　　　　　　　　　　D. 供出版使用的报告
3. 市场调查报告是市场调查与分析的( )。
   A. 阶段性成果　　　　　　　　　　B. 最终成果
   C. 初始成果　　　　　　　　　　　D. 以上都不是
4. 撰写结论与建议的要求是( )。
   A. 多用专业术语　　　　　　　　　B. 用图表提出结论
   C. 简明扼要　　　　　　　　　　　D. 可以大篇幅提出
5. ( )以一定类型的载体,反映市场状况的有关信息,包括调查与分析结论和建议的形式,是整个市场调查与分析工作最终成果的集中表现。
   A. 市场调查报告　　　　　　　　　B. 市场调查报告标题
   C. 市场调查报告摘要　　　　　　　D. 市场调查报告的结论与建议

二、多项选择题

1. 引言即调查报告的开头,引言的形式有( )。
   A. 开门见山,直奔主题　　　　　　B. 交代情况,逐层分析
   C. 结论先行,逐步论证　　　　　　D. 提出问题,引入正题
2. 市场调查报告的沟通方式主要有( )。
   A. 书面呈交方式　　　　　　　　　B. 口头汇报方式
   C. 正式沟通方式　　　　　　　　　D. 非正式沟通方式
3. 市场调查报告中语言表述要注意的问题有( )。
   A. 用词精确　　　　　　　　　　　B. 简明扼要
   C. 通俗易懂　　　　　　　　　　　D. 严谨、简明和通俗

三、简答题

1. 简述撰写市场调查报告的程序。
2. 简述撰写市场调查报告的技巧。

【技能训练】

关于大学生兼职状况与影响的调查报告

调查背景

兼职是指在本职之外兼任其他职务,通常兼职具有工作时间灵活、按小时或工作日支付报酬的特点。大学生兼职现象在大学校园中十分普遍,大学生是否应该从事兼职、兼职和学业能否兼顾、兼职中如何避免上当受骗等问题也一直是大学校园的热点话题;如何规范校园内的兼职市场,如何维护大学生兼职中的合法权益等问题,也一直是摆在社会、学校、家长

面前的难题。

为了进一步了解大学生兼职的状况与影响,也为课题研究提供有力数据支持,我们进行了一次问卷调查。

调查对象

江西××大学大一年级到大四年级的学生。

问卷回收情况

共发放问卷200份,收回200份,回收率100%。

调查结果及分析

在调查中,我们了解的具体情况表现在以下几个方面。

一、大学生做兼职的必要性

调查数据结果显示,性别并没有造成很大影响,有61.5%的同学认为大学生兼职是有必要的,而认为大学生兼职没有必要的只占4.8%,其余有33.7%的同学认为大学生兼职可有可无。就数据看,有75%的同学有过兼职的经历。

关于大学各年级的兼职情况,随着年级的改变,也存在着很大差异,具体差异见表8-1。

表8-1 各年级参加兼职比例　　　　　　　　　　　　　%

年级	大一年级	大二年级	大三年级	大四年级
参加兼职的人在所在年级中的比例	67.2	71.3	23.1	12.3

就表8-1中各年级兼职人数所占比例看,参加兼职的学生中,大一、大二所占的比例是最大的。而大一的学生兼职比例又比大二低一点。大一学生虽然课程较少,课余时间比较充裕,参加兼职的可能性比较大,但由于一些同学还未适应大学生活、找兼职的意识不太强而没有去兼职。相对而言,大二的学生已经适应了大学生活,同时出于赚取生活费、打发空闲时间等原因而去参加兼职,所以比例较大一有所提高。而大三学生的兼职比例则比大一、大二的要少很多。据我们调查时采访得知,大三学生专业课较多,大多数学生都想把主要的精力投入专业课的学习当中,学习压力较大,空闲时间较少,因此参加兼职的学生较少。而大四的学生也都忙着各种考证、考研,压力也不小,参加兼职的人就更加少了。

二、大学生兼职的目的

兼职大学生是出于什么样的考虑而走出校园呢?表8-2是我们的调查结果。

表8-2 大学生兼职目的　　　　　　　　　　　　　　　%

做兼职的目的	减轻家庭经济负担	锻炼自己	两者兼有	其他
所占比例	20.3	35.4	40.1	4.2

那他们在兼职中获得了什么呢?调查结果见表8-3。

表8-3 大学生兼职的收获　　　　　　　　　　　　　　%

收获	提高社会能力,积累工作经验	自己赚到完全属于自己的钱,有成就感	能够获得经济独立	打发时间,没有多大收获	其他
所占比例	40.6	20.1	10.2	9.9	19.2

由调查结果看出,有20.3%的同学从事兼职是为了减轻家庭经济负担,一方面,这部分同学家里经济状况不是很理想,另一方面,他们也比较能体会家里人的辛苦,懂得为家里人着想,能这么想的同学是不错的。有35.4%的大学生从事兼职工作是为了锻炼自己的能力,增加工作经验和社会阅历。而前两者都有的同学占40.1%,这部分同学相对第一部分同学来说,思想上升了一点,在减轻家庭经济负担的同时,还懂得为自己的能力提升着想,而不只是纯粹为了挣钱。在谈到他们做兼职的收获时,有40.6%的同学认为兼职能够提高自己的社会能力、积累工作经验,有20.1%的同学觉得可以赚到完全属于自己的钱,有成就感,10.2%的同学觉得最大的收获是能够获得经济独立。除此之外,有9.9%的同学觉得兼职只是打发时间,没有多大收获,这说明部分同学对于自己的人生目标还不明确,处于比较茫然的状态,对当前以及未来没有比较成熟的规划。

在当今社会,大学生越来越多,毕业大学生就业越来越困难。在校大学生应该意识到就业形势愈来愈紧迫,而兼职可以很好地增强实践能力并且充分地和社会接触,增加社会阅历,提前认识社会的形态,做好进入社会的心理准备,以减少毕业后因对社会认识过少,又没有做好心理准备而心理慌张,从而产生过大的压力。

三、大学生找兼职的渠道

对这一问题的调查结果见表8-4。

表8-4 大学生找兼职的渠道　　　　　　　　　　　%

寻找兼职途径	自己寻找	广告宣传	中介机构	熟人介绍	其他
所占比例	7.3	16.1	65.4	8.2	3.0

我们可以从统计数据中看到,大部分学生是通过中介机构来获得兼职的;其次是通过校园内的宣传广告获得信息,而通过自己寻找和熟人介绍的就比较少了。

在网络发达的今天,想要寻找的信息在网上基本上都能找到。为了顺应市场需要,人们在网上成立了不少专门为大学生提供兼职信息的网站,如大学生兼职网等。这些网站给有兼职意向的学生提供了方便,但是,也存在不少安全隐患。这些网站基本上都是要收取中介费的。我所在班级的同学也有通过这些网站寻找兼职的。据了解,学生须上交200元才能成为它们的会员,它们只向会员提供兼职。像一些大的网站,它们还能提供兼职,但是有不少网站,当你把钱交给它们的时候,它们人就消失了。就这样,钱被骗走了,甚至有些网站把人骗进传销组织,那就惨了。

所以,在网站上找兼职的同学,要找一些比较大的、正规的、声誉较好的兼职网站,这样可以避免被不法分子所欺骗。

通过校园宣传广告获取兼职的,如果是由校内的组织提供的信息,安全性还是比较高的,但是,校园内也不乏校外人员进入学校进行宣传的。因此在看广告时要特别留意这些广告信息是否真实可靠。

通过熟人介绍获得的只占了8.2%,比例是很少的,但是通过熟人介绍,相对上面说的两种途径,还是有比较多的好处。好处如下:

(1) 中介费低或者免收中介费,这是最主要的原因。这里的"熟人"一般是周围的老师或者好朋友,因此,收中介费的可能性比较小。

(2) 安全系数高。对于接受工作的学生来说,较为熟识的老师、同学的介绍会提升这份工作的安全系数。

(3) 联系方便直接,不用经过面试,而且可以更详细地了解兼职的各种情况。

四、大学生兼职的种类

同学们从事的兼职工作多种多样,但主要是有学校的勤工助学岗位、餐饮服务、发传单、家教、校园代理等,调查情况见表8-5。

表8-5 大学生兼职的种类　　　　　　　　　　　　　　%

兼职种类	学校勤工助学	餐饮服务	发传单	家教	校园代理	其他
所占比例	45.4	20.5	19.5	2.3	4.1	8.2

在调查中我们发现:首先,大学生兼职的种类多样化特点极其突出。除以上兼职种类之外,在"其他"选项中,很多学生又列出了主持人、文员、服务生、市场调研等多个兼职种类。可见,在向大学生提供兼职岗位方面,社会提供的机会比较多元化。另外,在诸多兼职选择中,大学生还是有所偏重的。从表8-5中我们可以明显看出学校勤工助学、餐饮服务、发传单三种兼职占的比重很大,被大学生视为兼职第一理想选择。其原因是这与大学生自身的能力相适应:勤工助学工作地点在校内,对于在校大学生来说是个很安全的选择。而发传单的工作能提供的机会就比较多了,大多在周末和节假日。在学校周边的餐饮店,主要客源是大学生,而且生意也是在周末较为红火,平时去这些餐馆吃饭的人就比较少了。因此他们需要在周末招一些学生兼职来应付周期性增多的客源。这就为不少大学生提供了兼职机会。相比较而言,类似翻译、导游这样的专业性知识要求比较高的工作,以及类似家政这样占用时间较长的工作,选择的人就比较少。

与此同时,通过对各专业与兼职种类的比较,还可以得出相关结论:大学生所从事的兼职与自己所学的专业很少是相关的,随意性很大,往往是只要报酬合适就可以接受。例如,以上所列举的兼职的种类基本上与工程管理、计算机等专业所涉及领域相差较大。另一方面,这也说明大学生在适应社会方面可以得到相应锻炼,兼职工作并不一定与专业对口,适当的广泛涉猎,可以为将来参加工作提供借鉴。

五、大学生兼职收入水平

调查结果见表8-6。

表8-6 大学生兼职收入水平

平均月收入/元	0~300	300~600	600~900	900以上
所占比例/%	74.2	20.3	4.4	1.1

显然,表8-6已经说得很清楚,绝大部分兼职学生的工资水平都是很低的。首先,这个和学生的工作时间是有一定关系的。学生平时都忙于学习,大多只是在周末才能出去做兼职,工作时间都比较少。其次,有很多招兼职的公司或单位等给学生开的工资普遍偏低,他们抓住了大学生不成熟的心理,趁机剥削大学生。所以我觉得在找兼职时,应该有所选择,切不可盲目而行。

六、做兼职对学生学习的影响

调查结果见表8-7。

表 8-7　大学生兼职对学习的影响　　　　　　　　　　　　　　　　%

对学习影响如何	耽误学习，成绩下降	适当调整，影响不大	没有影响
所占比例	5.8	75.6	18.6

从数据统计中看出，绝大多数学生都能调整好学习与兼职之间的关系，使兼职对学习的影响尽可能小。在学习之余还能有精神和物质上的收获，而且提高了交际能力，丰富了社会阅历。这一点是值得表扬的。但是，还是有少部分同学没能两者兼顾，使得学习成绩下降。要学习，要工作，但是也要学会生活。这一部分同学应当学会调整自己的时间，提高做事效率，这对以后的工作和学习还是有很大好处的。毕竟以后，要兼顾工作、家庭，还要在工作之余进行进一步的学习。

七、大学生兼职存在的侵权问题

大学生在兼职中，常遇到一些涉及自身权利被侵犯的问题，所以此次调查我们设置了相关问题。作为劳动者，遇到权利被侵犯的情况较多，在兼职中，主要侵犯问题有中介或用人单位欺骗、工资不能按时拿到或拿不全、性别歧视等。

常见的权利侵犯情况见表 8-8。

表 8-8　常见侵权行为　　　　　　　　　　　　　　　　　　　　%

权利侵犯的情况	中介或用人单位欺骗	工资不能按时拿到或拿不全	性别歧视	其他
所占比例	33.2	46.6	6.8	13.4

当大学生遇到这些情况时，他们会如何处理呢？结果见表 8-9。

表 8-9　大学生处理方法　　　　　　　　　　　　　　　　　　　%

处理方法	忍气吞声，自认倒霉	设法自己解决	向师友或有关部门求助	其他
所占比例	68.4	5.6	12.7	13.3

那么，在兼职中，大学生自身利益受到侵害的主要原因是什么呢？原因众多，这里罗列了一些常见的原因，调查结果见表 8-10。

表 8-10　大学生自身利益受到侵害的原因　　　　　　　　　　　　%

受到侵害的原因	力量单薄，难以与对方对抗	自身防范意识和法律意识淡薄	法律漏洞或法律空白	其他
所占比例	45.6	35.1	5.2	14.1

从表 8-8~表 8-10 中可以看出，中介或用人单位欺骗和工资不能按时拿到或拿不全所占比例最大，而大学生在遇到这些问题时，绝大部分是忍气吞声，自认倒霉，只有少数人通过自己解决或向师友或有关部门求助。表 8-10 恰好反映出大学生权利受侵犯的主要原

因。当面对用工企业时,做兼职的大学生显得太过渺小,即使想反抗,由于力量单薄,也很难与对方抗衡。也有很大一部分学生由于自身防范意识和法律意识淡薄,不懂得运用法律去维护自己的权益。

针对这些情况,学校应该给予足够的重视。在此,我有一个建议:学校应该成立一个专门的机构,采取相应的管理措施,定期向学生发布兼职信息,对学生兼职提供必要的指导和培训。这样,一旦发生纠纷,也可以交由学校出面与用人单位协调。这个机构里还要设立一个部门,给需要的大学生提供法律咨询和法律援助,帮助大学生维护自己的权益,并且要经常性地给大学生进行法律知识的宣传,增强大学生的自我防范意识和法律意识。

八、大学生对兼职的看法

我们本次调查表的最后一题,想让同学们谈谈自己对大学生兼职的看法。但是,在调查中,他们基本上都不写这一题,因此,我们对此无法做出评价。这也许是问答题的缘故吧,这是我们调查的一个失败之处。

所以,在此,我就简单地表达一下我自己对兼职的看法吧:大学是一个让学生从学校慢慢向社会过渡的地方,而兼职可以让大学生多接触社会、多认识社会,为进入社会做一些准备,并且,兼职可以让大学生认识到赚钱的不容易、社会的实际状况,让他们平时不要乱花钱,并认识到自己要学好知识,掌握好技能,才能更好地立足社会。

结束语

通过对大学生兼职热潮现象的调查与分析,我们发现:大学生兼职的初衷都是美好的,但是在过程中存在着许多问题,损坏学生利益的现象依然存在,更有很多人由于经济原因不断改变着初衷。在此,我们对广大学生提出一些建议:

(1) 进一步明确和端正兼职的目的,切勿将兼职看成赶时髦。

(2) 选择正规的中介机构,加强安全意识,提高警惕,防范各类欺骗行为。

(3) 合理安排时间,始终将学业放在第一位。

(4) 提高法律知识水平,学会通过协议或合同等法律手段保护自己合法的劳动权益,若利益受损,应立即向有关部门寻求帮助。

(5) 多总结、多反思,经常分析得失,做出最有利于自己的判断,并在总结中提升自己。

请阅读上面的市场调查报告,完成下列题目。

1. 该调查报告的基本结构是否齐备?如果缺少请补充。
2. 该调查报告运用了哪些撰写技巧?
3. 从该调查报告中,你学习到哪些本书没有介绍的知识或技巧?
4. 如果要你对这份调查报告进行改动,你会改哪些?

创业实训

"兼职猫"是由广州九尾信息科技有限公司推出的国内第一款基于数据挖掘的招聘领域垂直搜索服务手机应用。它提供招聘信息安全解决方案,让用户能够在平台上安心应聘。

面对密集繁多的兼职,用户找自己想要的兼职不容易,所以在技术上革新按信息算法来帮用户找出他所要的兼职。让用户揪出黑心中介和虚假岗位,让同学分享自己的工作心得,打造更合理的兼职信息平台。

【实训要求】

1. 在校大学生或蓝领青年做兼职是一个永恒的市场,请帮"兼职猫"软件做一项市场调查,并帮其分析未来的市场前景。

2. 假设你也有意在本地做一个类似的创业项目,请按以下提示开展市场调查工作。

(1) 搜集项目相关的市场调查报告,浏览阅读,获取创业项目的相关信息。

(2) 针对创业项目,进行前期的市场调查,并撰写市场调查报告。

参 考 文 献

[1] 陶广华,刘乐荣,徐嵘. 市场调查与预测 [M]. 北京:北京理工大学出版社,2010.
[2] 邵光,张晓华,张世兵. 市场调查与预测 [M]. 上海:上海交通大学出版社,2015.
[3] 赵轶. 市场调查与预测 [M]. 北京:机械工业出版社,2015.
[4] 杜明汉,刘巧兰,郝春霞. 市场调查与预测——理论、实务、案例、实训 [M]. 大连:东北财经大学出版社,2011.
[5] 宋文光. 市场调查与分析 [M]. 北京:高等教育出版社,2015.
[6] 王水庆. 市场调查与预测 [M]. 北京:中国原子能出版社,2012.
[7] 陶广华. 高职院校市场调查与预测课程实践教学的探索 [J]. 大江周刊(论坛),2011,000(006):181-182.
[8] 庄贵军. 市场调查与预测(第二版)[M]. 北京:北京大学出版社,2014.
[9] 闫秀荣. 市场调查与预测(第二版)[M]. 北京:清华大学出版社,2012.
[10] 刘玉玲. 市场调查与预测 [M]. 北京:科学出版社,2010.
[11] 邓剑平. 市场调查与预测——理论、实务、案例、实训 [M]. 北京:高等教育出版社,2010.
[12] 罗洪群,王青华,董春. 市场调查与预测(第二版)[M]. 北京:清华大学出版社,2016.